FAÇO ENTREGAS EM PEQUIM

HU ANYAN

FAÇO ENTREGAS EM PEQUIM

我在北京送快递

Tradução do mandarim
Amilton Reis

1ª edição

EDITORA RECORD
RIO DE JANEIRO • SÃO PAULO
2025

CIP-BRASIL. CATALOGAÇÃO NA PUBLICAÇÃO
SINDICATO NACIONAL DOS EDITORES DE LIVROS, RJ

H86f Hu Anyan
Faço entregas em Pequim : memórias de um trabalhador / Hu Anyan ; tradução Amilton Reis. - 1. ed. - Rio de Janeiro : Record, 2025.

Tradução de: 我在北京送快递 [wo zai Beijing song kuaidi]
ISBN: 978-85-01-92564-0

1. Trabalho - Aspectos sociais - China. 2. Trabalhadores urbanos - Condições sociais - China. 3. Emprego precário - China. I. Reis, Amilton. II. Título.

25-99442.0 CDD: 331.0951
CDU: 331.5(510)

Gabriela Faray Ferreira Lopes - Bibliotecária - CRB-7/6643

Originalmente publicado pela Shanghai Insight Media Co., Ltd.

Publicado mediante acordo com Astra Publishing House em conjunto com o agente 2 Seas Literary Agent e coagente LVB & Co Agência e Consultoria Literária.

Título original em mandarim: 我在北京送快递

Revisão de tradução
Sun Lidong

Texto revisado segundo o Acordo Ortográfico da Língua Portuguesa de 1990.

Direitos exclusivos de publicação em língua portuguesa para o Brasil
adquiridos pela
EDITORA RECORD LTDA.
Rua Argentina, 171 – 20921-380 – Rio de Janeiro, RJ – Tel.: (21) 2585-2000,
que se reserva a propriedade literária desta tradução.

Impresso no Brasil

ISBN 978-85-01-92564-0

Sumário

I

UM ANO TROCANDO O DIA PELA NOITE

Na verdade, fiquei menos de um ano na D Logística: não chegou a onze meses. Entrei em 12 de maio de 2017, aniversário de 9 anos do terremoto de Wenchuan.* Eu era separador de carga no centro de transbordo do distrito de Shunde,** na época o maior da China. Só descobri isso pela internet depois de sair da empresa. Sinceramente, quando ainda trabalhava lá, não tinha cabeça para pensar em colocação no ranking nacional, apesar de ficar impressionado com a escala da operação.

O centro de transbordo ficava num parque logístico que abrigava centros semelhantes de outras empresas, como JD.com, Vip.com e Best Express. Meu turno era o da madrugada, das 19 horas às 7 da manhã, com quatro folgas por mês. Quase todo mundo trabalhava nesse horário, a área de triagem não funcionava durante o dia. O trabalho não exigia formação, mas também não aceitava analfabetos, já que era preciso saber ler para identificar os endereços nas etiquetas dos pacotes. Alguns conterrâneos meus que não sabiam ler nem conseguiam uma vaga como essa.

A tal entrevista era só para cumprir tabela, na prática aceitavam qualquer um. Mas, antes de ser contratado, você tinha de trabalhar três dias de graça. Isso devia ser contra a lei trabalhista, mas me disseram

---

* Em 12 de maio de 2008, um terremoto de 8 graus na escala Richter com epicentro na cidade de Wenchuan deixou dezenas de milhares de mortos e devastou parte da província de Sichuan. A comoção foi tamanha que as autoridades chinesas decretaram três dias de luto oficial. O sismo foi sentido em Pequim, a 1.500 km de distância. [*N. do T.*]

** Distrito da cidade de Foshan, na província de Guangdong. A região, estrategicamente posicionada para a exportação, destaca-se pelo robusto parque industrial e pela avançada infraestrutura logística. [*N. do T.*]

que todas as empresas do parque funcionavam assim. Se não topasse, era só ir embora.

Pensando bem, o período de experiência era de fato necessário. Muita gente que lidava com aquele trabalho pela primeira vez não tinha ideia do que estava fazendo nem de como fazer. O período de experiência era uma oportunidade para os dois lados se conhecerem. Pelo que vi, menos da metade dos que passavam pelo processo acabava ficando. Alguns já desistiam depois de duas horas, mas a empresa deveria pagar pelos três dias trabalhados para quem ficasse.

Claro que a empresa também tinha seu lado humano: como muitos trabalhadores vinham de outras cidades com pouco dinheiro, após vinte dias de trabalho a companhia pagava adiantado metade do salário do primeiro mês. Geralmente o pagamento era feito no dia 15 do mês seguinte.

O centro de transbordo parecia um cais enorme. Trabalhávamos numa plataforma de concreto de 1 metro de altura, que chamávamos de área de triagem. Tinha o tamanho de uns oito ou dez campos de futebol e era coberta por um telhado de zinco gigante. Nos quatro lados havia docas numeradas onde as carretas estacionavam de ré para carregar ou descarregar. Ao subir para a área de triagem à noite, logo se ouvia um ronco incessante que parecia um trovão ao longe — era o som de centenas de empilhadeiras se movendo de um lado para outro. Essas máquinas eram como formigas operárias levando as encomendas descarregadas dos caminhões para as equipes de triagem e, em seguida, transportando os volumes classificados para as docas de carregamento correspondentes.

Fui designado para a equipe de triagem de pequenos volumes. Meu trabalho era classificar e embalar as encomendas que chegavam de acordo com o destino. Eu gostava do trabalho, embora não de todos os aspectos: não precisava falar com ninguém, não precisava pensar muito, era só arregaçar as mangas e fazer. Estávamos na província de Guangdong, no sul da China, onde o verão dura nove meses. Durante o dia, o sol escaldava o telhado de zinco e, à noite, o calor também não dava trégua. Depois de uma hora de trabalho, eu geralmente já estava ensopado de suor, e assim ficava até a manhã seguinte. Acabei comprando um garrafão de água de três litros que eu entornava durante a noite. Teve vezes que passei a noite inteira sem urinar — toda a água devia ter saído pelo suor.

Nos três dias de experiência, fui colocado na função de descarregador, o trabalho mais pesado. Nossa equipe era responsável por desembrulhar as encomendas que chegavam em sacos de fibra, separar por destino e reembalar tudo. Parte da tarefa era abrir os fardos, que podiam pesar de poucos gramas até uns 30 quilos, e despejar os produtos na esteira de triagem. Trabalhar nisso por duas ou três horas, ainda vai, mas passar a noite inteira nessa função era extenuante, nem todo mundo aguentava. Aliás, na nossa equipe, esse era o único posto que não admitia mulheres.

No processo de seleção, todos os homens iam para o descarregamento e as mulheres para a embalagem, os serviços mais pesados. Era um jeito de ver se davam conta do trabalho para reduzir mal-entendidos que pudessem levar a uma "separação" prematura. Aqueles dias de experiência eram os mais cansativos, porque o corpo ainda não tinha se acostumado com a nova rotina e sua intensidade. A falta de prática nas tarefas e os movimentos desajeitados nos faziam gastar mais energia, e por isso muita gente desistia nas primeiras horas. Mas quem persistia logo pegava o jeito e, com o tempo, nem sentia mais tanto cansaço.

Eu me lembro de uma senhora que veio fazer o teste. Ela trabalhava bem, mas foi embora de repente no meio da noite. Fiquei sabendo depois que tinha sido dispensada pelo supervisor porque não sabia ler. Acho que não era completamente analfabeta, afinal conseguiu trabalhar por algumas horas sem cometer erros. Provavelmente tinha dificuldades de leitura e precisava fazer perguntas o tempo todo. Isso deve ter assustado algum colega, que acabou avisando o supervisor. Afinal, bastava ela colar uma etiqueta trocada para que um lote inteiro fosse parar na cidade errada e descontassem do salário da equipe toda.

Quem começava nesse emprego invariavelmente perdia peso. Um colega que entrou poucos dias depois de mim passou de 90 para 65 quilos em três meses. Eu, que já não era gordo, emagreci uns 6 quilos em poucos meses.

Trabalhávamos doze horas por dia. De manhã cedo, nas últimas duas horas do expediente, o ritmo diminuía um pouco e até conseguíamos fazer uma pausa. Mas das 22 horas às 5 da manhã era o horário de pico, normalmente não dava para descansar nem um minuto. A rotina era a seguinte: começávamos às 19 horas e trabalhávamos direto até as 21, quando tínhamos meia hora para jantar. Eram dois refeitórios no pátio de carga, administrados por empresas diferentes, com cardápios diferentes. Os pratos eram servidos num buffet e cobrados por peso, mas o arroz era à vontade. Quem queria economizar pegava várias tigelas de arroz. Para ser justo, o refeitório era limpo e tinha um preço decente. Depois de jantar, trabalhávamos das 21h30 às 7 da manhã, nove horas e meia sem pausa para refeição. Algumas pessoas levavam pão ou biscoito para lanchar durante a madrugada. Outros ficavam as dez horas direto sem comer, já estavam acostumados. Eu geralmente levava biscoito. Quando esquecia, ficava com a barriga roncando.

No meu primeiro dia de experiência, ninguém me avisou dos horários e eu jantei antes de ir para o trabalho. Então, quando os colegas foram para o refeitório às 21 horas, eu ainda não estava com fome e não comi nada, achando que teria outra oportunidade mais tarde. Mal sabia que ficaríamos trabalhando direto das 21h30 às 7 da manhã, sem pausa para refeições, só para beber água. Como não tinha levado nada para lanchar, amanheci tonto de fome.

Percebi que a maioria dos colegas não gostava de muita conversa. Não eram nada receptivos, pareciam uns caipirões de cara fechada, daqueles que não dão muita confiança a estranhos. Se bem que eu também não sou muito sociável, então para mim estava ótimo que cada um ficasse na sua, trabalhando calado. Eu me sentia à vontade naquele ambiente, mas toda vez que precisava tirar alguma dúvida ou pedir informação, eles davam um sorriso acanhado e respondiam de um jeito tímido. No fundo, não eram metidos, só reservados mesmo.

Toda manhã, antes de terminar o expediente, tínhamos uma breve reunião em que o supervisor e o gerente faziam um resumo de dois ou três minutos dos problemas no trabalho. À noite, no início do turno, também tínhamos outra reunião rápida para falar de precauções ou questões importantes, mas era sempre um conteúdo chato que se esgotava em poucas frases. Eu geralmente nem prestava atenção, afinal, nada se resolve com falatório.

Eu me lembro que no final dos meus três dias de experiência, um dos coordenadores, um sujeito baixinho, veio conversar comigo. Na época, nossa equipe tinha um supervisor geral, três coordenadores e, acima deles, um gerente administrativo. O coordenador me disse que, apesar de não pagarem pelos dias de experiência, ele me compensaria com três dias de folga na escala de trabalho. Naquela época, não batíamos ponto, mas isso mudou depois. Fiquei bem feliz, claro. Só que, menos de um mês depois, esse coordenador teve uma briga feia com os outros e pediu demissão. Ninguém nunca mais tocou no assunto dos meus três dias de folga remunerada.

O principal negócio da D era logística de carga, mas, a partir de 2013, eles também começaram a oferecer serviços de entregas expressas. O problema é que esse setor não ia lá muito bem; quando entrei na empresa em 2017, a participação deles no mercado era insignificante. Nossa equipe de triagem de pequenos volumes lidava justamente com essas entregas expressas, o que não significava que o serviço fosse leve. O número de funcionários e a carga de trabalho eram diretamente proporcionais: um bom capitalista não deixa ninguém sem trabalhar.

Nos primeiros meses, eu alternava entre o descarregamento e a embalagem. Nossa equipe tinha quatro postos principais; descarregamento e codificação trabalhavam em conjunto, assim como separação e embalagem. O descarregador despejava as encomendas na mesa de triagem, então o codificador usava um leitor infravermelho para escanear o código de barras da etiqueta e escrevia o código de destino na encomenda com um marcador. Após a codificação, as encomendas seguiam pela esteira até a área de embalagem, onde o separador as distribuía em diferentes compartimentos de acordo com o destino. Em seguida, o embalador reempacotava as encomendas e as levava à empilhadeira para serem entregues à estação de carregamento. Em termos de intensidade, a codificação era o trabalho mais tranquilo, geralmente realizado por mulheres; o descarregamento era o mais cansativo, seguido pela embalagem.

No fim do expediente, íamos tomar café da manhã, que para nós equivalia ao jantar (a maioria só fazia duas refeições por dia). Depois, voltávamos ao alojamento para tomar banho e lavar roupa. Era difícil tirar toda a sujeira porque, como passávamos a noite carregando caixas, o uniforme ficava cheio de marcas de sujeira e manchas de óleo. Além do mais, naquele cansaço você se pergunta: "Para que lavar direito se amanhã vai sujar de novo?" Sem contar que um bom tira-manchas não era barato, então o jeito era se virar com um sabão em barra. Quando as roupas secavam, ainda dava para sentir o cheiro forte de suor. Mas ao trabalhar nesse tipo de serviço, você acaba se acostumando com essas coisas.

A parte mais complicada era dormir; cada um se adapta como pode à rotina de trocar o dia pela noite. Nos primeiros meses, o sono batia com tudo lá pelas 4 ou 5 da manhã. Se eu me deitasse, dormia em cinco segundos, e mesmo em pé já ficava cambaleando. Às vezes minha vista escurecia como se eu fosse desmaiar, então eu acordava num susto e me forçava a ficar em pé, feito um zumbi — olhar perdido, mente vazia, sem nem saber o que tinha acabado de fazer. Por causa disso, uma vez eu troquei as etiquetas de duas encomendas: a encomenda que ia para Chongqing foi etiquetada para Pequim, e a que ia para Pequim foi etiquetada para Chongqing. Por sorte, percebi o erro antes de levarem para o caminhão e consegui corrigir. Quando o sono começava a me atormentar, eu pensava: "Saindo daqui vou direto para a cama e vou dormir como se não houvesse amanhã." Só que quando dava a hora de sair, já me sentia sem sono, cheio de energia de novo. Como tinha acabado de passar horas fazendo um trabalho pesado que meu corpo odiava, dava vontade de fazer algo que me desse prazer para compensar o esforço e me sentir vivo novamente. Tinha colegas que saíam do expediente direto para o karaokê e só iam dormir quando já estava quase anoitecendo, e então voltavam correndo para o trabalho depois de uma ou duas horas de sono. Eu não era tão radical assim, não queria morrer trabalhando. Então eu buscava prazeres mais simples, como tomar um bom café da manhã ou dar uma volta no mercadinho da vila ao lado. Era um mercado pequeno, com pouca variedade, mas descobri que andar pelos corredores me relaxava, mesmo que eu só comprasse uma coisa ou outra.

O problema é que mesmo assim eu não queria dormir, e nem conseguia. Aí quando chegava a tarde, a ansiedade me dominava. O primeiro lugar que eu aluguei era muito quente; no verão, a temperatura dentro do quarto chegava a 30 e tantos graus. As paredes ficavam escaldantes por causa do sol, então nem o ventilador adiantava. Para economizar, eu tinha alugado sem ar-condicionado, embora o quarto com ar-condicionado fosse só 50 yuans mais caro. Lá por agosto eu já estava no meu limite, sentindo que não ia durar muito tempo. Então, pedi à proprietária para trocar de quarto, mas no verão era impossível achar um dormitório vago com ar-condicionado. A proprietária me enrolou por dois meses com a desculpa de que logo teria um quarto livre, mas era tudo mentira.

Quando já estávamos quase no Festival do Meio-Outono,* ela finalmente me ligou dizendo que tinha um quarto com ar-condicionado disponível. O tempo já tinha esfriado um pouco, mas ainda estava quente. Na província de Guangdong, mesmo em outubro a temperatura fica na casa dos 30 graus. Então, eu me mudei na hora, mas acho que só liguei o ar-condicionado umas três ou quatro vezes. O calor foi embora logo depois.

Além do calor, o barulho também atrapalhava meu sono. O portão do prédio onde eu morava não tinha interfone. Quando alguém vinha visitar um morador, a pessoa tinha de ligar e pedir para abrir o portão, ou então gritar lá de baixo. Bastava alguém gritar na rua para eu acordar. Nessas horas, eu tinha vontade de descer e esganar o sujeito.

Mesmo depois que o tempo esfriou e o barulho diminuiu, eu ainda tinha dificuldades para dormir. Tentei de tudo. Remédio para dormir, eu não conseguia comprar. Ouvi dizer que chocolate amargo ajudava no sono, então comecei a comer como se fosse remédio, um pedaço antes de dormir. Claro que não funcionou. Comprei melatonina também, mas não fez efeito nenhum. No fim, só me restou apelar para o velho truque: a bebida. No mercado, vendiam garrafas de 4 litros de aguardente. Como a marca Hongxing era muito cara, eu comprava das mais baratas. A maioria era produzida em Sichuan e não tinha o sabor suave da aguardente de Pequim. Parecia um licor forte, mas era bem mais em conta. Dentro da faixa de preço que eu me permitia, vez ou outra eu comprava algo melhor, como uma garrafa de meio litro de Lao Cunzhang, que custava 18 yuans. Era a melhor bebida que meu orçamento alcançava.

Eu costumava beber enquanto lia, mas, depois de algumas doses, já não me lembrava de nada do que tinha lido. Às vezes eu bebia uns 100 ou 150 ml para conseguir dormir. Precisava acordar às 18h30 e já me dava

* Festival celebrado em data móvel, entre setembro e outubro, quando as temperaturas começam a ficar mais amenas. [*N. do T.*]

por satisfeito se conseguisse dormir antes das 14 horas. Nos piores dias, eu continuava acordado até depois das 16 horas, e isso me deixava bem agoniado. Antes de entrar na D, eu normalmente dormia umas sete horas por noite, mas depois que comecei a trabalhar nesse turno, minha média de sono caiu para pouco mais de quatro horas.

Outro problema de beber era que eu acordava ainda de pileque. Por sorte, eu ia a pé para o trabalho, mas tinha a nítida sensação de que o chão mudava de altura a cada passo que eu dava. Não sabia se era meu corpo que balançava ou se era o mundo. Quando a bebedeira não era tão forte, eu me sentia exausto, como se não tivesse dormido nada. No caminho para o trabalho, eu passava por um corredor de casas e sentia o cheiro de comida que vinha lá de dentro. Via as pessoas relaxando no sofá depois de um dia de trabalho e pensava que aquilo, sim, era a verdadeira felicidade, aquele momento de descanso. E eu, que ainda nem tinha começado a trabalhar, já estava mais cansado do que aquela gente. Nessas horas, eu me xingava de todo tipo de coisa, meu corpo amaldiçoava minha mente, minha mente amaldiçoava meu corpo. Eu jurava que, no dia seguinte, sairia do trabalho direto para a cama. Mas, quando chegava a manhã, tudo se repetia. Era um círculo vicioso.

Vou falar um pouco do lugar onde eu morava. Era um vilarejo chamado Luoheng, que ficava colado no parque logístico, separado apenas por um riacho. O parque era aberto, sem muro nem guarita, carros e pedestres podiam passar por ali à vontade. Mas Luoheng era cercado, tinha o riacho de um lado e um portão com guarita na outra entrada, que era trancado todas as noites às 22 horas. No começo, estranhei o vilarejo ser cercado, nunca tinha visto isso antes. Depois descobri que a principal atividade ali era o cultivo de plantas ornamentais e a variedade era imensa, desde pequenos bonsais até grandes árvores viárias, tinha de tudo. Como algumas dessas plantas eram bem caras, resolveram cercar a vila para prevenir furtos. Até o atalho que eu pegava para ir e voltar do trabalho passava por uma cerca de arame farpado. Uma vez, estava chovendo e fui pular a cerca com um guarda-chuva na mão, mas enganchei o braço direito no arame farpado, me cortei e fiquei com uma cicatriz que tenho até hoje.

Todos os moradores de Luoheng tinham o sobrenome Yun. Pelos versos escritos na entrada do templo ancestral,* descobri que seus antepassados vieram de um lugar chamado Longzhong, não se sabe exatamente quando. O vilarejo antigamente se chamava "Luokeng", como vi nas placas de casas abandonadas, e depois mudou de nome para "Luoheng", que soa um pouco mais refinado. Imagino que os moradores achassem o nome antigo meio jeca, ruim para os negócios. Se você fosse um pequeno empresário do Delta do Rio das Pérolas** e quisesse umas mudas de bambu-da-sorte para o seu escritório, com certeza ficaria mais tranquilo comprando num lugar cujo nome contém "prosperidade" (*heng*), do que num cujo nome remete a "buraco" (*keng*).

Viver em Luoheng não era muito prático. O lugar não tinha supermercado, barbearia nem restaurante, só duas vendinhas com pouquíssima variedade. Por isso a maioria dos meus colegas morava em Shizhou, um vilarejo maior. Levava meia hora para ir de Luoheng a Shizhou a pé, então eu costumava fazer um bate e volta a cada dois ou três dias para comprar mantimentos. Shizhou tinha um hortifruti, um pequeno parque, uma quadra de basquete, um supermercado de tamanho médio e algumas mercearias. Também tinha várias lanchonetes e imóveis disponíveis para aluguel. À noite, montavam barracas de rua que vendiam churrasquinho e *malatang*.*** Como eu gosto de sossego, Luoheng era mais adequado.

---

* Espécie de santuário comum em vilas e aldeias chinesas dedicado ao culto aos antepassados. Serve como um centro cerimonial e de memória coletiva. [*N. do T.*]

** Região de notável pujança econômica situada entre a cidade de Cantão, Hong Kong e Macau. [*N. do T.*]

*** Espetinhos cozidos em caldo picante. [*N. do T.*]

Além disso, o aluguel era um pouco mais baixo. Por exemplo, o quarto que eu alugava custava 400 yuans, enquanto um quarto semelhante em Shizhou sairia por 500 yuans.

Normalmente não comprávamos nada on-line. É verdade que na internet os preços eram mais baixos e a variedade era maior, mas os entregadores não iam até os prédios, só ligavam da entrada do vilarejo avisando que as encomendas tinham chegado. Levava dez minutos para descer e buscar uma entrega, e a gente nunca sabia quando eles iam aparecer. Já era difícil pegar no sono durante o dia; se eu fosse acordado por uma ligação, provavelmente não conseguiria dormir de novo. Por isso eu preferia não comprar on-line e me contentava com o que encontrava em Shizhou. Felizmente, as coisas lá não eram caras. Comprei uma chaleira elétrica Triangle por apenas 29 yuans, que acabei deixando para a proprietária quando me mudei. Imagino que coisas caras não teriam tanta saída em Shizhou.

É como diz o ditado: "Os quartéis duram, os soldados passam." Poucos conseguem ficar muito tempo nesse trabalho, por isso a empresa está sempre contratando. Quando comecei, a gratificação por indicar alguém era de 300 yuans. Logo aumentou para 500, depois para 800, e antes do Dia dos Solteiros,* chegou a mil. Indiquei um amigo para trabalhar numa agência como entregador e recebi 500 yuans de bônus. Dei tudo a ele, mas ele desistiu em menos de dois meses, dizendo que era cansativo demais. Nos banheiros do nosso centro de triagem, ao lado dos dispensadores de água quente, acima das pias ou em outros espaços livres, havia cartazes coloridos do departamento de recursos humanos com

* O Dia dos Solteiros (11/11), maior evento de compras on-line do mundo, é celebrado anualmente na China. A data, composta por quatro números "um", simboliza o status de solteiro. Com descontos expressivos e grandes promoções, o festival supera a Black Friday americana em volume de vendas e engajamento do consumidor. [*N. do T.*]

relatos de funcionários. Ainda lembro de alguns. Um deles — esqueci o nome, vamos chamá-lo de Lao* Wang — trabalhou no centro de triagem por alguns anos, pediu demissão para abrir um negócio, faliu e acabou voltando a trabalhar para a empresa. Agora ele compartilhava sua experiência, dizendo que era melhor ser funcionário e que estava contente com o salário... Ao lado do texto, uma foto dele da cintura para cima, sorrindo satisfeito para a câmera. Parecia bem. Havia muitos outros com histórias semelhantes à de Lao Wang. Podíamos ler seus depoimentos ao fazer necessidades, lavar as mãos ou encher nossas garrafas de água.

Além de produzir os cartazes motivacionais, o RH também ia a campo: montava estandes na entrada de Shizhou, colava anúncios de emprego nas paredes e divulgava as vagas em aplicativos. Usavam todos os meios possíveis numa busca incessante por novos recrutas. Todo candidato era imediatamente despachado para um teste no centro de triagem. Afinal, eles também tinham metas de desempenho a cumprir. É por isso que às vezes mandavam uns candidatos que não tinham nada a ver com o trabalho. Uma vez apareceu uma moça baixinha e magricela, de pernas e braços finos. Dava para ver que aquele trabalho não era para ela, mas, já que tinham mandado, não podíamos devolver para o RH, muito menos empurrar para outro grupo. Tínhamos de deixar a moça fazer o teste. No fundo, o supervisor da equipe não queria esse tipo de funcionário. Ficava com medo que atrasasse todo mundo, não aguentasse o trabalho pesado e desistisse depois de um ou dois meses, jogando todo o treinamento no lixo. Por isso, ele fazia questão de nos pedir para não ajudar. Como disse antes, o período de teste era o mais puxado; quem nunca tinha feito aquele trabalho precisava de uma ou duas semanas para pegar o jeito, e quem estava fora de forma demorava mais ainda. Mas quanto mais franzina a pessoa, menos podíamos ajudar. Qualquer

* *Lao* (literalmente "velho") é uma forma de tratamento para pessoas mais velhas com quem o falante tem uma relação próxima. O tratamento correspondente para pessoas mais jovens é *Xiao* (literalmente "pequeno, jovem"), como o autor vai usar mais adiante. [*N. do T.*]

apoio poderia gerar a falsa sensação de que dava conta do recado. Ela precisava sentir o peso do trabalho. Se, ao final de tudo, ainda achasse que conseguia fazer, aí sim ela estaria pronta de verdade. Em contrapartida, podíamos dar uma mãozinha aos que pareciam mais fortes.

Durante o meu próprio período de teste, eu ainda não dominava a técnica de desembalagem. Para tirar as encomendas do saco de fibra, era preciso puxá-las ao contrário, mas em vez segurar a ponta da embalagem com o polegar e o indicador, eu usava a ponta do indicador para raspar e puxar. Na hora, não sentia dor nenhuma, mas, depois de três noites seguidas fazendo isso, as unhas dos meus dois indicadores começaram a soltar. Alguns dias depois, ficaram pretas e, por fim, caíram. Levou uns três meses para crescerem de novo.

Apesar de tudo, também tínhamos alguns colegas com deficiência, contratados por exigências legais — as empresas são obrigadas a empregar certa porcentagem de pessoas com deficiência em relação ao total de funcionários. Dizem que nossa empresa já levou uma multa pesada por não cumprir essa cota. Na verdade, as pessoas com deficiência são plenamente capazes e, em muitos casos, realizam seu trabalho com a mesma eficiência que qualquer outro funcionário. Mas, devido às limitações físicas, elas não podem participar do rodízio de funções. Por exemplo, uma pessoa com dificuldade de locomoção não conseguiria trabalhar nem no descarregamento, nem na embalagem, porque essas funções exigiam que se movimentasse o tempo todo — meu par de tênis Decathlon novinho durou só quatro meses. Como isso acabava complicando a vida do supervisor na hora de organizar os turnos, ele não gostava muito desses funcionários e às vezes até fazia comentários sarcásticos sobre eles.

Em todo grupo há gente que acaba sendo excluída. Na nossa equipe não foi diferente. Havia uma garota recém-saída da escola, de uns 18 ou 19 anos, uma das mais novas da equipe. Era baixinha, magrela, sem muita força física. Por ser lenta e meio desajeitada, ela sempre atrasava a linha de produção, obrigando os outros a ajudá-la. Já foi preciso até parar a esteira por causa dela. Para piorar, era introvertida demais e não tinha amigos na equipe. Como resultado, quase todo mundo a odiava, inventava apelidos cruéis, zombava dela abertamente e lhe dava bronca por qualquer coisa. Se fosse comigo, não teria suportado aquela situação. Mas, do ponto de vista psicológico, ela era mais forte do que eu — ou quem sabe estivesse apenas anestesiada, ou não se importasse com a opinião dos outros. De qualquer forma, ela aguentou firme por um tempo que excedeu bastante as minhas expectativas. Eu a tratava com respeito, mas não havia muito mais que pudesse fazer por ela. Certa vez, ela ficou tão chateada que caiu no choro e largou o trabalho no meio da noite, jurando que não voltava mais. O supervisor, no fundo, ficou aliviado, já queria mesmo substituir os funcionários menos produtivos, mas não sabia como se livrar da moça, que tinha se agarrado ao cargo com unhas e dentes, apesar de não dar conta do trabalho. Quando ela quis voltar dois dias depois, ele recusou de cara. Acontece que o namorado dela também trabalhava no centro de triagem, na equipe de carregamento. Ele veio com a namorada para tentar convencer o supervisor e ficou insistindo por um bom tempo. Afinal, todos trabalhavam na mesma empresa, se esbarravam o tempo todo e estavam no mesmo barco. Não pegava bem criar atritos. No fim das contas, o supervisor acabou cedendo. Assim, a colega voltou para o nosso meio e continuou naquele suplício diário.

Poucos dias depois que entrei na empresa, chegou um funcionário novo. No primeiro dia de teste, o supervisor me pediu para levá-lo até o refeitório. A partir daí, o colega passou a me seguir para todo lado, até queria me encontrar no meio do caminho para irmos juntos ao trabalho. Chegou a sugerir que tirássemos folga no mesmo dia para sairmos, mas, felizmente, o supervisor não permitiu. Os outros funcionários pensavam que já nos conhecíamos de algum lugar. Esse comportamento me deixava desconfortável, mas, como ele era muito amistoso, fiquei sem jeito de lhe dizer não. Tinha um defeito, porém: adorava se gabar. Estava sempre falando sobre como era incrível, como sabia fazer de tudo, quantas pessoas já havia liderado, como conseguia enfrentar seis ou sete caras numa briga, e por aí vai. Eu só ouvia e balançava a cabeça concordando, sem disposição para contar que não acreditava em nada daquilo. Ficava pensando que o sujeito precisa ser muito vazio ou inseguro para inventar tanta história. Hoje consigo entender melhor as atitudes dele. Nós havíamos nos candidatado para a D sem nenhum contato lá dentro, e como entramos praticamente juntos, tínhamos visões e interesses parecidos. Uma aliança seria benéfica para nós dois. Enfrentar um novo ambiente sozinho era arriscado; se tivéssemos azar, acabaríamos isolados como aquela garota. Ele percebeu isso no primeiro dia em que me viu, enquanto eu, ingênuo, não fazia ideia de suas intenções.

Certa vez, entrou na nossa equipe uma moça grávida. Quem a indicou foi o namorado, que também trabalhava com a gente. Na época, o RH tinha uma regra que proibia casais de atuarem na mesma equipe, mas o namorado dela deve ter escondido o relacionamento. Quando o supervisor descobriu, já era tarde demais, só restava aceitar. No começo, a gravidez não era perceptível. Ela era bem jovem, saudável, devia ter uns 20 e poucos anos e conseguia realizar as tarefas sem maiores problemas. Mas aos poucos a barriga dela foi crescendo, o que partia o coração de qualquer um, afinal, estávamos falando de um trabalho pesado que atravessava a madrugada. Alguns até lamentavam em segredo que aquilo era uma "tragédia humana". Para piorar a situação, o namorado dela era viciado em jogos de azar e vivia fazendo apostas num aplicativo de loteria ilegal. Perdia o salário todo em poucos dias. Aí passava a usar o dinheiro da namorada para comer, pagar o aluguel, e até a fazia pegar dinheiro emprestado com os colegas, porque ele já havia pedido para todo mundo e tinha vergonha de insistir. As coisas foram azedando entre eles, principalmente porque ela estava insatisfeita. Ele até que era um sujeito tranquilo, nunca perdia a paciência, mas de que adiantava ter um bom temperamento se era um poço sem fundo? Até que, numa madrugada, a moça não aguentou mais a decepção e foi embora chorando. Pediu demissão no dia seguinte e nunca mais a vi. O homem continuou na empresa até a minha saída. Pouco tempo depois, ele arrumou outra namorada, uma mulher casada que estava trabalhando longe do marido. Quando alguém mencionava a ex-namorada grávida, ele se mostrava arrependido e dizia que ia ajudá-la financeiramente, mas não sei se chegou a fazer isso. Pelo menos ele parou de apostar, talvez porque não conseguisse mais dinheiro emprestado ou porque o aplicativo tenha sido tirado do ar. Todos nós apenas assistimos a tudo isso acontecer sem interferir. Ninguém chamou a atenção do rapaz, ninguém ofereceu ajuda concreta à moça além de algumas palavras de consolo. Cada um tinha seu próprio fardo, sua própria família disfuncional. Ninguém tinha energia para lidar com os problemas dos outros. Naquele ambiente de trabalho, a vida nos moía a ponto de fazer com que a empatia desse lugar à apatia.

Esse emprego tinha o dom de deixar qualquer um de mau humor. As longas noites em claro e o excesso de trabalho afetavam consideravelmente nosso controle emocional. Eu mesmo tive duas discussões feias com colegas da equipe. Tinha um que enrolava até não poder mais durante o nosso turno, e o folgado ainda tinha a língua ferina, achava-se no direito de se aproveitar das pessoas. Tinha outro ainda pior que vivia empurrando as tarefas mais pesadas para mim, enquanto ficava com as mais leves. E fazia isso toda hora, na cara dura, sem nem se dar ao trabalho de disfarçar. Quase chegamos às vias de fato. Naquele momento, eu estava pronto para sair no braço com qualquer um, e ele seria o alvo perfeito. O problema é que quem se metia em briga era demitido na hora. Mesmo que a briga fosse fora do trabalho, se a empresa descobrisse, iam os dois para a rua. Por sorte, nos seguramos e não chegamos a esse ponto.

Na verdade, o pessoal da equipe até que era bem tolerante com quem enrolava no expediente. Afinal, a carga de trabalho e a remuneração já não eram justas para ninguém, então, contanto que não prejudicasse os outros, não havia problema em dar uma relaxada. Além disso, os que mais enrolavam eram geralmente bem simpáticos. Talvez por uma questão de culpa.

O cálculo do salário funcionava assim: nossa equipe, com mais de cinquenta pessoas, era classificada em três categorias, A, B e C, de acordo com o desempenho individual no mês. Os dez funcionários com melhor desempenho recebiam classificação A. Aqueles que cometessem erros graves, como perda de volumes, erros de triagem, faltas não justificadas ou insubordinação, recebiam classificação C. Todos os demais se encaixavam na categoria B. O salário bruto para a categoria A era um pouco acima de 5 mil yuans, para a B era cerca de 4.700 yuans e para a C, cerca de 4.300 yuans. Esse valor-base oscilava um pouco a cada mês, conforme a quantidade total de volumes. Como a categoria C era uma espécie de punição, bastava evitar erros para escapar. Então, na prática, a disputa era entre as categorias A e B, e algumas pessoas levavam essa classificação muito a sério. O segundo colega com quem discuti, por exemplo, ia tirar satisfação com o supervisor toda vez que não ficava na categoria A. Mas a maioria se conformava diante da situação. Reclamava de vez em quando, mas não fazia nada para mudar. Eram colegas que muitas vezes não queriam trabalhar tão duro ou que sabiam que, por mais que se esforçassem, dificilmente se destacariam. Então preferiam pegar leve e evitar erros que os fariam cair na categoria C. O primeiro colega com quem briguei se encaixava nesse perfil.

Em tese, o supervisor da equipe nos avaliava com base na produção individual, mas cada um de nós ocupava uma função diferente, com responsabilidades diferentes, então era difícil aplicar esse critério. Na maioria das vezes, a produtividade era só uma desculpa que o supervisor usava para nos motivar ou enrolar. Na prática, ele levava em consideração dois fatores: primeiro, tentava manter a equipe satisfeita e equilibrada, revezando a classificação A entre a maioria dos funcionários. O segundo era que ele tentava recompensar os mais habilidosos e esforçados. Eu sempre me dedicava ao máximo e me dava bem com todo mundo — eu brigava, sim, mas era só com gente insuportável, e os outros até gostavam de me ver colocando aqueles sujeitos no lugar —; na verdade, eu era o mais gente boa da equipe. Devo ter dito "obrigado" mais vezes do que todos os outros funcionários juntos. Trabalhei na D por pouco mais de dez meses e me lembro de ter entrado na categoria A umas cinco vezes, o que era uma ótima média. No meu último mês, antes de pedir demissão, eu não recebi a classificação A, e nos meus dois primeiros meses também não, já que premiar um novato desmotivaria os funcionários mais antigos. Afinal se tratava de um recurso escasso e todo mundo estava de olho. Além disso, o supervisor não tinha como saber por quanto tempo um novato permaneceria na empresa. Seria um desperdício me colocar nessa categoria se eu pedisse demissão logo em seguida. Do ponto de vista dele, era preciso extrair o máximo de cada classificação A. Considerando tudo isso, fica claro o quanto o supervisor me tinha em alta conta. Naquela época, a equipe escolhia o funcionário do mês por meio de uma votação secreta. Nos três primeiros meses, fiquei duas vezes em primeiro lugar e uma vez em segundo. Quando o gerente percebeu isso, ele mudou as regras da votação para evitar que o prêmio fosse monopolizado por uma ou duas pessoas. Os brindes geralmente eram produtos de higiene pessoal. Uma vez, ganhei um secador de cabelo, mas como o meu era curto, dei de presente para um colega.

Também havia algumas empresas terceirizadas operando no parque logístico. Quando o volume de entregas aumentava na alta temporada ou durante as grandes promoções das plataformas de comércio eletrônico, contratávamos trabalhadores temporários dessas empresas para dar conta da demanda. Mas esses temporários faziam um pouco de corpo mole. Como mudavam de empresa e de função todo dia, era comprecnsível que não tivessem a mesma desenvoltura que nós. Além disso, como recebiam por diária, sem nenhum sistema de classificação A, B ou C, não viam necessidade de se esforçar muito. Era só fazer o mínimo para cumprir o expediente. Sentíamos uma mistura de amor e ódio em relação a eles: amor, porque a chegada deles aliviava nossa carga de trabalho; ódio, porque dava raiva de ver o jeito que trabalhavam. E o pior é que não podíamos reclamar muito, porque as empresas terceirizadas é que ditavam as regras no parque logístico. Se a reputação da D entre os temporários ficasse ruim, a empresa deles poderia simplesmente se recusar a nos enviar funcionários. Aí, nos períodos de maior demanda, teríamos de pagar ainda mais caro pelos serviços. Às vezes, até brincávamos entre nós: "Você está tão lerdo hoje, por que não vai trabalhar como terceirizado?" E teve gente que realmente fez isso depois de se demitir. A vantagem do trabalho terceirizado era a liberdade; você trabalhava quantos dias quisesse por mês. Mas a D era uma empresa de capital aberto, líder no setor de logística, e, portanto, era mais estruturada e seguia as leis à risca. Por exemplo, a empresa pagava todos os benefícios trabalhistas e nunca atrasava o salário. No fim, cada um tinha de pesar os prós e os contras e decidir o que era melhor para si.

A logística pode até não ser considerada uma indústria de alto risco, mas, de vez em quando, morre alguém no centro de triagem. Trabalham lá normalmente centenas de pessoas, e a rotatividade é alta. Ao longo de um ano, milhares de funcionários passam por aquele lugar. É inevitável que alguns deles tenham problemas de saúde que se agravam com o excesso de trabalho e levam à morte súbita. No ano em que trabalhei lá, um carregador morreu. Diziam que ele trabalhava demais, que tinha carregado dois caminhões sozinho numa única noite. Um dia chegou em casa, foi se deitar e nunca mais acordou.

O meu quarto tinha péssimo isolamento acústico. Uma vez, ouvi uma discussão no quarto ao lado. O marido gritava com a mulher sem parar e ela não dizia nada; talvez reconhecesse que estava errada. Ouvi o marido dizer: "Eu trabalho o dia inteiro, só queria chegar em casa e dormir em paz, será que nem isso eu posso ter?" Aparentemente, a mulher fez algo que o tirou do sério, então ele começou a chorar. Um homem feito, chorando e esbravejando daquele jeito. Fiquei curioso e tentei entender o motivo, mas era difícil decifrar a conversa. Os moradores vinham de todos os cantos do país, cada um com um sotaque diferente, não dava para entender tudo o que diziam.

Antes do Ano-Novo chinês de 2018, nosso departamento de triagem criou um grande grupo no WeChat* com quatrocentos ou quinhentos participantes. Como de costume, os supervisores de equipe e gerentes se revezariam na distribuição de *hongbao*,** enquanto nós tentaríamos pegar alguns. Na véspera do Ano-Novo, fiquei deitado na cama tentando pegar os *hongbao* e curtindo o clima de festa. Nunca tinha participado de um grupo tão grande antes, onde todo mundo conversava, compartilhava fotos de sua cidade, trocava saudações de boas-festas, provocava e fazia algazarra. Tinha também aqueles emojis de felicitações com vários efeitos que às vezes faziam meu celular travar na hora. Era muito mais animado do que assistir ao show da virada na televisão. Numa época em que o espírito do Ano-Novo se enfraquece a cada ano, fazia muito tempo que eu não passava um feriado tão caloroso e animado. Talvez por causa da baixa configuração do meu celular ou da conexão ruim,

* Aplicativo de mensagens semelhante ao WhatsApp. [*N. do T.*]

** Na China, é costume presentear pequenas quantias de dinheiro em envelopes vermelhos (*hongbao*), especialmente durante o Ano-Novo. A tradição foi adaptada à era digital com a distribuição de valores simbólicos por meio virtual. [*N. do T.*]

não consegui pegar muitos *hongbao*, no final consegui só uns 10 yuans, que devolvi ao grupo. A alegria é algo que o dinheiro não pode comprar.

Não me lembro se antes ou depois do Ano-Novo, o gerente da nossa equipe nos convidou para jantar num restaurante de *huoguo*.* Era um gerente novo, o antigo havia sido transferido para outra cidade. Ele tinha começado de baixo em outro departamento e, agora que estava comandando nossa equipe precisava cultivar a lealdade dos funcionários mais antigos para que apoiassem seu trabalho. Além de alguns supervisores de equipe e um assistente, ele convidou quatro funcionários para o jantar, e eu fui um deles. O recado era claro: ele me via como um supervisor em potencial. Mais tarde, quando pedi demissão, fiquei sabendo que a D estava abrindo um novo centro de logística em Dongping, no distrito de Baiyun, em Cantão, e que o gerente queria me indicar para uma posição lá. Nosso parque logístico ficava na Vila C, em Shunde. Apesar de ser tecnicamente parte de Foshan, a vila era colada a Cantão. Dava para ir de bicicleta até a Estação Ferroviária Sul em meia hora, mais rápido do que ir até o centro de Foshan.

Se eu tivesse ficado lá até hoje, seria pelo menos um candidato em potencial a gerente, provavelmente estaria arrancando os cabelos de preocupação e gritando com os outros. Mas dizem que longos períodos de trabalho noturno aumentam o risco de Alzheimer. Não sou mais nenhum garoto e essa possibilidade, que não me parecia tão distante, me deixava ansioso. Na verdade, eu já sentia minha cabeça mais lenta, principalmente em termos de reflexos e memória. Para tentar retardar o declínio, comecei a comer castanhas, mesmo sem saber se adiantava alguma coisa. Por conta do preço, eu comia principalmente nozes, amendoins e sementes de girassol.

---

* Prato popular em que se cozinham diversos ingredientes frescos num caldeirão de caldo fervente no centro da mesa. Também conhecido como *hot pot*. [*N. do T.*]

Em Shizhou, era possível encontrar vários tipos de amendoim e sementes de girassol por menos de 5 yuans o quilo. Eu experimentei quase todas as variedades. Também encontrava pelo mesmo preço um tipo de noz com casca nem muito grossa, nem muito fina. Não era como as nozes da minha infância, tão duras que pareciam capazes de entortar o batente de uma porta, nem como as nozes de casca de papel vendidas na internet, que se esfarelam com um simples toque. Era um meio-termo. Eu costumava jogá-las com força no chão para que se abrissem ao meio e pegava o miolo para comer. Mas eu sei que as nozes não previnem Alzheimer.

Em março de 2018, pedi demissão da empresa D e troquei Cantão por Pequim. Não foram razões profissionais que me levaram a isso, mas um relacionamento. Hoje, agradeço por ter tomado essa decisão.

Minha namorada Juneau e eu estamos numa fase muito boa. Nós nos conhecemos por volta de 2011 num fórum literário; toda nossa interação acontecia por lá, sem contato pessoal. Em 2017, por algum motivo de que não me lembro, começamos a conversar pelo WeChat. Na época, ela passava por um momento difícil, e eu também não estava numa situação muito melhor. Quando duas pessoas desiludidas se encontram, costumam saber como se valorizar e se apoiar. No Ano-Novo chinês de 2018, aproveitei os poucos dias de folga e fui a Pequim conhecê-la pessoalmente.

Entreguei meu pedido de demissão assim que voltei para Shunde. Pelo contrato, eu deveria trabalhar mais um mês para o desligamento normal, mas era baixa temporada na logística, lidávamos com pouca mercadoria, e sempre entravam novos funcionários após o feriado. Acabei trabalhando só duas semanas e meia antes de sair.

Não fiz muitos planos quanto ao trabalho que encontraria em Pequim. Confiava que conseguiria um emprego, já que não sou exigente e gosto de trabalhar. Além disso, Juneau nunca se importou que eu ganhasse pouco.

Desde que estamos juntos, ela nunca fez nenhuma exigência financeira. Temos visões parecidas sobre a vida e a escrita, o que me dá confiança no futuro. Na riqueza ou na pobreza, o importante é nos apoiarmos, enfrentarmos os desafios juntos e não desistirmos um do outro.

Depois que me instalei em Pequim, entrei para a empresa S, me tornei entregador e não peguei mais o turno da noite. Fazer entregas também era cansativo, mas pelo menos eu não precisava virar a madrugada, e a remuneração era melhor. Na verdade, eu nunca deveria ter aceitado aquele emprego noturno — deveria ter trabalhado como entregador desde o início. Como tenho um pouco de dificuldade com interações sociais, achei que seria difícil trabalhar com entregas, pois teria de tratar com muitos clientes todos os dias, mas descobri que conseguia lidar com a situação sem problemas.

Num piscar de olhos, já se passaram mais de três anos desde que cheguei a Pequim. Agora, já saí da S e, em breve, deixarei a cidade. Ao me lembrar de como eu era na época da D, percebo o quanto mudei. Mas algumas coisas nunca mudam. Hoje em dia, por exemplo, evito discussões e, principalmente, brigas. Em contrapartida, continuo comendo nozes, amendoins e sementes de girassol.

Original: 30 de março de 2020
Revisão: 28 de julho de 2021

II

FAÇO ENTREGAS EM PEQUIM

1. Entrevista

No meu terceiro dia em Pequim, fui fazer uma entrevista na empresa S. Tirei os dois primeiros dias para me instalar na cidade, então, na manhã do terceiro dia, acordei e imediatamente enviei currículos pelo site de classificados 58.com. Era 20 de março de 2018. Antes mesmo do almoço, meu celular tocou. A mulher que me ligou disse logo de cara que não era da empresa contratante, mas sim de um departamento ou subsidiária de recolocação de pessoal do 58.com. De início, pensei que ela queria me vender alguma coisa, mas logo entendi que o trabalho dela era conectar empresas e candidatos. Ela continuou dizendo que, depois de ver meu currículo, queria me recomendar para a S, uma empresa de entregas expressas. Se eu tivesse tempo à tarde, poderia ir até Yizhuang* para uma entrevista, ela me enviaria o endereço por SMS. Aceitei na hora. Para mim, não valia a pena perder tempo procurando emprego. Com minhas qualificações, seria difícil encontrar um trabalho com salário maior. A empresa S já era muito melhor do que eu poderia imaginar.

Antes de sair para Yizhuang, recebi mais uma ligação. Outra mulher me perguntou se eu tinha interesse em trabalhar na D, a empresa de logística. Eu disse a ela que tinha me desligado dessa empresa apenas seis dias antes e que o gerente tinha me dito que eu não poderia ser recontratado por três meses após o desligamento. Então, eu não sabia se essa restrição ainda valia se eu estivesse em outra cidade. Ela não soube responder. Na verdade, na seção de experiência profissional do

---

* Polo de desenvolvimento econômico e tecnológico localizado no subúrbio de Pequim. [*N. do T.*]

meu currículo, eu já tinha informado a data do meu desligamento da D. Ela provavelmente não leu com atenção. Depois de pensar um pouco, disse que iria se informar sobre a situação e me retornaria. Claro que ela nunca mais me ligou.

Até hoje eu não sei que departamento da empresa S era aquele onde fiz a entrevista em Yizhuang. Nunca mais voltei lá. O endereço era numa área industrial aberta, cheia de grandes galpões. O prédio da empresa S ficava perto da rua e era meio velho, com cara de lugar de trabalho braçal. Mas, estranhamente, não tinha quase ninguém lá dentro. Lembro que éramos uma dúzia de candidatos, todos em pé numa sala, ouvindo um gerente falar. Parecia não haver cadeiras por ali, ou talvez ninguém tivesse coragem de se sentar, já que o gerente também estava em pé. Não entendi que tipo de gerente ele era. Foi a única pessoa que nos atendeu enquanto estivemos lá. Ele puxou conversa dizendo que tinha começado como entregador e que agora trabalhava com gestão de pessoal. Acho que a intenção dele era mostrar que tinha a mesma origem que nós, que também era um trabalhador, e, portanto, teríamos boas perspectivas de carreira ali.

Então ficamos em volta dele prestando atenção no que dizia. Ele falava alto para que todos pudessem ouvir, como um guia de turismo. E, de fato, seu trabalho era parecido com o de um guia. Comentou que era comum ver na internet que os entregadores podiam ganhar mais de 10 mil yuans* por mês, então existia essa ideia de que a renda era alta. Na verdade, alguns entregadores até ganhavam bem, mas eram poucos. Quem estava começando e não tinha uma base de clientes não conseguia lucrar tanto. Mas ele logo acrescentou que, no primeiro mês, a empresa garantia um mínimo de 5 mil yuans.

* Aproximadamente 1.400 dólares (valor em outubro de 2024). Cerca de quatro vezes o salário mínimo de Pequim. [*N. do T.*]

O gerente continuou dizendo que o trabalho de entregador envolvia longas jornadas e clientes difíceis e que se trabalhava sob sol e chuva. Muita gente achava fácil antes de começar, mas depois não aguentava... Era claro que ele não estava preocupado com a nossa competência ou com a possibilidade de odiarmos o trabalho, mas sim que alguns desistissem depois de dois dias — nesse caso, seria melhor ir embora logo. Devia ser isso que ele tinha em mente. Mas eu nunca esperei ganhar 10 mil yuans por mês nem ter um trabalho fácil, e os outros provavelmente também não. Depois que ele terminou de falar, ninguém foi embora decepcionado nem fez perguntas. Vendo que não tínhamos expectativas irreais, o gerente pareceu satisfeito e nos entregou uma pilha de formulários para preencher. Depois que completamos a papelada, ele pediu para escolhermos a unidade em que iríamos nos apresentar. Conforme ele lia o nome das unidades com vagas, os interessados levantavam a mão para se candidatar. O primeiro nome era de um lugar que eu nunca tinha ouvido falar. Na época, eu não conhecia 99% dos lugares em Pequim, então isso era normal. Mas fiquei preocupado: "E se eu não reconhecer nenhum dos lugares que ele falar?" Nesse momento, ele disse: "Liyuan." E eu estava hospedado em Liyuan! Pequim é tão grande, com tantos lugares, e ele disse "Liyuan" logo no segundo nome... Achei que era muita sorte, como se o destino tivesse me dado uma ajuda. Então, me inscrevi na hora.

Depois de pegar o endereço da filial de Liyuan e o telefone do responsável, olhei o mapa no Gaode* e vi que o lugar era perto de onde eu estava hospedado, a uns vinte minutos de caminhada. Como ainda era cedo, pensei em ir logo para não perder o dia. Liguei para o gerente L da filial de Liyuan e disse que estava indo me apresentar. Fui otimista demais. A ida para Yizhuang tinha sido tranquila, mas a volta coincidiu com o horário de pico, e o trânsito de Pequim logo me ensinou uma lição. Duas horas depois, ainda no ônibus, liguei de novo para o gerente L e disse que não conseguiria chegar a tempo e que iria na manhã seguinte mesmo.

---

* Aplicativo de mapas e navegação muito popular na China, similar ao Google Maps. [*N. do T.*]

* * *

Ainda faz bastante frio em Pequim no mês de março, as temperaturas ficam uns dez graus abaixo da média na minha cidade no Sul. Na manhã seguinte, fui até a unidade Yunjingli da empresa S. O escritório do gerente L era no segundo andar. Antes de entrar, vi que ali perto também tinha unidades da JD.com e da D, por isso o asfalto estava todo esburacado pelo tráfego dos caminhões.

O gerente L administrava quatro unidades da empresa S naquela região, incluindo a de Yunjingli. Depois de nos encontrarmos, percebi que ainda teria de responder a algumas perguntas dele. Aquela devia ser a entrevista de verdade. O gerente L usava óculos de armação fina, tinha uns 40 anos e falava com um sorriso educado. Ele parecia estar com tempo livre, então ficamos batendo papo, mas eu não estava preparado para uma conversa individual e basicamente só respondia às perguntas sem acrescentar mais nada. Ele me perguntou de onde eu era e eu respondi. Perguntou quanto tempo havia que eu estava em Pequim e falei que era meu quarto dia ali. Depois, questionou por que eu queria ser entregador. Eu não sabia se realmente queria ser entregador. Se tivesse uma opção melhor, não estaria ali, mas não tive coragem de dar uma resposta que eu sabia que ele não queria ouvir. Aí cometi um erro. Deveria ter dito que sempre gostei da S; entrar numa empresa que eu admirava seria lógico e justificável. Mas, por causa do nervosismo, acabei dizendo que queria um trabalho perto de onde eu morava. Isso também era verdade, só não era a história completa — entre os trabalhos que eu poderia conseguir, ser entregador era um dos mais bem pagos. A minha resposta pareceu meio displicente, como se eu estivesse ali só por conveniência, e não por ter tomado uma decisão consciente.

Como esperado, o gerente L ficou desconfiado da minha resposta. Ele tentou sondar, perguntando quanto tempo eu pretendia ficar em Pequim, por que vim para cá, entre outras coisas. Depois que respondi, ele quis saber da minha situação familiar, se meus pais eram idosos, se eu tinha filhos etc. Eu sabia do que ele tinha receio, então tomei cuidado para não cometer mais erros. A partir daí, respondi o que achei que ele gostaria de ouvir. Ele disse que o trabalho não era tão bom quanto eu devia estar imaginando. Respondi que não tinha tantas expectativas. Ele falou que ser entregador era difícil. Eu disse que não me importava com as dificuldades, que meu trabalho anterior era ainda mais duro. Esse tipo de conversa me deixou desconfortável. Entendi que ele tinha receio de que eu desistisse depois de alguns dias, algo que provavelmente acontecia com frequência e o deixava frustrado. Pela conversa, ele soube que eu não tinha filhos e que meus pais tinham seguro-saúde e aposentadoria, então não dependiam de mim financeiramente, portanto eu não tinha nenhum fardo pesado. Essas informações o deixaram em alerta. Naquele momento, não percebi o quanto ele seria sensível a essas questões. Era claro que ele temia que, se eu encontrasse problemas no trabalho, poderia desistir por impulso em vez de aguentar um pouco mais, já que não tinha grandes responsabilidades me prendendo. Além disso, talvez eu falasse de forma muito polida em comparação com outros candidatos. Embora o gerente L também fosse educado, percebi depois que ele preferia entregadores com uma personalidade mais "rústica", porque eram gente menos orgulhosa. Mais tarde, no trabalho, entendi que o orgulho realmente podia ser um empecilho.

Quando me lembro disso hoje, consigo entender a atitude dele na época; no lugar dele, eu provavelmente agiria de maneira parecida para obter um bom resultado. Tentou me desencorajar de forma sutil porque, assim como eu, ele não era uma pessoa agressiva. Além disso, era importante considerar que eu tinha ido até Yizhuang no dia anterior para a entrevista e, depois, fui designado para lá. Se ele não me aceitasse, precisaria dar uma justificativa palpável. Por isso, ele esperava que eu desistisse por conta própria, mas eu não desisti. No final, ele me aceitou meio a contragosto e me disse para começar no dia seguinte na unidade de Linheli, ali perto.

2. Período probatório e admissão

A unidade da empresa S que originalmente ficava em Linheli foi fechada devido a falhas na vistoria do corpo de bombeiros. Por isso a transferiram para o pátio de um edifício comercial quase em frente à estação Liyuan do metrô, mas o nome do ponto continuou sendo Linheli mesmo. Quem me contou foi Xiao Gao, o entregador que me orientou durante o período de experiência. Meu mentor era bem mais novo que eu: tinha nascido em 1995 no Nordeste da China.

A área de entrega sob responsabilidade de Xiao Gao contemplava a divisa da avenida Liyuan Zhong e da rua Yuqiao Dong. Ele atendia a três complexos residenciais:* Residencial Artístico Xingfu, Jardins Yuanquan e Vila Leste Yuqiao. Eram três condomínios vizinhos, separados apenas por cercas de metal. Na primeira vez que andei no triciclo de entregas de Xiao Gao, ele me contou que tinha dois desses veículos. Deixou um em casa depois que deu defeito e pegou outro no ponto de distribuição. Com ar de superioridade, Xiao Gao comentou: "Tem um colega aqui que trabalha há quase uma década e ainda usa aquele triciclo velho, enquanto eu já tenho dois!" Achei a lógica bizarra, até parecia que os veículos eram propriedade pessoal dele. Como tive pouco contato com o tal funcionário veterano depois disso, acabei esquecendo seu nome. Nunca cheguei a confirmar se ele realmente estava lá havia tanto tempo, mas seu triciclo

---

* Os "complexos residenciais" ou "condomínios" na China são verdadeiros microbairros formados por dezenas de edifícios residenciais. Dentro dessas áreas cercadas há ruas, estacionamentos, áreas verdes, playgrounds e pequenos estabelecimentos de comércio e serviços. [*N. do T.*]

era mesmo diferente, um modelo bem antigo. Na época, eu não fazia ideia de que Xiao Gao tinha de enrolar os colegas diariamente para continuar usando o triciclo extra. Ele também me contou, todo satisfeito, que nos dias de folga usava o veículo da empresa para ir ao mercado com a namorada. Era evidente que Xiao Gao achava o máximo esse "benefício" de usar o veículo para fins pessoais.

O período de experiência na empresa S não era remunerado e durava três dias. Diziam que não era preciso trabalhar, apenas observar e aprender com o mentor, mas, na prática, tínhamos de ajudar. Quem teria a cara de pau de ficar só olhando sem fazer nada? Então, eu e Xiao Gao trabalhávamos juntos. Ele estacionava o triciclo no térreo e cada um de nós ia para um bloco do condomínio. Xiao Gao já conhecia bem a área a que atendia e costumava me avisar quais apartamentos tinham gente em casa e quais não tinham; quando não tinha ninguém, ele me dizia onde os moradores preferiam que deixássemos as encomendas: no hall de entrada, na sapateira, na caixa do medidor de energia... O trabalho não parecia difícil; bastava ter boa memória. Com o tempo, a eficiência naturalmente aumentaria.

Na tarde do terceiro dia do meu período de experiência, aproveitei para fazer o exame admissional no hospital que ficava ao lado da nossa unidade. Para minha surpresa, o resultado só sairia dali a três dias. Se eu soubesse, teria feito o exame antes de começar o período de experiência. Então, tirei um dia de folga. No dia seguinte, Xiao Gao me ligou pedindo ajuda, dizia que tinha muitas encomendas e não daria conta sozinho. Já que eu não tinha nada para fazer, pensei que seria bom me familiarizar com a região. Depois de entregarmos as encomendas daquela manhã, Xiao Gao me levou ao mercado de Liyuan Dongli e almoçamos num pequeno restaurante. Ele pagou a conta. Como eu estava trabalhando de graça, não fiz cerimônia.

A equipe de Xiao Gao tinha seis pessoas. Os outros eram responsáveis pela área dos condomínios Dijing Beira-Mar, Jardins Jingyi Tianlang e

Cidade Meiran Baidu. A empresa S tinha mais encomendas pela manhã, então o ritmo era intenso, só ficava mais tranquilo à tarde. Por isso, nos reuníamos ao entardecer na frente do Dijing Beira-Mar para esperar as encomendas e conversar. Naquele dia, um outro novato que era responsável pelo setor sul desse condomínio gigante me disse: "Se você pagar mais 50 yuans, o resultado do exame sai no dia seguinte, não precisa esperar três dias." Eu respondi: "Perguntei se dava para adiantar, mas a enfermeira não me falou nada disso." O rapaz explicou: "Eles fazem isso de propósito para ganhar mais. Você tem de oferecer o dinheiro. Perguntar não adianta, ela não vai falar, porque essa taxa é irregular." Ele disse que tinha passado pela mesma situação, então não tive como duvidar. Ele não ganharia nada mentindo para mim, mas eu também não queria duvidar da enfermeira que me atendeu, porque ela parecia ser uma pessoa responsável. No fim do expediente, Xiao Gao me chamou para ajudar no dia seguinte e eu aceitei prontamente.

No dia seguinte, ajudei Xiao Gao a entregar as encomendas da manhã. À tarde, fui ao hospital buscar o resultado do exame e o entreguei ao supervisor da unidade. O supervisor do ponto Linheli tinha o sobrenome Z. Ele não me pareceu uma pessoa amigável; falava pouco, quase nunca respondia às minhas perguntas e às vezes nem olhava para mim. Eu me sentia um aluno do ensino fundamental falando com o professor ao conversar com ele. Mesmo quando não tinha feito nada de errado, sentia que estava sendo repreendido. Primeiro, passei por duas entrevistas, depois por três dias de experiência e esperei mais três dias pelo resultado do exame. Já era 27 de março. O supervisor Z me pediu para sentar e esperar enquanto ele mexia no computador. Sabe lá se estava mesmo resolvendo o meu caso. Depois de um bom tempo, ele finalmente me disse que as vagas para março já estavam preenchidas e que a data mais próxima para começar seria 2 de abril. Pensei: "Já cumpri o período de experiência, fiz o exame médico e agora você me diz que não tem vagas? Não sei se isso é normal, mas é uma falta de respeito." Se não tinham vagas, por que estavam contratando? Além do mais, ele disse isso sem nem se dar ao trabalho de pedir desculpas, fazendo uma cara de "se não quer, tem quem queira".

Na manhã seguinte, Xiao Gao me ligou de novo pedindo ajuda. Disseram que ele teria de devolver o triciclo extra que estava usando e o dele ainda não tinha sido consertado. Então ele queria que eu o ajudasse a levar o triciclo quebrado para o conserto. Quando nos encontramos, percebi que ele estava irritado, provavelmente por ter discutido com alguém do ponto de distribuição. Comecei a suspeitar que ele era indisciplinado, rebelde e problemático. Com o triciclo bom, rebocamos o quebrado até o condomínio Jardins Chunjia, na via lateral da rua Linheli, onde tinha uma pequena oficina que funcionava numa portinha de um metro de largura. Xiao Gao foi fazer as entregas e me deixou esperando lá. Lembro de ficar sentado na oficina, entediado, olhando para tudo. O chão de cimento esburacado estava coberto por uma camada brilhante de graxa preta. Peças de reposição estavam empilhadas ao longo das paredes, de forma desordenada (mas provavelmente organizada aos olhos do dono). Lembro-me de dois clientes que entraram. Uma mulher veio buscar uma bateria que tinha encomendado; o dono cobrou 600 ou 700 yuans, mais barato do que eu imaginava. Outro cliente, um homem de meia-idade, também perguntou sobre baterias, mas não comprou nada. Curiosamente, lembro desses detalhes insignificantes, mas não lembro por que precisei ficar esperando. Pensando bem, depois de entregarmos o triciclo ao mecânico, não havia motivo para continuar ali. Mas o triciclo não foi consertado naquela oficina. O mecânico mexeu nele por um bom tempo e disse que faltavam ferramentas ou peças. Então, ao meio-dia, levamos o triciclo para outra oficina maior, no mercado de Liyuan Dongli. Essa oficina estava cheia de clientes, então tivemos de esperar. Almoçamos e esperamos mais um pouco até que o mecânico pudesse dar uma olhada, mas nem a oficina maior arrumou uma solução. Parecia que o triciclo elétrico da marca Zongshen usado pela empresa S tinha uma peça específica que precisava ser encomendada da fábrica. Por volta das quatro ou cinco da tarde, ficou claro que não conseguiríamos o conserto naquele dia. Xiao Gao ainda estava fazendo entregas e não podia vir até a oficina. Contei a ele o que tinha acontecido e ele me pediu para levar o triciclo de volta ao ponto de distribuição. Passei quase uma hora empurrando o veículo do mercado até o ponto.

Continuei trabalhando de graça por mais dois dias. Xiao Gao parecia depender muito de mim e me pedia ajuda sempre. Talvez ele confiasse em mim por eu ser mais velho. Ou talvez ele não se desse bem com os colegas de equipe e preferisse a ajuda de alguém de fora. Para sermos mais eficientes, começamos a trabalhar separadamente: eu pegava uma bicicleta compartilhada e ia para os condomínios carregando as encomendas a tiracolo numa sacola de fibra, enquanto ele fazia entregas em outras áreas. Depois, nos encontrávamos de novo. Como Xiao Gao me pedia ajuda todo dia, imaginei que faria parte da equipe dele quando meu contrato começasse. Então, achei que seria útil conhecer a região e os colegas de equipe com antecedência. Mas não foi isso que aconteceu: o período de experiência era feito em grupos aleatórios e não fomos designados para a mesma equipe.

Depois de saber da minha situação, um sujeito estranho do grupo dele me disse: "Então continue trabalhando de graça por enquanto." Ele era o líder de equipe. Diga-se de passagem que "líder de equipe" nem era um cargo formal, nem ganhava um pagamento adicional. Geralmente, era o membro mais antigo do grupo que assumia essa função e ficava responsável por coordenar o trabalho e se comunicar com a administração da unidade. O líder de equipe se dispunha a trabalhar sem remuneração extra porque, como era o mais antigo, certamente já tinha sido designado para a melhor área de entrega. Então, ele devia ser o que ganhava mais, ou o que tinha o trabalho mais fácil, ou talvez tivesse encontrado um equilíbrio entre os dois. Esse mesmo líder de equipe também me disse que, quando começou, trabalhou de graça por mais de dez dias, porque ninguém o avisou sobre a necessidade de formalizar a admissão e ele também não procurou o supervisor. Ele nem sabia que não receberia sem cumprir os trâmites administrativos. No dia seguinte, ele me disse que admirava muito o sr. W, presidente da empresa S. Todo ano, no Ano-Novo chinês, a empresa S selecionava os cem melhores dos 400 mil funcionários da linha de frente para participar de uma convenção na sede corporativa, com todas as despesas pagas. Ele sonhava em ser um dos escolhidos. Falava com tanta sinceridade, tanto entusiasmo, que eu não sabia o que dizer. Os outros membros da equipe pareciam não gostar muito dele, então eu também tentei evitá-lo.

Movido por minha consciência proletária, quando Xiao Gao me chamou para ajudar novamente na manhã seguinte, respondi que não poderia porque tinha outros compromissos. Fiquei dois dias em casa, fui ao mercado, cozinhei, fiz faxina. No terceiro dia, 2 de abril, fui à unidade Linheli pela manhã e peguei com o supervisor Z o formulário de contratação assinado por ele. À tarde, por volta de 13 horas, fui à unidade Yunjingli para falar com o gerente L, mas encontrei o escritório vazio, com um aviso na porta: "Contratações a partir das 14 horas." Vi uma sala de reuniões aberta ao lado do escritório e entrei para esperar. Depois de um tempo, chegaram outras pessoas para assinar o contrato. Nos entreolhamos com curiosidade e voltamos a mexer no celular, sem conversar. Quase às 15 horas, ou talvez um pouco depois, o gerente L e duas funcionárias do escritório voltaram. Conversavam tranquilamente voltando do almoço. Uma das funcionárias era responsável pelas finanças e pelos contratos. Ela chegou rindo e batendo papo com a colega, mas fechou a cara assim que nos viu, sem disfarçar o desprezo que sentia por nós.

Quando chegou a minha vez, entreguei meus documentos para a funcionária e ela procurou no computador, mas não encontrou meu nome. Só então percebi que o supervisor Z tinha me dado o formulário de contratação, mas não tinha registrado minha solicitação no sistema.

A funcionária me mandou voltar e falar com Z. Em seguida, ela deu uma olhada nos meus documentos e viu que, no meu exame de sangue, o valor da "porcentagem de neutrófilos" estava um pouco acima do normal. Apontando para o exame, ela disse, sem expressão: "Seu exame médico não foi aprovado. Você não pode ser contratado."

Saí de lá correndo para o hospital. O departamento de exames médicos ficava num prédio atrás do ambulatório. Entrei com o exame na mão e perguntei a um médico plantonista: "Por que esse valor no meu exame de sangue está alterado, mas no laudo está escrito que está tudo normal?" Ele pegou o exame, olhou e perguntou, surpreso: "A empresa S não quer te contratar por causa disso?" Confirmei. Então, ele disse: "Esse valor não significa nada. Se uma pessoa tiver qualquer inflamação no corpo, esse valor pode oscilar e voltar ao normal em alguns dias. É um absurdo não te contratarem por esse motivo." Balançou a cabeça e repetiu várias vezes: "É um absurdo." Eu não sabia se era realmente absurdo ou se ele estava apenas tentando me acalmar porque eu parecia irritado. Aí perguntei: "Já que isso é normal, você pode alterar o resultado?" Ele negou: "Ah, isso eu não posso fazer. Há regras." Perguntei: "Então, o que eu faço?" Ele disse: "Você pode fazer o exame de novo." Já que eu ia ter de pagar outra vez pelo exame, perguntei: "E se der o mesmo resultado?" Ele pediu que eu ficasse tranquilo, garantindo que isso não ia acontecer. Achei estranho. Como ele podia garantir? E se eu ainda estivesse com alguma inflamação? Mas acabei seguindo o conselho dele. Na manhã seguinte, refiz o exame de sangue, não tinha outra opção. Depois, voltei à unidade Linheli. O supervisor Z não estava, então pedi para a única funcionária do escritório registrar minha vaga no sistema.

O resultado do novo exame saiu na mesma tarde e, de fato, estava tudo normal. Era uma prova de que eu não precisava ter esperado três dias pelo resultado anterior. De todos os exames, só o de sangue demorava, os outros saíam na hora. Ou seja, mesmo que eu tivesse feito o exame de sangue à tarde, o resultado estaria disponível no dia seguinte. Então tive de tirar sangue uma segunda vez e acabei gastando outros 50 yuans. Provavelmente o entregador que me alertou estava certo. Parecia mesmo ter algo errado com aquele hospitalzinho.

Na manhã de 4 de abril, fui ao escritório do gerente L pela terceira vez, mas não pude assinar o contrato porque a funcionária mal-humorada do financeiro estava de licença. O gerente L me mandou voltar outro dia. Como eu tinha acabado de chegar a Pequim e ainda não tinha começado a trabalhar oficialmente, tinha bastante tempo livre e escrevia um pequeno diário todas as noites. Mas só registrava o que tinha feito durante o dia, não o que andava pensando ou sentindo. Pela anotação daquele dia, não consigo me lembrar no que estava pensando. Normalmente, eu costumo seguir as instruções que me dão, mas, naquele dia, não segui a recomendação do gerente L. Em vez disso, saí de lá direto para Linheli e fui procurar o supervisor Z. Acho que eu não confiava mais no gerente L.

As duas unidades não ficavam tão distantes uma da outra, só meia hora de caminhada. O supervisor Z me disse que, se eu estivesse com pressa, poderia ir até a sede da empresa para fazer a contratação. A sede da empresa S em Pequim ficava no Parque Logístico do Aeroporto, no distrito de Shunyi, a mais de 30 quilômetros de Liyuan, onde eu estava. Parti imediatamente e cheguei lá já à tarde. Notei que os funcionários do RH eram jovens, educados e solícitos. Eles também tinham um nível de escolaridade mais alto, bem diferente dos que trabalhavam nos pontos de distribuição. Só ali a S me pareceu uma empresa moderna. Eles me perguntaram por que eu tinha ido até lá para cumprir os trâmites de admissão. Expliquei que a funcionária do financeiro em Liyuan não estava trabalhando naquele dia. Alguém murmurou: "Ela, de novo." Pelo jeito, ela faltava com frequência. Então, descobriram que a outra funcionária de Linheli não tinha enviado a cópia do meu documento de identidade, o que impedia a conclusão do meu processo de contratação.

Liguei imediatamente para essa funcionária e ela respondeu: "Não pode ser. Eu enviei ontem mesmo." Eles investigaram e descobriram que ela tinha enviado para o e-mail pessoal de um funcionário, em vez de mandar para o grupo de trabalho, como deveria ter feito. Então, mostrei meu documento de identidade e pedi que fizessem uma cópia na hora, mas eles disseram que o documento precisava ser verificado pelo Departamento de Segurança Pública e que o resultado não sairia no mesmo dia. O dia seguinte era feriado de Qingming,* emendado com o sábado e o domingo, totalizando três dias de folga. Ou seja, eu teria de esperar mais três dias.

No caminho de volta para casa, fiquei pensando se todo esse contratempo era azar meu ou se alguém — o gerente L, por exemplo — estava me sabotando. Como eu estava chateado, preferi acreditar que o gerente L estava dificultando as coisas de propósito. Desde a minha primeira entrevista em Yizhuang, no dia 20 de março, já tinham se passado duas semanas. Nesse meio-tempo, me dediquei exclusivamente ao processo de contratação na S, sem procurar outro emprego. Tinha pagado pelo exame médico e trabalhado de graça por sete ou oito dias. Eu precisava, no mínimo, recuperar o que tinha investido.

Xiao Gao entrou em contato comigo quando soube que eu ainda estava enrolado com o processo de admissão e sugeriu que eu desistisse. Ele precisava viajar para resolver um assunto na cidade dele e não sabia quanto tempo ia ficar fora. Como ele não podia tirar mais de três dias de folga, me propôs usar a identificação dele para trabalhar, e depois me pagaria por fora. Quando ele voltasse, eu poderia continuar ajudando e ele assumiria o atendimento de mais duas áreas de entrega, que seriam minhas, mas sempre utilizaríamos a mesma identificação. É óbvio que recusei essa proposta absurda. Esse tipo de esquema até acontecia na nossa unidade, mas cada entregador tinha seu próprio triciclo. Eu, não.

---

* O equivalente ao Dia de Finados no calendário tradicional chinês. [*N. do T.*]

E o triciclo extra que Xiao Gao usava não estava mais disponível. Ele não chegou a pensar nesses detalhes por mim.

Depois do feriado, na tarde de 8 de abril, voltei mais uma vez ao escritório no segundo andar da unidade Yunjingli. O gerente L e as duas funcionárias do escritório voltaram do almoço às 15 horas, como de costume. Dessa vez, eu era o único candidato. A funcionária do financeiro me disse que sei lá qual tipo de vaga tinha se esgotado, e que eu teria de ser contratado em outra modalidade. Isso significava que eu teria de esperar mais um dia. Vendo a cara de impaciência que ela fazia, não me atrevi a perguntar o que ela queria dizer com isso. Mais tarde, descobri que não havia mais vagas para contratação como funcionário regular e que eu só poderia ser contratado como temporário, até que surgisse uma vaga para efetivação. Os temporários não tinham salário-base nem benefícios, e a empresa não pagava os demais encargos trabalhistas. Normalmente, os temporários não faziam coleta, só entregas, e recebiam 2,2 yuans por encomenda entregue, enquanto os funcionários regulares recebiam 1,6 yuan por encomenda. Além disso, havia um adicional de 0,2 yuan por quilo extra para encomendas com mais de 1 quilo. Algumas encomendas especiais, como as de televendas com pagamento na entrega, também tinham uma comissão adicional.

Como o formulário de contratação anterior não valia mais, na manhã seguinte voltei de novo à unidade Linheli para falar com o supervisor Z. Ele não estava, disseram que ele iria à unidade Yunjingli naquela manhã e só voltaria ao meio-dia. Eu não queria esperar, então corri para Yunjingli, mas o escritório do gerente L no segundo andar estava trancado e não tinha ninguém por perto. O encarregado do depósito no térreo me disse que o gerente L não chegava tão cedo. Sem opção, fui para casa, esperei um pouco e, às 11 horas, voltei para lá. Dessa vez encontrei o supervisor Z, que me disse: "O que você está fazendo aqui? Volte para Linheli e me espere lá." Pensei: "Se não tivessem me enrolado por duas semanas, eu não precisaria pegar no pé de vocês."

À tarde, finalmente consegui o formulário de contratação como temporário com o supervisor Z. A funcionária do financeiro também faltou naquele dia, mas eu já estava acostumado. Na verdade, eu nem queria ver a cara dela. Peguei um ônibus, viajei por mais de duas horas até a sede da empresa e, finalmente, concluí o processo de admissão. Tinha um homem gordo na minha frente na fila, devia ter uns 100 quilos. Ele estava sendo recontratado. O responsável passou os olhos pelo exame médico dele, disse que o colesterol estava alto e perguntou, franzindo a testa: "Você engordou depois que saiu da empresa?" Todo mundo riu. O homem ficou vermelho, sem saber o que dizer. Alguém sugeriu: "Peça para um amigo fazer o exame médico no seu lugar." O responsável ouviu, mas não disse nada, não fez nenhum alerta sobre a irregularidade daquilo.

3. Sem destino certo

A unidade Linheli tinha mais de sessenta entregadores, divididos em mais de dez equipes. No começo, fiquei sem triciclo porque minha contratação foi adiada várias vezes e todos os veículos já tinham sido alocados. Um colega contratado no mesmo dia que eu até conseguiu, porque ele conhecia alguém lá dentro. Eu, que não tinha contatos, acabei sendo um dos três entregadores sem triciclo naquela unidade. Os outros dois, contratados alguns dias antes, já tinham equipe definida. Eu nem equipe tinha, porque todas já estavam completas.

Nas duas semanas seguintes, eu ia toda manhã à unidade e procurava o supervisor Z, que tentava me encaixar em alguma equipe que tivesse alguém de folga ou de licença. Se nenhuma tivesse vaga, ele me empurrava para uma equipe qualquer. Essa situação tornava meu trabalho muito difícil e pouco produtivo. Se eu tivesse meu próprio triciclo, seria diferente, mas, como não tinha, eu era um peso morto. Se me mandassem para um condomínio para fazer as entregas a pé, eu não conseguia acompanhar o ritmo dos outros. Algumas encomendas eram grandes demais para carregar a tiracolo, então os colegas tinham de entregar os pacotes maiores. E, como eu estava cada dia num condomínio diferente, não conseguia aumentar minha eficiência. Alguns complexos residenciais não tinham os números dos prédios marcados no Gaode Maps, então eu precisava ficar pedindo informação na rua e às vezes me passavam instruções erradas. Em outros condomínios, mesmo quando o mapa indicava a numeração dos prédios, eu acabava dando voltas maiores porque o mapa não sinalizava atalhos e entradas menores, e os meus colegas não tinham como me ensinar esses detalhes todos. Afinal, no dia seguinte eu poderia ser transferido para outra equipe, era perda de tempo ensinar tudo para alguém que só trabalharia um dia naquele lugar. Por isso, às vezes eles me levavam de triciclo prédio a prédio, porém como eu não estava trabalhando de forma independente, não era de grande ajuda para o grupo. E como também não estava mais em período de experiência, não era mão de obra gratuita. As encomendas que eles me ajudavam a entregar geravam uma comissão para mim. Além do mais, às vezes era o supervisor que me alocava numa equipe que já estava completa, então não é difícil imaginar como os colegas me recepcionavam.

Mas havia casos em que o tratamento era melhor. Por exemplo, tinha uma equipe bem estranha, com apenas dois entregadores. A área de entrega deles era pequena; se fossem três entregadores, cada um ganharia muito pouco. Mas, por algum motivo, as equipes vizinhas não dividiam parte de suas áreas com eles, para que fosse possível incluir mais um entregador. Então esses dois colegas quase nunca descansavam, trabalhavam sem parar dia sim, outro também. Se um deles estava de licença, o outro não conseguia dar conta do dobro do trabalho. Mas às vezes era inevitável. Lembro que um deles teve uma inflamação na unha e ficou afastado por alguns dias. Quando me mandaram para ajudar, o outro entregador foi muito gentil comigo.

Durante o período em que fiquei sem equipe fixa, percorri quase todas as áreas de entrega daquela unidade: a leste, até o condomínio 7090, em Qiaozhuang; a oeste, até o número 25, perto do posto de gasolina Sinopec, em Jiukeshu; ao sul, até o condomínio Jardins Xinqiao, em Tuqiao; e ao norte, por toda a extensão sul da avenida Yunhe Xi. Depois, um entregador chamado Fei Ge* me acolheu. Diferentemente dos outros, ele não se importava que dividíssemos a comissão, então formamos uma dupla temporária. Eu ia no triciclo dele e fazíamos as entregas juntos.

Fei Ge me contou que começou a trabalhar muito jovem, cavando túneis nas montanhas e trabalhando na construção de estradas. Depois

---

* *Ge* (literalmente "irmão mais velho") é uma forma de tratamento destinada a amigos da mesma geração. [*N. do T.*]

disso, ele criou vários tipos de animais. Lembro que mencionou ter cuidado da criação de jumentos e eu perguntei, puxando conversa, se era difícil criar cavalos e quanto custava. Ele fez pouco-caso e respondeu que criar cavalos não dava dinheiro, mas logo depois me disse que criar jumentos também não tinha dado certo. Certa vez, num condomínio, vimos uma família que criava pombos na varanda. Ele disse que também já tinha criado pombos e me contou que um pombo-correio custava não sei quantos mil yuans e os de raça pura podiam chegar a dezenas de milhares. Percebi que ele era muito interessado em criação de animais ou, quem sabe, só estava remoendo os investimentos fracassados enquanto esperava uma nova chance.

Trabalhar com Fei Ge era tranquilo, mas pouco lucrativo. Ele era daqueles que apenas matavam o tempo, sem muitas ambições. Em abril, quando os ramos de mogno chinês começavam a brotar em Pequim, Fei Ge me levava para colher os brotos comestíveis. Curiosamente, os condomínios de Liyuan estavam cheios dessas árvores, mas nos mercados os brotos ainda custavam mais de 10 yuans o quilo. Fei Ge sabia lidar com gente. Certa vez, vimos um casal de idosos colhendo brotos com uma foice amarrada a uma vara longa. Ele se aproximou para conversar e os idosos foram muito receptivos. Após um breve papo, Fei Ge não fez cerimônia para pedir alguns brotos, que o casal deu com prazer. Mas esse método não satisfazia seu apetite, então quando encontrava uma árvore que julgava adequada, ele mesmo subia para colher.

Mesmo depois de seis meses na empresa S, Fei Ge ainda era temporário como eu, então só podia entregar as encomendas, não podia coletar. Os outros quatro da equipe eram funcionários regulares, dois deles até entraram depois dele. Mas Fei Ge parecia não querer ser efetivado, ele dizia que ser temporário dava mais liberdade. E no último Ano-Novo chinês, como não tinha entregador regular suficiente querendo trabalhar em Pequim durante o feriado, a empresa aumentou a comissão dos temporários para 3 yuans por encomenda, para incentivá-los a ficar. Naquele

Ano-Novo chinês, Fei Ge ganhou mais do que os funcionários regulares e pareceu gostar disso, ficando ainda mais convencido de que não queria ser efetivado. Um dia, ele até me levou para cabular o trabalho e visitar um mercado de plantas, pássaros, peixes e insetos em Qiaozhuang. Tinha acabado de chover, estava meio frio e o lugar parecia um lamaçal, cheio de barro e poças d'água. Dava para ver algumas torres de alta-tensão não muito longe. O tal mercado era só um punhado de casinhas espalhadas e algumas barracas a céu aberto. Como não era fim de semana, estava bem vazio.

Fei Ge conhecia bem o lugar e me levou primeiro para ver as barracas de plantas. Ele parecia querer comprar umas mudas, mas não conseguiu negociar um preço mais baixo com o vendedor. Depois, me levou para ver as barracas de cães e gatos, achando que eu ia gostar mais de ver bichos do que plantas. Talvez pensasse que não pegava bem me levar só para resolver os assuntos dele. Depois, ele achou uma loja que vendia tartarugas e começou a pechinchar com o dono. Era um homem de uns 50 anos, que tinha deixado as caixas de papelão com as tartarugas do lado de fora e não estava muito animado para atender. Fei Ge já tinha uma tartaruga-aligátor adulta em casa e queria comprar uma companheira para ela. Isso ele me contou depois, na hora eu não sabia. De repente, ele pegou uma tartaruga enorme pela cauda e a levantou, devia ter uns 4 ou 5 quilos, e me ensinou como ver o ânus da tartaruga para saber se era macho ou fêmea. A tartaruga parecia feroz, tinha o couro e a carapaça cheios de pontas e um bico afiado e ferino, como de águia, mas era mansa e não reagiu. O dono ficou olhando sem dizer nada, nem tentou vender o animal, nem gritou "Se não for comprar, não mexe!", como eu esperava que ele fizesse.

Até então eu não sabia que Fei Ge ia comprar mesmo e eu não entendia absolutamente nada de tartarugas, nem sabia que tem diferença entre tartaruga-aligátor e tartaruga-mordedora. Lembrando agora de como Fei Ge segurou o animal pela cauda, acho que era uma mordedora, que tem o rabo mais grosso. Fei Ge fingiu que não estava muito a fim de comprar, que só perguntava por curiosidade, até eu caí na encenação dele. Aquela tartaruga devia ser difícil de vender, então o dono acabou cedendo, meio sem graça. Terminada a compra, Fei Ge pegou a caixa e eu fui atrás dele, de volta para a barraca de plantas. Mesmo a gente tendo saído e voltado, o vendedor não baixou o preço e Fei Ge foi embora sem comprar nenhuma planta.

Depois que eu aprendi todas as rotas da área de Fei Ge, ele pareceu ficar ainda mais preguiçoso. Todo dia, na hora do almoço, ele dizia que ia para casa e me deixava usar o triciclo dele para fazer as entregas à tarde. Na verdade, fazer as entregas juntos num triciclo só não era muito mais rápido do que cada um fazer sozinho, então ele preferia descansar e ganhar menos, já que não era muito chegado em trabalho. Pensando bem, ele era gente boa. Gostava de bancar o esperto, o que até fazia parecer que ele não era sincero, mas não tinha más intenções. Ele nunca me prejudicou nem tentou tirar vantagem de mim. Ele gostava de plantas e bichos, não pelo dinheiro, mas por paixão mesmo. Uma vez, estávamos entregando umas encomendas num conjunto residencial velho e ele apontou para um buraco no muro que parecia um poleiro: "Tem uma ninhada de gatos abandonados morando ali." Aí ele parou o triciclo, desceu e começou a miar, tentando chamar os gatos. Depois que eu mudei de equipe a gente quase não se viu mais. Um tempo depois, mudei de empresa e, aos poucos, também paramos de nos falar no WeChat, mas ele ainda compartilha direto anúncios da empresa S nas redes sociais dele, então acho que continua lá, tocando a vida.

Depois de quase duas semanas, finalmente recebi meu próprio triciclo. Tive de ir buscá-lo em Shunyi, a uns 30 quilômetros de distância ida e volta. Fui a um lugar chamado Peças Automotivas Tianlong, perto do Sexto Rodoanel. A rua estava cheia de carros, não tinha ninguém a pé. Na verdade, o lugar já tinha fechado, mas o ponto de ônibus ainda tinha o mesmo nome. A empresa S alugava uma área aberta lá para guardar os triciclos velhos. Olhei em volta e vi um monte de triciclos e motos, centenas deles, todos amontoados, a maioria caindo aos pedaços.

Três funcionários me atenderam. Eram mecânicos, dois deles pareciam menores de idade e o outro também era bem jovem. Os três estavam de camiseta e bermuda, meio sujos. Um deles apontou para uns triciclos e disse: "Esses aqui estão consertados, pode escolher um." Fiquei decepcionado quando vi o estado em que estavam: detonados, cada um com um problema diferente. Ou a porta não fechava direito, ou o capô tinha furos que com certeza iam virar goteiras debaixo de chuva. E ainda parecia que nunca tinham visto uma faxina. A lataria estava amassada, arranhada, dava até dó de ver. Um deles entortava para um lado por causa da diferença de tamanho das rodas traseiras. Era um milagre aqueles triciclos ainda funcionarem, fiquei até impressionado com o trabalho dos jovens mecânicos. Fei Ge tinha recebido um triciclo novo quando foi contratado, e, mesmo depois de seis meses de uso, ainda estava bem melhor do que aqueles. Eu tinha me acostumado com o triciclo de Fei Ge, então fiquei chateado de ter que usar aquelas sucatas. Mas, por outro lado, eu também acreditava que era correto aproveitar as coisas ao máximo. O problema foi que eu criei muita expectativa e acabei me decepcionando.

Escolhi o triciclo menos ruim, mais ou menos como quem escolhe um biscoito que não sujou muito entre vários que caíram no chão. Aí o mecânico instalou a bateria e a trava e me deu a chave. Foi então que eu percebi que meu triciclo não usava bateria de lítio, mas duas de chumbo-ácido. São uns trambolhos, as duas juntas devem pesar uns trinta quilos. Eu morava no sexto andar, sem elevador, e tinha de subir com as baterias todo dia para recarregar e descer com elas de manhã.

De tarde, dirigi até o ponto de distribuição e dali me mandaram direto para Tuqiao para ajudar. No condomínio Jardins Xinqiao, o triciclo simplesmente parou enquanto eu estava dando ré. Tive de empurrá-lo até uma oficina na rua em frente ao Residencial Huayuan. Estava cheio de encomendas e tinha uma ladeira no caminho, cheguei lá encharcado de suor. O dono da oficina era um homem com nanismo. Ele era também o mecânico e se achava o máximo. Falou, sem pestanejar: "O controlador queimou, tem de trocar." O triciclo ainda não tinha me dado um centavo de lucro e já ia me custar 150 yuans. Depois, encontrei uns colegas de trabalho que me disseram: "Te passaram a perna, devia ser só mau contato." Na verdade, também pensei nisso quando o homem disse que o controlador tinha queimado. Se fosse só mau contato, ele ia arrumar e me cobrar 10 yuans ou ia dizer que o controlador tinha queimado para me cobrar 150? Mas, como eu já tinha trocado a peça, resolvi acreditar nele. Vai que ele era honesto. Naquela noite, quando estacionei o triciclo na frente do meu prédio pela primeira vez, finalmente me senti seguro: meu trabalho estava garantido.

4. Finalmente uma equipe

Logo depois de receber o triciclo, entrei oficialmente para uma equipe. A nossa área de atendimento ficava perto do metrô Tuqiao, na região de Yirui Dongli. Eu era responsável por dois complexos residenciais: Edifícios Jin e Residencial Xincheng, além do canteiro de obras do parque Universal Studios. O canteiro de obras era enorme: segundo pesquisei na internet, eram 4 quilômetros quadrados cercados por muros. Mais de vinte portões de entrada. Eu ficava responsável só pelo Portão 3, na rua Qunfang Nan, em frente ao condomínio Residencial Xincheng.

Não tinha muita encomenda para o Portão 3; uma média de uma dúzia por dia, porém eram difíceis de entregar. Não deixavam entrar no canteiro de obras, então eu tinha de ficar esperando do lado de fora. Não tinha armário para guardar as encomendas e os porteiros não recebiam. O canteiro de obras era dividido em várias seções, cada uma com uma empresa diferente, e os porteiros não trabalhavam para nenhuma delas. Muitos clientes não tinham carro e levavam mais de vinte minutos para andar até o portão e receber as encomendas. E eles sempre enrolavam — pelo menos eu achava que eles enrolavam. Tinha gente que realmente estava ocupada e não podia largar o serviço. Tinha um colega que operava guindaste e comprava coisas on-line direto. Quando eu ligava para avisar da encomenda, ele se desculpava, dizia que estava trabalhando lá no alto sem poder descer e me pedia para entregar no dia seguinte. Só que no dia seguinte ele estava lá em cima de novo, então a entrega ficava para o terceiro dia. Eu tinha de ir várias vezes para conseguir entregar as encomendas dele. Mesmo assim, o seu entusiasmo pelas compras on-line não diminuía. No verão, quando eu parava o triciclo na frente do Portão 3, a lataria esquentava rapidinho. Depois de ligar para uma dúzia de clientes, eu já estava encharcado de suor. Eu ia lá duas vezes por dia e sempre tinha de esperar mais de meia hora. Quando alguém demorava muito, eu ligava várias vezes para cobrar. Diziam que já estavam indo, mas era só para me enrolar, nunca vinham rápido. Às vezes, eu já tinha ido embora havia mais de uma hora quando me retornavam a ligação: "Estou aqui, cadê você?"

Todo dia, minha primeira parada eram os Edifícios Jin. Saindo do ponto de distribuição, eu levava uns vinte minutos para chegar lá. Era um conjunto habitacional de reassentamento, metade dos moradores eram camponeses realocados. Logo depois do portão principal, à direita, tinha um telão de 5 metros de largura por 3 de altura. Na hora em que eu entrava com meu triciclo, o telão estava passando o noticiário matinal, provavelmente para honrar a lembrança das sessões de cinema ao ar livre no vilarejo. Quando morria alguém da comunidade, a família montava uma espécie de capela temporária do lado de fora do condomínio para receber as condolências dos parentes e amigos. Era uma coisa colorida, e não em preto e branco como eu imaginava. Consistia numa estrutura de ferro desmontável, coberta por uma lona impermeável. No total, media uns 30 ou 40 metros de comprimento, por 3 de altura e 4 de largura. Na entrada, tinha até um pórtico com colunas — tudo desmontável. Da primeira vez que vi um desses velórios, achei que fosse promoção de alguma marca de eletrodoméstico.

Edifícios Jin era um complexo de dezesseis prédios residenciais. Nos blocos 1 a 7 moravam famílias reassentadas, nos blocos 8 a 16 moravam inquilinos, gente vinda de outras cidades. Era tranquilo fazer entregas nos prédios dos reassentados. Por serem nativos da região, normalmente tinha algum idoso em casa durante o dia. E se tivessem saído para ir ao mercado, eu podia deixar as encomendas ao lado da porta ou no compartimento de medidores de água e luz. Como se conheciam bem, os vizinhos cuidavam dos pertences uns dos outros. Os coladores de anúncios improvisados* nem tinham coragem de subir nesses prédios com medo de serem flagrados pelos idosos. Por outro lado, os edifícios dos inquilinos eram mais heterogêneos. A maioria dos moradores eram jovens que vinham tentar a vida na capital, alguns rachavam o aluguel. Durante o dia, todo mundo saía para trabalhar e deixava os apartamentos vazios. Os vizinhos mal se conheciam e, naquele entra e sai de estranhos, era fácil sumir alguma encomenda. Quando comecei nos Edifícios Jin, um colega me pediu para entregar nos blocos 8 a 16, enquanto ele cuidava dos blocos 1 a 7. Assim, eu vivia correndo entre os Edifícios Jin, o Residencial Xincheng e o canteiro de obras do Universal, permanentemente exausto e estressado por me dividir entre os três lugares.

Aos poucos, fui me deixando tomar por um sentimento negativo no trabalho. Percebi que havia os condomínios fáceis de atender e havia os difíceis. Quem pegava os melhores deixava os piores para os outros. Era como se os colegas estivessem num jogo de soma zero — ou você se dava bem, ou eu me dava bem, mas era impossível todos se darem bem. No começo, todo mundo começava pelos piores condomínios. Uns não aguentavam e saíam, outros ficavam. Quem ficava às vezes conseguia trocar para um condomínio um pouco melhor. No fim das contas, quem pegava os melhores condomínios acabava ficando mais tempo, e os piores sobravam para os novatos. No início, os novatos geralmente não ligavam muito, mas logo começavam a perceber a injustiça da situação. Essa mudança de atitude normalmente levava um ou dois meses, às vezes até menos. Se não surgisse uma chance de melhora, os novatos acabavam

* Anúncios informais feitos em cartazes improvisados, colados aleatoriamente nos corredores e elevadores. A prática ilegal é facilitada pela ausência de controle de entrada nos edifícios. [*N. do T.*]

pedindo as contas. Resultado: metade da equipe era sempre a mesma, não largava o osso, enquanto a outra metade vivia num entra e sai sem fim.

Eu não sou de criar caso com meus colegas, nem de fazer barraco, nem de ficar barganhando. Mas também não gosto de trabalhar com quem tira vantagem de mim. Sair mais tarde que os outros todo dia e ainda ganhar menos me deixava irritado e insatisfeito. Então comecei a perder o interesse pelo trabalho. Como os peixes do fundo do oceano, que são cegos, ou os bichos do deserto, que sobrevivem com pouca água, o tipo de pessoa que eu era dependia mais do ambiente em que eu estava do que da minha natureza. Na verdade, já naquela época eu percebia que a situação no trabalho estava me transformando aos poucos. Eu ficava mais impaciente, mais irritado, menos responsável. No fim das contas, não conseguia mais ser aquilo que eu esperava de mim mesmo. E o pior: nem tinha mais vontade de tentar. Às vezes essas mudanças até me davam uma sensação boa. Quando eu me sentia assim, quase não notava a irritação e a insatisfação. Uma vez, por exemplo, levantei a voz com uma mulher que eu nem conhecia. E é tão raro eu fazer isso que a cena ficou gravada na minha memória.

Quando estamos fazendo entregas num condomínio, normalmente deixamos a chave no triciclo estacionado, porque ficar tirando e colocando a chave centenas de vezes por dia é perda de tempo e não faz sentido, já que ninguém roubaria um triciclo de entregas. Um dia, eu estava subindo com uma caixa de encomendas e, quando cheguei ao segundo andar, espiei pela janela do corredor e vi uma mulher de uns 50 ou 60 anos colocando uma criança de uns 3 anos no banco do meu triciclo. O menino, já com as mãos no guidão, brincava de dirigir. Mas eu sabia que, se ele girasse o guidão, o triciclo poderia avançar de verdade — fiquei tão assustado que larguei as encomendas e corri escada abaixo. Uma vez, um colega meu foi fazer a entrega sem puxar o freio de mão. O triciclo foi levado pelo vento e bateu num carro estacionado. Ele teve de pagar

1.600 yuans de indenização. Eu não conseguia nem imaginar o estrago e o perigo que um menino pequeno podia causar se ligasse meu triciclo — ele podia bater num carro estacionado, e eu não ia ter como pagar, ou podia atropelar um pedestre, ou pior ainda, cair do banco e ir parar embaixo da roda... Só de pensar nisso quase tive um troço. Gritei com a mulher e ela só ficou me olhando sem graça. Lembro que disse a ela: "Criança não sabe das coisas, mas será que um adulto também não?!" — na verdade, ouvi essa frase num filme com o Ge You.

Prejuízo, aliás, é rotineiro na vida do entregador. Na maioria das vezes é por causa de encomenda perdida, mas também tem outras situações. Teve um entregador da Yunda* que bateu o triciclo porque estava correndo demais dentro do condomínio. Ele tentou desviar de uma grávida, mas capotou e quebrou a proteção dianteira. A grávida não sofreu nada, foi só um susto. Entre o conserto e a indenização, ele gastou quase 2.000 yuans e pediu demissão na hora. Lembro dos olhos arregalados dele quando me disse "não trabalho mais com isso", ainda assustado. Ele devia ter tomado um susto tão grande quanto a grávida. O maior prejuízo (e o mais bizarro) de que eu já tive notícia aconteceu no condomínio Fangheng Oriental, na rua Linheli. Um entregador enfiou uma encomenda num hidrante e quebrou um cano. A água que jorrou inundou o poço do elevador e queimou o motor. Ele teve de pagar 30 mil yuans.

Tive sorte nos meus seis meses na empresa S; nunca perdi encomenda nem levei prejuízo. Só uma vez, nos Edifícios Jin, eu estava entregando uma caixa de frutas e, quando bati na porta, uma mulher mandou deixar a caixa do lado de fora. Isso acontece direto. Tem gente que tem bicho de estimação e precisa prender o bicho antes de abrir a porta. Também tem mulher que mora sozinha e, por segurança, não abre a porta para estranhos. Elas esperam eu ir embora para pegar a encomenda. Eu entendo,

* Empresa de entregas expressas. [*N. do T.*]

claro, embora não acredite que alguém teria coragem de fazer algo assim em plena luz do dia num condomínio desse padrão. Deixei a caixa e fui embora, mas, pouco tempo depois, a mulher ligou dizendo que queria recusar a encomenda. Eu expliquei que pedir para deixar a caixa na porta era equivalente a reconhecer o recebimento, que eu já tinha registrado no sistema e essa ação não podia ser desfeita — uma encomenda que já foi recebida não pode ser recusada. Ela disse que aquilo era desumano, que só tinham se passado dois minutos, como é que não podia mudar? Eu respondi: "Olha, não daria para mudar nem que fosse um segundo depois, pior ainda dois minutos. Para recusar, você tinha de conferir na hora. Você que mandou deixar, como eu vou saber se você não abriu e trocou as coisas?" O que eu não falei foi o seguinte: "Que dois minutos, o quê! Já faz vinte minutos."

Quando eu disse isso, ela começou a fazer birra, dizendo que não tinha conferido a encomenda pessoalmente, como eu podia assinar por ela e por aí vai. Fiquei possesso, achei a mulher sem educação, sem noção e sem palavra. Pensando assim, de repente senti um desprezo enorme por ela, não queria discutir com gente daquele nível. Então, tirei umas dezenas de yuans do meu bolso — não lembro quanto, mas a caixa de frutas tinha mais de 2,5 quilos — e paguei para devolver a encomenda para o remetente. Quando voltei para pegar as frutas, ela deixou a caixa do lado de fora de novo, mas dava para ver que a embalagem tinha sido aberta. Não vi a cara da fulana em momento nenhum, mas ela me passou a perna e ainda achava que todo mundo era bandido e que era ela que tinha de se proteger. Para gente assim, não sei nem o que dizer.

Teve outra vez que fiz um senhor de uns 70 anos esperar quase três horas na rua. O que me chocou foi perceber que não senti nem um pingo de culpa.

Muita gente, por vários motivos, não gosta de pôr o endereço completo na etiqueta de entrega, e isso era uma dor de cabeça. Uma vez, eu tinha uma entrega nos Edifícios Jin, mas o endereço não indicava o número do bloco nem o número do apartamento. Liguei para o cliente uns cinco minutos antes de chegar e ele disse que não morava nesse condomínio, só ia lá todo dia para fazer feira. Ele disse que já estava saindo, que chegaria em meia hora e me pediu para esperar na rua. Mas meu triciclo estava lotado de encomendas e eu ainda não tinha entregado nenhuma, por isso não podia esperar nem cinco minutos, quanto mais meia hora. Falei para ele me ligar assim que chegasse. Aí, entrei no condomínio e esqueci completamente do assunto.

O cliente não ligou mais e eu só lembrei dele de novo quando terminei as entregas da manhã e já estava saindo para pegar as encomendas do próximo turno. Um senhor me chamou na rua, em frente à feira dos Edifícios Jin. Vi que ele tinha cabelo branco, usava óculos e devia ter uns 70 anos. Ele perguntou: "Moço, você é da S?" Eu respondi que sim. Já tinha sacado quem era. Logo fui pegar a encomenda no triciclo e entreguei a ele. Ele pegou a caixa e reclamou, meio bravo: "Esperei você a manhã toda aqui, por que você não me esperou naquela hora?" Fiquei surpreso, ele tinha esperado quase três horas. Perguntei: "Por que o senhor não me ligou?" Ele respondeu: "Seu telefone não atendia." De fato, era difícil falar comigo por telefone, porque meu chip da Unicom não pegava sinal nos elevadores nem na maioria dos corredores dos Edifícios Jin. Quando liguei para ele de manhã, eu estava dirigindo no meio do trânsito e, na pressa, meu tom de voz pode não ter parecido muito amigável. Além disso, eu tinha raiva de quem não dava o endereço completo — eu achava que se a pessoa se preocupava tanto com a privacidade, não deveria usar serviço de entrega. Mas eu não sabia que o cliente era tão velho. Expliquei para ele que tinha muitas encomendas para entregar e que precisava correr, que não tinha como ficar esperando. Não sei se ele entendeu, mas continuou me criticando: "Você não pode trabalhar desse jeito. O cliente é rei, você não sabe disso?" Fiquei parado por um segundo e respondi, por instinto: "Mas rei só tem um e clientes eu tenho vários todo dia." Ele riu quando ouviu isso. Não estava bravo, só estava brincando comigo. O velhinho era bem-humorado. Ele balançou a caixa na mão e disse baixinho: "Minha mulher não me deixa comprar essas coisas, por isso eu não quis que você entregasse em casa."

Na S, também entregávamos encomendas de compras feitas pela TV. Às vezes o cliente pedia uma roupa, experimentava na hora da entrega e depois recusava. Nesses casos, não ganhávamos nenhuma comissão, ficávamos esperando na porta à toa e ainda tínhamos de dobrar e reembalar a roupa. Uma vez, entreguei uma chaleira elétrica e o cliente abriu, olhou e recusou. Tive de colocar uma dúzia de peças de volta nos compartimentos engenhosamente cavados no isopor. Levei meia hora para conseguir encaixar tudo. Por essas coisas, todo mundo odiava entrega de compra feita pela TV.

Uma vez, nos Edifícios Jin, eu estava entregando uma compra feita pela TV para uma senhora muito simpática que tinha comprado um robô que ensinava inglês para dar de presente para o neto. Ela queria abrir e testar, mas não sabia como funcionava, então fui lendo o manual e ensinando a usar, apesar de não ser minha obrigação. O tal robô, a embalagem, o manual, tudo parecia de má qualidade, daqueles produtos falsificados, era para custar no máximo uns 300 ou 400 yuans, mas o valor na ordem de compra era mais de 2 mil. A cliente também não gostou do robô, principalmente porque era pequeno demais, diferente do que aparecia na TV. Eu achava que o produto não valia o preço, mas era só o entregador, então disse a ela: "Esses produtos de tecnologia não são melhores só porque são grandes. Às vezes, os menores são mais caros." A senhora ainda estava em dúvida. Ela pediu para eu esperar e ligou para o atendimento ao cliente. Ninguém atendeu, mas assim que ela desligou, alguém retornou a ligação. Eu estava do lado dela e vi na tela do celular que o número que ligou de volta tinha aquele alerta de "Propaganda/Golpe" que a operadora põe automaticamente. Ouvi a voz da atendente tentando de tudo para convencê-la a pagar, dizia que, se tivesse alguma dúvida depois, era só ligar de novo e que, se não gostasse, podia devolver.

Ela ainda parecia indecisa depois da ligação, mas deve ter ficado com pena quando me viu suando em bicas e disse: "Vou te pagar então. Se tiver algum problema, eu falo com o atendimento." De repente, me senti muito mal, não sei por quê. Ela obviamente tinha uma condição financeira melhor que a minha, mas não era só uma questão de dinheiro — embora eu geralmente me importe com dinheiro. Tomei coragem e disse: "Depois que a senhora pagar, o atendimento não vai ser tão paciente." A senhora me olhou surpresa, provavelmente tentando entender o que eu queria dizer. Continuei explicando: "Acho que esse robô não vale 2 mil yuans." Ela respondeu: "Eu também acho, mas não quero que você perca a viagem." Eu disse: "Não tem problema, eu sou só um entregador, esse dinheiro não vem para mim." Se ela comprasse, eu ganharia uma comissão de 0,2%, mas não queria ficar remoendo essa história por anos.

No ramo de entregas, o período antes do começo do outono costuma ser a baixa temporada. Segundo o supervisor Z, era preciso treinar bem as tropas na baixa temporada para poder vencer a batalha na alta temporada. Ele era ex-militar, e o tal "treinamento de tropas" se resumia a ficar ouvindo os sermões dele. E ele adorava dar sermão (mas detestava conversas um a um), apesar de falar meio enrolado. Quando eu ficava na última fileira, não conseguia entender metade do que ele dizia.

Toda manhã, depois que as encomendas eram descarregadas, ficávamos impacientes para encher os triciclos e começar logo as entregas, mas tínhamos de ouvir o sermão do supervisor Z antes. Ele fazia cara de bravo, falava grosso, mas não dizia muita coisa, todo dia era a mesma ladainha: "Tudo o que eu falo é para ser cumprido!", "Quem quer trabalhar, trabalha direito. Quem não quer, pode cair fora!", "A S não precisa de ninguém, mas vocês não dão um passo sem a S!", "Vocês não são ninguém, é a plataforma da S que está dando uma oportunidade para vocês!", "Vocês já conseguiram um cliente por conta própria? É tudo a plataforma da S que manda para vocês!", "Não pensem que são insubstituíveis, o que vocês fazem qualquer um faz!" E outras coisas parecidas. Resumindo, ele queria nos fazer acreditar que o mérito de a empresa ser um sucesso era dela, e a gente nada mais era do que peça de reposição, fácil de ser trocada. Era óbvio que ele trazia aquele discurso do exército, só que o alvo da lealdade tinha mudado para a empresa S.

Mas a reunião matinal, sozinha, não satisfazia sua ambição ardente, então tínhamos de participar de duas ou três reuniões noturnas por semana. A reunião noturna acontecia depois que todos os entregadores terminavam o trabalho, depois que todas as encomendas coletadas eram embaladas e despachadas e depois que limpávamos o ponto de distribuição. Geralmente, já eram mais de 21h30. A reunião noturna era bem mais longa que a matinal e, quando terminava, já passava das 23 horas.

Nos dois primeiros meses, eu ia a todas as reuniões noturnas. Achava aquilo uma perda de tempo, porque ocupava meu horário de descanso e eu não ganhava hora extra para ouvir discurso. Como temporário, a gente recebia por entrega, sem nenhum benefício ou adicional, por isso a unidade não tinha o direito de nos obrigar a participar dessas reuniões. Mas o supervisor Z não pensava assim. Ele ficava mandando mensagens no grupo do WeChat, então eu não tinha coragem de faltar. Percebi que as reuniões noturnas eram para impor disciplina, para humilhar os funcionários que cometiam erros na frente de todo mundo.

Eu me lembro de uma reunião noturna num dia em que eu terminei a entrega mais cedo, fui para casa jantar e, quando voltei para o ponto de distribuição, a reunião já tinha começado. O supervisor Z estava lá, esbravejando e dando bronca em todo mundo. Ele tinha escolhido alguns colegas para fazer flexões como castigo. Um deles não aguentou aquele jeito de ser tratado e começou a discutir com o supervisor, quase saíram no braço. Eu sabia que esse colega tinha perdido uma encomenda recentemente e tinha de pagar 3 mil yuans, então estava de cabeça quente. Eu, que já estava atrasado, fiquei com ainda mais medo de entrar quando vi aquela situação. Por sorte, ninguém me viu. Mas meu triciclo tinha um alarme que gritava “Marcha à ré, atenção!” toda vez que eu dava ré e não tinha como desligar. Para não ser descoberto, empurrei o triciclo, pé ante pé, para fora do pátio do ponto de distribuição. Quando cheguei em casa, ainda estava tremendo.

O colega que discutiu com o supervisor Z foi transferido no dia seguinte, parece que foi para um ponto de distribuição perto dali. Nunca mais o vi. Depois disso, parei de ir às reuniões noturnas, mas, por sorte, nunca fui descoberto. Eu até aceitaria ser demitido, mas não humilhado. Mas, sendo objetivo, a S usava essa tática para se livrar das pessoas menos obedientes e mais relaxadas. Essas pessoas iam embora por conta própria e a S não precisava pagar nenhuma indenização. Geralmente, quem ficava ou era mais submisso, ou mais tranquilo, ou, pelo menos, tinha jogo de cintura.

5. Licença médica e remanejamento

Eu já tinha ouvido falar que a S tinha boa fama, que era a campeã de excelência na entrega expressa. O supervisor Z vivia dizendo nas reuniões que devíamos nos oferecer para descer com o lixo dos clientes quando entregávamos as encomendas. Eu nunca consegui fazer isso. Se o cliente me pedisse, eu levaria, claro, mas isso só aconteceu uma vez. O supervisor Z também queria que pedíssemos para o cliente dar cinco estrelas de avaliação depois de cada entrega. O ponto de distribuição tinha até uma tabela na parede que era atualizada todos os dias com a quantidade de avaliações positivas que cada um recebia. Quem ficava nas últimas posições era criticado publicamente nas reuniões.

Aquilo me deixava muito angustiado, eu passava o dia ansioso. Tinha medo de ficar nas últimas posições, mas não conseguia abrir a boca e pedir para os clientes me avaliarem. Então, depois do trabalho, eu sempre mandava mensagens para os que eu tinha atendido naquele dia, pedindo uma boa avaliação. Eu escolhia os que tinham sido mais educados e simpáticos e evitava os idosos porque, mesmo que quisessem ajudar, não sabiam mexer no celular. Eram umas vinte ou trinta mensagens por dia. Tenho muito mais facilidade de me expressar por escrito do que falando.

Muitos clientes me elogiavam pessoalmente e elogiavam a S junto, dizendo "o serviço da S é muito bom, diferente do daquelas outras empresas". Eu sempre ficava sem graça, porque, na verdade, eu invejava "aquelas outras empresas". Seus entregadores só entregavam as encomendas, sem precisar ir a reuniões de manhã e de noite, sem precisar catar lixo, pedir avaliação, nem se preocupar tanto com reclamações.

* * *

Em julho, a temperatura em Pequim vivia passando dos 35 °C. O lugar onde morava não tinha ar-condicionado e eu costumava acordar no meio da noite ensopado de suor. Acho que por causa das noites maldormidas e também porque eu evitava beber água durante o trabalho para não precisar ir ao banheiro, acabei pegando um resfriado que não sarava de jeito nenhum. Junho e julho eram baixa temporada para entregas e dois funcionários antigos do meu grupo tiraram férias longas para visitar a família. Por isso, fiquei dois meses sem conseguir tirar folga.

No começo, não me preocupei muito. Quando ficava resfriado, eu tomava um ibuprofeno e melhorava, mas dessa vez fiquei doente por duas semanas. Um comprimido antes de sair para trabalhar me fazia aguentar a jornada, até que um dia, naquele calor, quase desmaiei. Minha cabeça parecia que ia explodir, os ouvidos zumbiam. Quando cheguei em casa à noite, medi a temperatura e vi que estava com 39,7 °C. Avisei no grupo do WeChat que ia faltar no trabalho. Na manhã seguinte, fui para o setor de doenças infecciosas do hospital.

Acho que por ter tomado o remédio antes de sair, minha temperatura no hospital estava 38,8 °C. A médica perguntou quanto tempo fazia que eu estava resfriado e eu disse que fazia mais de duas semanas. Ela perguntou se eu tinha medido a temperatura em casa e eu disse que sim. Ela perguntou qual tinha sido a temperatura mais alta e eu disse que tinha sido 39,7 °C na noite anterior. Ela murmurou "eta" e imprimiu uma guia para eu fazer uma tomografia.

O diagnóstico foi pneumonia viral. A médica me mandou tomar soro por uma semana e depois voltar para reavaliar minha condição. Mas eu era temporário na S, a empresa não pagava meu plano de saúde e cada sessão de soro naquele hospital custava 50 yuans, só para ser atendido. Achei caro porque eu não precisava de consulta, só do soro, e ainda assim tinha de pagar o valor total. Então perguntei para a doutora se a doença podia se curar sozinha. Ela me olhou friamente de canto de olho, como quem diz "você já está grandinho, deixe de ser ignorante". Aí ela respondeu que não. "Mas", acrescentou com um pouco de compaixão, "você pode levar a receita para uma clínica menor." Era verdade, eu só precisava tomar soro, não importava onde. Não precisava ocupar um lugar num hospital grande. Peguei uma bicicleta compartilhada e encontrei no Gaode Maps uma clínica comunitária perto de casa, na rua Qunfang — ninguém pode subestimar a minha determinação de economizar, mesmo doente. Assim que entrei na clínica comunitária, vi uma sala de infusão onde havia vários idosos tomando soro. Parecia que eu tinha achado o lugar certo, soro era a especialidade da casa.

O médico olhou a receita e disse: "Isso aqui é um antibiótico, não podemos aplicar." Achei estranho ele recusar um cliente, mas não quis discutir. Saí, peguei outra bicicleta compartilhada e, por sorte, achei outra clínica perto dali que eu nem sabia que existia.

Mas a clínica parecia ter pouco movimento, tinha só uma médica, sem enfermeiras nem pacientes. Acho que a médica era a proprietária e tomava conta do lugar sozinha. Ela olhou a minha receita e também ficou hesitante. Perguntou se eu estava com pneumonia e eu disse que sim. Ela pensou um pouco e disse algumas coisas que eu não entendi. Não perguntei o que ela queria dizer, eu estava fraco demais para entender qualquer outro assunto, só queria saber se ela podia ou não aplicar o soro. No fim, ela concordou, meio a contragosto. Mas aí foi a minha vez de ficar desconfiado. A reação das duas clínicas me deixou em estado de alerta. Por que a hesitação? Será que o antibiótico oferecia algum risco e eles não tinham estrutura para me socorrer se desse algum problema? Com isso na cabeça, fiquei mais desconfiado ainda. Aí reparei que a clínica era minúscula, parecia mais uma casa de massagem do que um hospital. Tinha até um mapa de acupuntura na parede, coisa em que eu não acredito. Eu confio na medicina ocidental. Depois de pensar um pouco, inventei uma desculpa e voltei para o primeiro hospital.

Fiquei uma semana de licença médica, tomando soro no hospital de manhã e dormindo em casa à tarde. No oitavo dia, me senti curado e não voltei para o hospital para a avaliação, como a médica tinha recomendado. Eu tinha medo de que ela pedisse outra tomografia, que custava mais de 300 yuans, e eu já tinha feito uma. Além disso, fiz as contas e vi que, com os dias em que fiquei parado, a doença tinha me custado mais de 3 mil yuans, o equivalente a meio mês de salário.

Enquanto eu estava doente, a unidade remanejou gente de outras equipes para cobrir a minha. Isso acontecia de vez em quando, eu também já tinha coberto outras equipes. Uma vez, aquela equipe de dois entregadores teve problemas de novo. Eles sempre tinham problemas, porque eram só dois, não tinha nenhuma margem de manobra. O homem que tinha sido transferido por não querer fazer flexões era dessa equipe, então eles já tinham contratado um novo entregador. Um dia, o outro entregador, o mais antigo, pediu licença e voltou para a cidade dele e me mandaram cobrir a equipe por um tempo. Obedeci, claro, mas, para ser sincero, ninguém gostava de cobrir outras equipes. A gente rendia mais quando trabalhava em áreas conhecidas. Se bem que eu já tinha trabalhado naquela área por alguns dias, mas ainda não conhecia direito.

O novato se chamava Xiao Ma. Não lembro quantos dias eu trabalhei com ele, só me recordo que nos desentendemos no último dia. E foi por uma coisa boba. Como eu era temporário, só fazia entregas, enquanto ele também tinha de coletar encomendas, por isso ele tinha mais trabalho que eu. Mas eu estava só dando apoio, não era da equipe dele. A meu ver, eu só precisava entregar as encomendas de metade da área e pronto, já podia ir para casa. Mas Xiao Ma não devia conhecer o lugar direito, ou talvez ele fosse lento mesmo, o fato é que nunca conseguia terminar o trabalho. Toda noite, quando eu já tinha encerrado minhas entregas, ainda sobrava uma pilha de encomendas para ele. Eu fiquei para ajudar nos primeiros dias, já que entregar mais encomendas significava ganhar mais dinheiro. Mas numa área que eu não conhecia tanto, como o conjunto habitacional Yuqiao Nanli, com aqueles prédios velhos sem elevador e ruas tão mal iluminadas que mal dava para enxergar direito a numeração dos blocos à noite, ficava difícil trabalhar e o dinheiro não compensava tanto. Xiao Ma achava que, como eu tinha sido remanejado para cobrir a equipe, eu era o parceiro dele e tinha de me responsabilizar pela equipe toda, e não só cumprir minha parte. Mas na época eu já estava muito insatisfeito, não era mais aquele funcionário dedicado do início. Aconteceu tanta coisa ruim comigo na S: perdi quase meio mês só para me registrarem, comecei sem triciclo, ralando para ganhar quase nada, entrei tarde na equipe e peguei só as áreas mais difíceis, e como temporário sem plano de saúde ainda gastei uma fortuna com médico… essas experiências negativas arruinaram minha boa vontade e eu não conseguia mais dar razão a Xiao Ma. Para mim, quem tinha de se responsabilizar pela equipe era só ele mesmo, eu estava ali apenas para auxiliar. E, além do mais, eu já tinha socorrido ele várias vezes, não podia ficar ajudando para sempre. Eu também queria voltar para casa mais cedo — na verdade, já nem era tão cedo assim — e não ficar trabalhando com ele até de madrugada.

No último dia à noite, depois de ajudar a entregar as encomendas acumuladas, eu não aguentei mais. Disse para ele que não iria no dia seguinte, que não me importava o que o pessoal ia dizer, eu estava cansado daquilo. Aí voltei para o ponto de distribuição e pedi folga, porque, naquela equipe, nunca ia folgar se eu não pedisse. E, antes de ir cobrir a licença, eu já estava quase um mês sem folgar na minha equipe. Então eu disse para o supervisor Z que tinha um assunto pessoal urgente para resolver.

Como eu tinha pedido folga, a unidade teve de remanejar outra pessoa para cobrir a equipe. Era um novato chamado Xiao Yan, da província de Shanxi. Os novatos costumam ser mais fáceis de lidar do que os funcionários antigos. Xiao Yan estava trabalhando com Fei Ge, que sempre falava de mim para ele. Quando ele me viu, me chamou de "veterano", mesmo que nunca tivéssemos trabalhado juntos. Mas Xiao Yan teve problemas logo no primeiro dia. Como ele era novo, ainda não conhecia bem o trabalho e ficou perdido num lugar desconhecido. E Xiao Ma, ocupado com os próprios problemas, nem se deu ao trabalho de mostrar a área para ele de manhã. Como resultado, Xiao Yan demorou para achar a entrada do complexo residencial que ele deveria atender e só entregou umas dez encomendas naquela manhã. Quando eu cobria a equipe de Xiao Ma, eu não precisava que ele me mostrasse nada, porque eu já tinha trabalhado lá por alguns dias e lembrava de algumas coisas. E também já tinha passado um tempo rodando por várias equipes, então tinha experiência de trabalho em lugares desconhecidos; pelo menos eu não entrava em pânico. Xiao Yan nem sabia usar o Gaode Maps, ele perambulava pelas ruas procurando os lugares no olho. Claro que ele não ia achar nada, Pequim não é uma pradaria. Naquela tarde, Xiao Ma me ligou dizendo que o novo colega não estava dando conta e pedindo para eu ir ajudar. Eu disse que não podia. Depois, o ponto de distribuição também me ligou, perguntando se eu estava livre. Eu disse que não estava em Pequim. Ninguém ia amolecer o meu coração de pedra, não adiantava insistir.

Não sei como resolveram o problema, nem procurei saber. Devem ter achado outra pessoa para ajudar, nada disso era da minha conta. Depois da minha folga, voltei para a minha equipe sem dar satisfação a ninguém, e ninguém teve coragem de reclamar. Parece que as pessoas só pegam no pé de quem é mais fraco. Xiao Yan pediu demissão pouco tempo depois, acho que não se adaptou ao trabalho. Ele tinha problemas de saúde, disseram que cuspiu sangue um dia. E ele era baixinho, devia ter 1,50 m mais ou menos, tinha dificuldade até para tirar as caixas maiores de cima do triciclo. Voltou para Shanxi e arrumou um emprego de zelador em Taiyuan, onde ganhava pouco mais de mil yuans. A gente ainda se falava pelo WeChat. Ele me perguntou se eu sabia de algum emprego, disse que queria voltar para Pequim, mas, como ele não podia trabalhar com entregas, eu não pude ajudar.

6. Alta temporada e mudança de emprego

Chegou setembro e a S começou a se preparar para a alta temporada. Primeiro, tivemos uma reunião motivacional na unidade, com direito a melancia e refrigerante. O gerente L veio pessoalmente nos animar. Ele pediu para formarmos dois grupos: os que foram contratados antes do Ano-Novo chinês de 2018 e os que foram contratados depois. Uns dois terços estavam no meu grupo; ou seja, a maioria do pessoal só trabalhava lá havia alguns meses. Nisso, um funcionário mais antigo cochichou para mim que na baixa temporada os chefes pegavam no pé, mas na alta eles tinham de implorar para fazermos as entregas. Nessa época, mesmo que houvesse reclamações, eles davam um jeito de resolver.

Duas semanas depois, os entregadores dos três pontos de distribuição da região de Liyuan se reuniram para um jantar num restaurante bacana de comida nordestina na rua Tongma. Foi um banquete, a melhor refeição que eu tive desde que cheguei a Pequim. Eu, que sempre morei no Sul, não fazia ideia de que a culinária do Nordeste era tão boa. Os pratos, cheios de óleo e açúcar, cobertos por um molho espesso e brilhante, me deixaram satisfeito de uma forma que eu não me sentia havia muito tempo. Eu não sou muito exigente com comida, então pouca gente imagina o quanto um jantar de graça me anima. Comi tanto que logo já não aguentava mais, mas os garçons continuavam trazendo pratos. Também serviam cerveja e destilado à vontade. Até me deu pena, era como estar sem fome num rodízio caríssimo. Começamos tarde, quase às 22 horas, e tínhamos de trabalhar às 7 da manhã no dia seguinte, então não dava para ficar muito tempo esperando fazer a digestão para comer mais. Aquele banquete foi a melhor coisa dos seis meses em que trabalhei na S.

Teve uma coisa engraçada que aconteceu nessa época. Um dia, eu estava fazendo entregas nos Edifícios Jin quando Fei Ge me ligou dizendo que queria me ver. Achei estranho. Ele trabalhava em Gebudian Nan e eu, em Yirui Dong, a quilômetros de distância. O que ele queria comigo? Mas ele sempre foi folgado, então imaginei que não estivesse a fim de trabalhar naquele dia e quisesse conversar. Ele chegou e não disse nada de importante, só ficou conversando e me vendo trabalhar. Perguntei se ele queria ser transferido para a minha equipe e ele logo disse que não, que só tinha ido me ver. Enquanto eu subia um prédio para entregar uma encomenda, ele me comprou um refrigerante, todo cheio de si, como sempre. Ficou mais de uma hora e depois foi embora. Na hora, não entendi nada.

Só depois soube que ele tinha sido pego enrolando descaradamente no trabalho e resolveram puni-lo de forma exemplar. Afinal, a diretoria acompanhava os dados em tempo real e sabia exatamente quanto serviço cada um fazia. Não dava para fingir que estava trabalhando. Mesmo que ele não quisesse ganhar mais dinheiro, não podiam deixar um funcionário ineficiente ocupar recursos e vagas limitados. Agora, com a alta temporada chegando, a unidade estava tomando medidas contra os entregadores de baixo rendimento. Então a chefia mandou Fei Ge observar como eu trabalhava, porque eu era um dos melhores entre os temporários. É óbvio que isso o deixaria envergonhado, afinal, ele tinha sido o meu mentor. Mas a intenção dos chefes era justamente esta: que ele sentisse vergonha e se esforçasse mais.

Como estavam se preparando para a batalha do 11 de novembro, o Dia dos Solteiros, a unidade conseguiu novas vagas para efetivos, mas, antes de trazer gente nova, queriam efetivar alguns temporários. Fizeram um ranking com a quantidade de entregas feitas individualmente pelos temporários no mês e os quatro primeiros seriam obrigatoriamente efetivados. Fiquei em quarto lugar. Só que eu não queria mais ser efetivado.

O efetivo que era meu parceiro de equipe já tinha pedido as contas e eu também estava pensando em sair. Afinal, nossa área era ruim e a gente se matava de trabalhar para ganhar pouco. Sabe-se lá quanto tempo ia levar para conseguir uma área melhor. Na verdade, eu já estava pensando em sair da S desde a pneumonia, mas precisava achar outro emprego antes. Eu tinha algumas opções: um entregador da Yuantong* me disse que ele ganhava mais de 6 mil yuans na baixa temporada, saindo do trabalho por volta das 19 horas, e me chamou para trabalhar lá. O posto de coleta da Cainiao** nos Edifícios Jin também tinha me oferecido emprego, um trabalho tranquilo com entrega em apenas três prédios, duas refeições por dia e salário-base de 5 mil yuans. Mas eu teria de fazer o carregamento à noite e só sairia depois das 22h30. Um entregador da Pinjun também tinha me chamado para trabalhar lá, dizendo que na baixa temporada o salário era uns 6 mil yuans, o horário era bom e a Pinjun, assim como a S, era uma empresa com filiais próprias em todo o país, não era franquia. Eles pagavam os cinco seguros sociais*** em dia.

Eu ainda estava em dúvida e observando a situação quando a empresa S me obrigou a ser efetivado. Isso acelerou minha decisão. Se fosse efetivado, eu continuaria nos Edifícios Gold, no lugar do meu ex-parceiro. Ele vinha reclamando bastante antes de sair e eu entendia os problemas dele, mas não tinha pena, porque eu estava na mesma situação ou até pior. Não queria acabar como ele de jeito nenhum, mas pedir demissão naquele momento seria como cuspir no prato que comi. O supervisor Z vivia com aquela conversa de "treinar os soldados por mil dias para usá-los num único momento". O "momento" a que ele se referia ou era o Dia dos Solteiros, ou o Dia dos Namorados, ou qualquer data de pico para

---

* Uma das principais empresas de entrega de encomendas. [*N. do T.*]

** Empresa de logística do grupo Alibaba. [*N. do T.*]

*** Seguros de saúde, aposentadoria, desemprego, acidentes de trabalho e maternidade. [*N. do T.*]

as empresas de entrega. Eu participei da reunião motivacional do gerente L, me esbaldei no banquete de confraternização — e não foi pouco —, agora, com a batalha prestes a começar, eu estava pensando em desertar. Mas naqueles dias o supervisor Z foi substituído, provavelmente porque os resultados da unidade durante a gestão dele foram tão ruins que a chefia perdeu a confiança na sua capacidade de liderança para vencer a batalha do Dia dos Solteiros. Pouco tempo depois, ele também pediu as contas e foi trabalhar na JD.* Até hoje, ele volta e meia posta anúncios da JD nas redes sociais.

O gerente L me recebeu com cara de poucos amigos: "Justo agora que está chegando a hora de ganhar dinheiro de verdade, você quer desistir?" Não era difícil imaginar que isso confirmava sua opinião inicial: eu não duraria muito tempo na empresa S. De fato, ele tinha direito de ficar chateado: eu tinha acabado de ser efetivado e já queria ir embora. Vendo sua expressão de descontentamento, fiquei nervoso outra vez, como se estivesse revivendo minha entrevista seis meses antes. Naquela época, ele não queria me contratar e agora não queria que eu saísse. Mas eu não estava feliz na S. Perguntei por perguntar se eu podia ser transferido para outra área depois de ser efetivado. Eu já sabia a resposta, claro que não podia. Muita gente pedia transferência e, se todo mundo conseguisse, não ia sobrar ninguém para as áreas ruins. Mas eu menti, não queria que ele achasse que a minha demissão era por esse motivo, então inventei uma desculpa, disse que meus pais estavam velhos e que eu precisava cuidar deles, então queria um emprego com um horário melhor. Na S, a gente saía de casa às 6 horas e, nos dias de reunião noturna, só chegava em casa depois das 23 horas. Era muito tempo fora de casa sem a menor necessidade. Meus pais nem moravam em Pequim e o gerente L devia saber que eu estava mentindo, mas não disse nada. Eu não podia contar que já tinha arrumado outro emprego, porque aí ele ia ficar mais chateado ainda.

---

* Uma grande plataforma de comércio eletrônico. [*N. do T.*]

No dia em que fui cuidar da papelada da demissão, encontrei de novo a mal-humorada do financeiro. Ela parecia ainda mais contrariada do que seis meses antes. Provavelmente porque o entra e sai de entregadores não parava nunca, como o vaivém das ondas na praia, e isso a atormentava. Para ela, éramos um mar de problemas, mas eu estava feliz porque era a última vez que eu ia vê-la. Concluído o desligamento, recebi uma mensagem do RH. Era uma mensagem automática, claro, todo mundo que saía da S a recebia. A mensagem me agradecia pelo trabalho, lamentava minha saída e perguntava se eu tinha recebido uma proposta melhor de alguma concorrente. Se fosse o caso, eu podia avisar a S e eles tentariam me oferecer as mesmas condições ou melhores. Eu sabia que aquilo era só conversa, mas a mensagem era bem escrita — eu deveria ter guardado —, dava a impressão de que a S se importava muito com os funcionários. Fiquei curioso para saber se a pessoa que escreveu aquela mensagem ainda trabalhava na S e se ela acreditava no que tinha escrito.

7. Tomando posse do novo cargo

No geral, não sou de reclamar nem sou muito de falar, mas de vez em quando eu desabafava com os colegas sobre a minha empresa. Quando encontrava outros entregadores no condomínio, por exemplo, esperando o elevador ou dentro dele, falar mal do trabalho era um assunto natural. Não quer dizer que vivíamos insatisfeitos, mas era um tipo de conversa que nos aproximava, gerava laços de simpatia e confiança, criava uma espécie de camaradagem de classe, como se estivéssemos unidos contra um inimigo comum. Para ser franco, era mais para puxar conversa, como quando o povo de Pequim se cumprimenta perguntando "Já almoçou?". Mas foi justamente numa dessas conversas de elevador que alguém ouviu minha insatisfação com a empresa S e acabou me indicando um emprego novo.

Deu tudo certo, talvez porque eu não seja muito exigente. Em setembro de 2018, eu saí da S e fui trabalhar na Pinjun. Escolhi a Pinjun porque, de todas as empresas de entrega, só a S, a D, a JD, a Pinjun e a Tmall Delivery (que depois mudou de nome para Danniao) pagavam os cinco seguros sociais para os entregadores. Depois da pneumonia, eu me dei conta da importância de um plano de saúde. Se eu tivesse cobertura na S, teria economizado muito dinheiro com médico.

Além disso, o atraso do pagamento pelas "cinco maiores" me assustava e eu não queria arriscar. Pouca gente conhece a Pinjun. Ela era o braço de entregas da Vip.com,* tipo a JD Logistics da JD. Cuidava das

* Plataforma de comércio eletrônico especializada em produtos de marcas de luxo com desconto. [*N. do T.*]

entregas e coletas de devoluções da Vip.com, mas também fazia entregas expressas como as outras. O ponto de distribuição da Pinjun em Liyuan ficava ao lado do condomínio Jardins Residenciais Jinqiao Shidai, na rua Yunjing Nan, ainda mais perto da minha casa do que o ponto de distribuição da S.

Meu novo gerente na Pinjun se chamava M, era jovem, gorducho e fechava os olhos quando ria, parecia um daqueles Budas sorridentes. M foi muito simpático comigo, respondia todas as minhas perguntas e puxava conversa. Era o oposto do supervisor Z. O gerente M me ajudou a preencher a ficha de inscrição, mesmo sem eu pedir. Ele marcou "agricultura" no campo "emprego anterior", apesar de eu ser da cidade e nunca ter trabalhado no campo. E ainda avisou: "Não diz que você trabalhou na S, senão eles vão pedir uma carta de referência."

Fiz a contratação na sede da Pinjun, no Parque Logístico de Majuqiao. Ainda era em Tongzhou, mas ficava a 20 quilômetros de Liyuan. Fiz um treinamento de um dia na sede da Pinjun, que era basicamente uma apresentação da cultura da empresa e das regras de conduta no trabalho. À tarde, teve uma prova escrita por pura formalidade e todo mundo passou. Pronto, estava contratado. Depois fiquei pensando: por que a minha contratação na Pinjun foi tão fácil e na S foi tão complicada? Por que o gerente da Pinjun estava tão interessado em trazer uma pessoa nova, enquanto a S me tratou com indiferença e me fez passar por tantas dificuldades? Os motivos devem ser variados, alguns eu já até mencionei. Mas tem uma coisa que você só percebe quando compara as duas. A S era líder do setor, tinha muita gente querendo trabalhar lá, então eles podiam se dar ao luxo de tratar os funcionários como bem entendessem. Não importava o quanto eles falassem de ideais da empresa e responsabilidade social, os gerentes de base tinham de lidar com a realidade e usar a posição vantajosa da empresa para bater as metas. Por isso eu nunca fui tratado como um igual, de forma respeitosa, pelo gerente L, pelo supervisor Z e pelos outros. Já a Pinjun, por ser menor, não tinha muito a oferecer para competir com gigantes como Meituan, Ele.me,* S e JD no mercado de trabalho. Então, os chefes eram mais humildes e os funcionários tinham mais voz. O ambiente de trabalho era mais livre e o salário não era pior do que o da S. Eu sempre fui responsável, não sou um animal que só trabalha na base da chibatada. Então era claro que a Pinjun era mais apropriada para mim do que a S. Quando contei para os meus novos colegas que na S eu tinha de participar de reuniões até as 23 horas, eles ficaram com dó de mim.

O ponto de distribuição da Pinjun em Liyuan tinha só oito funcionários. O gerente M cuidava de três pontos de distribuição e não ficava no nosso. A função dele era parecida com a do gerente L lá na S. Quem cuidava do nosso ponto de distribuição no dia a dia era um assistente, que também saía para fazer entregas, como nós. Meus novos colegas eram jovens e pareciam ser gente boa. Como na Pinjun saíamos mais cedo, logo depois de terminar as entregas da tarde, ficávamos no ponto de distribuição jogando no celular ou batendo papo. Para nós, entregadores, reclamar da empresa, das regras, do trabalho e dos clientes era um ótimo jeito de espairecer. A gente também compartilhava histórias de clientes esquisitos e situações engraçadas que aconteciam no trabalho. Faltava mais de um mês para o Dia dos Solteiros, então eu aproveitei esse tempo para me acostumar com o novo ambiente e com o novo jeito de trabalhar.

As entregas da S já eram bastante concentradas em alguns endereços, como as das "cinco maiores", mas as da Pinjun ainda eram mais espalhadas. Percebi que na Pinjun a maioria dos condomínios recebia só uma dúzia de encomendas por dia, alguns até menos. Por isso, nossas áreas de entrega eram maiores. A minha incluía oito conjuntos habitacionais, dois shoppings, dois prédios comerciais e dois parques tecnológicos — e eu

* Meituan e Ele.me são equivalentes chineses do iFood. [*N. do T.*]

podia pedir para atender a mais lugares se quisesse ganhar mais dinheiro. Por isso, na Pinjun, eu tinha de trabalhar de um jeito diferente da S, de maneira mais eficiente. No começo, não percebi isso, porque o expediente ainda não estava corrido e eu conseguia terminar o trabalho do dia de qualquer maneira.

Entre os condomínios a que eu atendia, o Costa de Yulan era o que me tomava mais tempo e tinha o maior volume de encomendas. Mesmo assim, eram apenas cerca de vinte entregas por dia. Era um condomínio de alto padrão, tinha doze prédios e um paisagismo elaborado, com morrinhos artificiais, árvores, flores, gramados, canais, pontes e quiosques. A área total era enorme. Para os moradores, era um sonho feito de belas paisagens, canto de pássaros e alamedas arborizadas. Mas, para nós, entregadores, era um pesadelo. As ruas eram sinuosas, praticamente não tinha nem um caminho reto. Às vezes, dois prédios ficavam próximos, mas era preciso dar uma volta enorme para ir de um ao outro. Para piorar, era proibida a entrada de veículos de entrega. Eu tinha de fazer as entregas a pé empurrando um carrinho de mão, por isso levava tanto tempo. Às vezes o cliente não estava em casa na hora da entrega e me pedia para deixar a encomenda no armário inteligente na portaria, mas, antes que eu terminasse as entregas, ele ligava: "Mestre, onde você deixou minha encomenda? Não recebi o código para retirar." Eu respondia: "Ainda estou fazendo as entregas no condomínio. Aguarde mais um pouco por favor." Então, o cliente dizia: "Já que ainda está por aqui, pode entregar no apartamento? Já estou em casa." Nessas horas, eu geralmente já estava quase na saída, e voltar para entregar uma única encomenda era uma grande perda de tempo. Eu não gostava dessa situação, mas não sabia como recusar.

Depois de mais ou menos uma semana, o assistente veio falar comigo, visivelmente preocupado: "O Dia dos Solteiros está chegando, depois vem o Dia dos Namorados, e o volume de entregas vai pelo menos dobrar. Você já está com dificuldades agora, como vai ser quando a correria começar?" Para ser sincero, se ele não tivesse tocado no assunto, eu nem teria percebido que havia algum problema, porque não me sentia sobrecarregado. Na S, eu estava acostumado a sair às 19 ou 20 horas, enquanto na Pinjun eu terminava o trabalho antes das 18 horas. Eu até me sentia culpado de sair tão cedo. Mas a preocupação dele fazia sentido; se o volume de entregas dobrasse, eu realmente não daria conta. Eu também queria entender como os outros entregadores conseguiam ser tão eficientes, então relatei a ele tudo que fazia no meu dia de trabalho. Quando mencionei o que acontecia no Costa de Yulan, ele me interrompeu: "Você não precisa voltar. Se o cliente pedir para retornar, você deixa para o dia seguinte." Questionei: "Mas ele pediu para eu deixar a encomenda no armário inteligente e eu ainda não tinha feito isso. Ele ia saber que eu ainda estava no condomínio. Que desculpa eu daria?" Ele respondeu: "Quando for assim, fala que já deixou a encomenda no armário, mas que a mensagem com o código demora um pouco para chegar." Foi depois dessa conversa que minha ficha caiu: na S a prioridade era a qualidade do serviço, mas na Pinjun era a eficiência. Com base nisso, comecei a refletir sobre outras situações que não tinha mencionado e como poderia melhorar. O serviço de qualidade da S tinha um custo elevado, tanto para a empresa quanto para os clientes. Só no Costa de Yulan eram três entregadores da S, cada um responsável por quatro prédios, e eu sozinho precisava cobrir um raio de vários quilômetros, não tinha como atender a todos os pedidos na hora, muito menos ficar retornando. Mas o frete da Pinjun era barato, os clientes deveriam entender, mesmo que às vezes não quisessem ou fingissem não compreender.

Um tempo depois, fiquei amigo de um entregador da S que trabalhava no Costa de Yulan. Entramos na S mais ou menos na mesma época, mas em pontos de distribuição diferentes. Para os entregadores da S, o Costa de Yulan era uma área ruim, pior até que os Edifícios Jin, onde eu tinha trabalhado. O Costa de Yulan era imenso e não nos deixava entrar com o triciclo. Para garantir entregas rápidas, eles tinham três entregadores, cada um responsável por quatro prédios. Com mais gente, a eficiência era maior, mas o pagamento era menor. Ele me disse que ganhava menos de 5 mil yuans por mês, líquidos, e que só ia ganhar mais se mudasse de área. Mas ele era o mais novo dos três, então mesmo que aparecesse uma oportunidade, não seria para ele. Não sabia quanto tempo ia demorar para conseguir uma área melhor. Um dia, ele me contou que um cliente pediu para deixar a encomenda na porta do apartamento e, quando chegou em casa, a encomenda tinha sumido. Por sorte, ele gravou a ligação e pôde comprovar que foi o cliente quem pediu para deixar o pacote na porta. Também tirou três fotos para provar sua inocência. Ele estava orgulhoso disso, mas achei uma bobagem. Perguntei: "Você tira três fotos toda vez que um cliente pede para deixar a encomenda na porta?" Ele respondeu que sim. Eu disse: "Você ganha 1,6 yuan por entrega. Vale a pena perder tanto tempo ligando, gravando e tirando fotos?" Não estava criticando o colega, mas sim a minha ex-empregadora. Quando trabalhava na S, o supervisor Z dizia: "Na S, toda encomenda tem de ser entregue pessoalmente ao cliente. Se o cliente pedir para deixar a encomenda no armário inteligente, na vendinha, no hall, no hidrante, no compartimento de medidores e a encomenda sumir, vocês pagam do próprio bolso. A empresa não se responsabiliza." Uma vez, um colega da unidade de Yangzhuang insistiu para que o cliente recebesse a encomenda pessoalmente. O cliente, que ou estava de mau humor ou achava aquilo desnecessário, reclamou que o entregador foi mal-educado. A reclamação foi aceita, o colega levou três dias de suspensão e ainda teve de ler uma carta de desculpas publicamente em várias unidades. Quando passou por nossa unidade, o supervisor Z perguntou: "Acham que ele foi injustiçado?" Respondemos: "Sim!" O supervisor disse: "Eu não acho. O frete nas outras empresas é 10 yuans, na S é 23. Ainda acham injusto?" Ninguém respondeu. Mas os 23 yuans não vinham para nós. Ganhávamos 1,6 yuan por entrega, quase igual às outras empresas. Eu ouvia esse tipo de discurso todo dia na S e achava que o setor era atrasado, que os entregadores eram ignorantes e que a exploração era normal. Depois de sair da S, percebi que as coisas não eram bem assim, só tive azar. O entregador da S ficou sem graça com o que eu disse, não soube responder. Depois disso, mudou de atitude comigo, parou de me cumprimentar sorrindo e de fazer piadas, estava sempre de cara fechada. Menos de um mês depois, o colega dele me contou que pediu as contas. A encomenda perdida foi encontrada. Foi um catador que pegou a caixa, achando que era lixo reciclável. O segurança do condomínio conhecia o catador e, depois de ver as imagens da câmera, recuperou a encomenda.

8. O valor do tempo

Não sei se alguém gosta de verdade de trabalhar como entregador. Deve ser raro. Nem eu, nem nenhum dos entregadores que conheço gostamos. Eu geralmente só sentia que meu trabalho tinha valor quando recebia o salário, não quando o cliente agradecia ou me elogiava — apesar de gostar dos elogios. Fiz as contas: na nossa região, entregadores e motoboys ganham em média 7 mil yuans por mês, sem alimentação e moradia inclusas. Isso é definido pelo custo de vida e pela intensidade do trabalho em Pequim, é o preço de mercado, resultado de anos de oferta e demanda. Com salário menor, os trabalhadores vão para outras cidades ou procuram outras profissões. Trabalhando 26 dias por mês, meu salário diário era 270 yuans. Essa era a valia do meu trabalho — evito dizer que é meu "valor". Eu trabalhava onze horas por dia. Uma hora era gasta descarregando, separando e carregando as encomendas no ponto de distribuição, e mais uma hora no deslocamento entre os condomínios. Esses eram meus custos fixos. Nas nove horas restantes para entregas, eu tinha de gerar 30 yuans por hora, ou 0,5 yuan por minuto. Em outras palavras, esse era o custo do meu tempo. Eu ganhava em média 2 yuans por entrega, então precisava entregar uma encomenda a cada quatro minutos para não ter prejuízo. Se não conseguisse, tinha de procurar outro emprego.

Com o tempo, me acostumei a ver as coisas por um ponto de vista puramente econômico, a calcular o custo do meu tempo. Por exemplo, como meu minuto valia 0,5 yuan, ir ao banheiro me custava 1 yuan, mesmo que o sanitário público fosse de graça, porque eu gastava dois minutos. Almoçar levava vinte minutos — metade deles só esperando a comida ficar pronta — ou seja, 10 yuans. Se um prato feito custasse 15 yuans, o custo total do meu almoço seria 25 yuans, um luxo que eu não podia me dar! Então eu costumava pular a refeição. Para não precisar ir ao banheiro, eu quase não bebia água de manhã. Quando ia entregar uma encomenda e o cliente não estava em casa — o que acontecia em metade das residências nos dias úteis —, eu gastava um minuto ligando para ele, o que me custava 0,1 yuan de ligação e 0,5 yuan de tempo. Se o cliente me pedisse para deixar a encomenda no armário inteligente, eu gastava mais tempo e ainda tinha de pagar em média 0,4 yuan para usar o armário. Nesse caso, eu tinha prejuízo. Se o cliente me pedisse para entregar no dia seguinte, o prejuízo era maior ainda — além de ter ligado para ele, eu teria de gastar o dobro de tempo. E isso quando tudo corria bem. Se ninguém atendesse o telefone, eu perderia um minuto esperando, ou 0,5 yuan. E tinha gente que, depois que atendia o telefone, não queria desligar e ficava me pedindo coisas que eu não podia fazer. Às vezes eu gastava mais tempo ao telefone do que receberia pela entrega, tudo isso com a encomenda ainda na mão.

Por exemplo, teve uma vez, no Costa de Yulan, que eu fui coletar uma devolução da Vip.com no horário agendado, mas não tinha ninguém em casa. Uma mulher de voz simpática atendeu o telefone, explicou que só estaria em casa depois das 19 horas e me falou para voltar mais tarde. Mas eu saía do trabalho às 19 horas, então pedi que ela reagendasse para o dia seguinte. Ela disse que no dia seguinte também só chegaria depois desse horário, era quando sempre chegava em casa. Eu sugeri: "Nesse caso, é melhor a senhora levar a devolução para o seu trabalho." Mas ela respondeu que trabalhava num hospital e não podia resolver problemas pessoais durante o expediente. Numa situação dessas, ela teria de enviar a devolução por conta própria, porque a Vip.com não fazia coletas à noite, mas isso seria complicado para ela porque, tirando a S, nenhuma empresa de entregas fazia coleta no Costa de Yulan. Mas o frete da S era muito mais caro do que os 10 yuans que a Vip.com pagava, então a maioria das pessoas não queria usar a S. E, para usar outra empresa, ela teria de levar a encomenda até um ponto de coleta, que ela talvez não soubesse onde ficava, ou o que talvez não quisesse fazer. De todas as opções disponíveis, a mais fácil era tentar me convencer a fazer a coleta. Aparentemente ela era uma pessoa que gostava de conversar, que achava que tudo era possível com um pouco de insistência. Depois que recusei algumas sugestões, ela me perguntou se eu podia dar uma "caminhadinha" no Costa de Yulan depois do trabalho, depois do jantar, e aproveitar para coletar a devolução dela. Ela foi educada o tempo todo, usou palavras gentis, falou com um tom de voz doce e convincente. Foi impecável. Mas ir até o condomínio dela à noite não era tão romântico quanto ela fez parecer. Eu ia perder uma hora no trânsito, no meio de engarrafamentos, buzinas, poluição e semáforos. Quem ia preferir isso a ficar em casa descansando com a família? Além do mais, do ponto de vista econômico, não valia a pena ir até lá só para coletar uma devolução. Ganhávamos 3,5 yuans por coleta. Eu não ia gastar uma hora para ganhar 3,5 yuans, ainda mais fora do expediente. Talvez ela fosse workaholic, disposta a se sacrificar pelo trabalho e achasse que eu devia ser igual a ela, mas eu não tinha essa mentalidade. Até pensei em sugerir que ela saísse para uma caminhada depois do jantar e aproveitasse para despachar a devolução em algum ponto de coleta. Mas não disse nada disso, só inventei uma desculpa e recusei o pedido. Depois disso, ainda entreguei a ela algumas encomendas e ela sempre foi educada pessoalmente, não pareceu chateada por eu ter recusado o seu pedido, ou pelo menos não demonstrou.

A verdade é que não ganhei mais dinheiro ao perceber que tempo é dinheiro. Na prática, meu jeito de trabalhar não mudou muito. Não comecei a jogar todas as encomendas nos armários inteligentes nem a ignorar ligações ou bloquear números desconhecidos — fiquei meio obcecado por dinheiro, mas, ao mesmo tempo, não. Eu invejava os entregadores das "cinco maiores". Na maioria dos condomínios de Liyuan, eles não subiam mais para entregar as encomendas. Deixavam tudo no armário inteligente ou alugavam um apartamento no condomínio para usar como ponto avançado e mandavam mensagem para os clientes retirarem as encomendas lá.

A Pinjun podia não ser famosa no ramo das entregas, mas tinha uma coisa de que eu gostava: por ser uma empresa de gestão direta, não tinha confusão com questões trabalhistas. Fora isso, com a Vip.com dando suporte, dava para ficar um pouco mais tranquilo em relação à sobrevivência no mercado. Nas entregas, seguíamos o padrão da S: levar a encomenda até a porta do cliente. Mas, pensando bem, eu não entregava do mesmo jeito em todos os condomínios. Cada um tinha sua própria dinâmica, e os moradores e entregadores já tinham se acertado havia muito tempo. Quando eu pegava um condomínio novo, primeiro observava como os outros entregadores faziam por lá, depois ia me adaptando.

É claro que, na minha área, havia lugares onde era fácil entregar e lugares onde era difícil. Eu tentava compensar o tempo perdido nos lugares mais complicados com o tempo que eu economizava nos mais simples. Os clientes dos lugares complicados deveriam agradecer aos dos lugares simples.

Também percebi que muita gente, apesar de receber e enviar encomendas quase todo dia, não fazia ideia de como funcionava o trabalho de um entregador. Eu preferia acreditar que essa falta de conhecimento era, na verdade, desconhecimento sobre a nossa remuneração. Por exemplo, teve uma vez que eu estava entregando uma encomenda no shopping JT Roosevelt e a cliente, que era vendedora, tinha sido transferida para o shopping Tongzhou Wanda. Liguei para ela e disse que, se eu transferisse a encomenda para o Wanda, ela só receberia no dia seguinte. E que, obviamente, não seria eu que entregaria. Mas ela ficou surpresa: "Mas é tão perto, por que vai demorar um dia? Você não pode trazer aqui rapidinho?" Não foi só ela que me perguntou isso, muita gente pensava assim. Isso me fez pensar que algumas coisas que parecem óbvias para mim não são óbvias para outras pessoas, então é preciso ter paciência para explicar. Primeiro, a distância entre o JT Roosevelt e o Wanda não era tão pequena quanto ela acreditava. De triciclo, mesmo com a bateria cheia, eu ia levar mais de meia hora para ir e voltar. Segundo, a distância dependia do ponto de vista. Para uma garota que está passeando no feriado, não existe distância entre dois shoppings da cidade. Mas muitos entregadores só circulam em um ou dois condomínios por dia. Para nós, o Shopping Wanda, a poucos quilômetros de distância, é tão inacessível quanto a praça Tiananmen no centro da cidade, a dezenas de quilômetros. Por último, o Shopping Wanda é enorme e, como não conheço o lugar, levaria um bom tempo para encontrar uma loja específica a pé. Passear em shopping não é meu forte, eu frequentemente me perco nos maiores. Tudo isso ela poderia ter presumido caso se colocasse no meu lugar. A única coisa que ela não conseguiria adivinhar seria que eu ganho apenas 2 yuans por entrega — é assim que tento entender a situação, com boa vontade. Porque não quero acreditar que ela ainda acharia justo me pedir para fazer essa viagem após saber da minha remuneração.

Tinha dois shoppings na minha área, os dois perto da estação Jiukeshu do metrô. Um era o JT Roosevelt, o outro era o Sunshine New Life Plaza, mas quase ninguém o conhecia por esse nome, todo mundo chamava de Carrefour, apesar de o Carrefour ocupar somente parte do prédio. Era proibido entrar para fazer entregas nesse shopping; tínhamos de ligar para o cliente descer e pegar a encomenda na porta. Os entregadores das "cinco maiores" adoravam esse shopping, porque eles já não tinham a menor disposição para subir mesmo. Eles paravam os triciclos na porta, ligavam para os clientes um por um e ficavam sentados esperando. Já eu tinha poucas entregas no Carrefour, em média umas três ou quatro por dia, e os clientes estavam trabalhando, então nem sempre podiam descer para pegar as encomendas na hora. Para mim, não valia a pena esperar meia hora por causa de três ou quatro encomendas, mas se eu ligasse com muita antecedência, os clientes que desciam rápido não me encontravam. Então às vezes eu entrava no shopping para entregar, afinal, eu andava mais rápido do que eles. Depois de algumas vezes, os seguranças me pegaram. Naquele dia, o segurança me parou perto da saída da Gome, uma loja de eletrodomésticos no quarto andar. Eu já estava praticamente ao lado do meu destino. Disse para ele: "Eu sou novo aqui, não sabia das regras" — eu sabia das regras, mas tinha de falar aquilo. — "Não tem nenhum aviso na porta dizendo que é proibido entrar para fazer entregas e ninguém me parou quando entrei. Posso sair agora, se você quiser." Mas ele segurou meu carrinho de mão e não me deixou ir embora. Perguntei: "Você não me deixa entrar e não me deixa voltar. O que você quer?" Ele disse: "Vou confiscar essas caixas. Você não aprende!" Ficamos ali naquele impasse. Insisti que não sabia de nada. Eu de fato era novo lá, era a primeira vez que via aquele segurança. Os outros entregadores já tinham me avisado que era proibido entrar, mas ele não precisava saber disso. Aquele guarda nunca tinha me avisado de nada, então não tinha o direito de dizer que eu não aprendia. Além disso, eu não acreditava que ele pudesse confiscar minhas encomendas, a não ser que estivéssemos num país sem lei. Era uma ameaça absurda, eu não tinha causado nenhum prejuízo ao shopping, não era um ladrão. Mesmo que eu tivesse quebrado as regras do local, era uma coisa boba, ele não precisava me encarar com tanta raiva. Decidi não ceder àquela intimidação, não ia alimentar o ego dele por conta de um pouquinho de poder. Eu disse: "Me deixa ir embora. Vocês não têm o direito de confiscar minhas encomendas." Ele não entendeu, ou nem ouviu, e continuou segurando meu carrinho como um buldogue agarrado à presa. Falei: "Se você não me soltar, vou chamar a polícia." Ele disse: "Então chama." Peguei o celular e liguei para o 110. Se não me engano, foi a primeira vez na vida que liguei para o 110. A atendente anotou meus dados e disse que um policial da região ia me ligar. O segurança chamou os colegas e o chefe pelo rádio. Eu queria ver até onde iriam com aquela bobagem.

O chefe dos seguranças chegou me dando a bronca de praxe. Sustentei que era novo ali e que não sabia de nada, e repeti que o shopping não tinha o direito de confiscar minhas encomendas e que eu já tinha chamado a polícia. O chefe era mais esperto que o subordinado. Quando soube que eu tinha chamado a polícia, ele pensou rápido, me intimidou mais um pouco para não perder a pose e depois mudou de tom: "Liga de volta para o 110 e diz que o problema já está resolvido. Você pode levar suas encomendas, mas não pisa mais aqui." Pensei que o assunto acabava ali, mas ainda tinha mais. A minha cliente, que era gerente de uma academia no quarto andar, apareceu. Eu tinha ligado para avisar a ela do que estava acontecendo. Assim que viu o chefe dos seguranças, ela começou a gritar com ele; pelo jeito, já tinham alguma rixa. Ela o chamou de bandido e coisas do tipo. Apesar do tom agressivo, não usou palavrões. Na minha opinião, ela estava certa: a única diferença entre aqueles seguranças e bandidos era o uniforme. Um detalhe que não mencionei antes: o chefe dos seguranças tinha uma cicatriz no rosto e um jeitão de delinquente mesmo. Sei que não se deve julgar pela aparência, mas aposto que no passado ele não tinha sido boa coisa.

O Cicatriz ficou furioso quando minha cliente gritou com ele. Então virou para mim e disse: "Você não vai levar essas mercadorias coisa nenhuma. Vou confiscar tudo, só para ver o que ela vai fazer!" Tive de ir com eles para a sala de segurança do shopping, e precisava ficar de olho nas encomendas, afinal, a cliente não tinha assinado o recebimento, então a responsabilidade ainda era minha. O policial da delegacia de Jiukeshu me ligou de volta. Relatei o que tinha acontecido e ele pareceu achar que estávamos fazendo tempestade em copo d'água. Perguntou onde eu estava, respondi que estava na sala de segurança. Ele ligou para o telefone fixo da sala. Pelo jeito, a delegacia e a administração do shopping se conheciam, ele até tinha o número do telefone. O Cicatriz atendeu o telefonema do policial e continuou falando duro. Depois que desligou, disse que devolveria as encomendas, só que não seria direto para mim. Em vez disso, me mandou ir chamar a gerente da academia. Ele queria que ela escrevesse uma espécie de termo de compromisso ou carta de desculpas, e só então ia liberar as mercadorias. Eu disse: "Mas ela ainda não assinou o recebimento." O Cicatriz respondeu: "Assina você mesmo. Só traz ela aqui. O resto não é da sua conta."

9. Queixas e "vinganças"

O Dia dos Solteiros não demorou a chegar. Eu lembro que, antes de começar o festival de promoções, entre 1º e 10 de novembro para ser mais exato, o volume de entregas foi minguando a cada dia. Até dava para terminar o trabalho às 15 ou 16 horas. Acabei descobrindo que a clientela estava bem ligada nos descontos das plataformas, muito mais do que eu pensava. Estava todo mundo se segurando para gastar só no dia 11. Mas essa breve calmaria era angustiante; todo dia batia uma ansiedade, como se eu estivesse vendo uma tempestade se aproximar sem poder fazer nada para me preparar. Sentia duas coisas ao mesmo tempo: a expectativa de ganhar mais dinheiro e o medo de cometer erros — todo mundo, de fato, cometia erros quando o movimento era grande, e o medo pesava mais do que a expectativa de lucro.

Para garantir que nada desse problema durante a temporada de promoções, o gerente M ficava todo dia no grupo do WeChat mandando revisar os triciclos. Durante esse período, podíamos pedir reembolso de metade do custo do conserto, mas meu triciclo não tinha nenhum problema. Os três pneus eram novos, as câmaras de ar também deviam estar em ordem. As pastilhas de freio até estavam gastas, a distância de frenagem não era ideal, mas não precisava trocar ainda. Na época, o farol ainda funcionava, logo depois quebrou e nunca mandei consertar.

Talvez por ter feito uma boa preparação mental, não achei o período de promoções tão cansativo quanto imaginava. Nos primeiros três ou quatro dias, nossa carga de trabalho quase triplicou. Nos dias seguintes, ficou mais ou menos no dobro do normal. Claro que eu não precisava gastar o dobro do tempo quando o volume dobrava. Afinal, minha área de trabalho continuava a mesma, era só a densidade das entregas que aumentava. Por exemplo, entregar dez pacotes no JT Roosevelt levava quase o mesmo tempo que entregar três. Quando as mercadorias chegavam pela manhã, nosso ponto de distribuição, que já era apertado, ficava transbordando. As pilhas de pacotes batiam quase na cintura e ainda se enfileiravam porta afora. Eu começava a trabalhar às 6h30 da manhã, depois do café, e só ia comer de novo lá pelas 21 horas, mas nem sentia vontade. Talvez eu estivesse tão focado no trabalho que nem reparava no meu corpo sentindo fome. E quando esse momento passava, o apetite sumia. Meu organismo ia se ajustando por conta própria, regulando os hormônios. Era como um trabalhador conformado que, ao perceber que o patrão não pretende atender a suas necessidades, abria mão dos seus direitos sem fazer alarde.

Em comparação a novembro, o trabalho em dezembro foi bem mais puxado. Por um lado, os dias ficaram mais curtos; só clareava depois das 7 horas da manhã, e lá pelas 17 horas o sol já tinha ido embora. Dava a sensação de que o tempo voava, e com isso a ansiedade aumentava. Em contrapartida, mesmo com a carga cheia, a bateria do triciclo no inverno só aguenta um terço do que aguenta no verão. Era como uma bomba-relógio que podia te deixar na mão a qualquer momento. No verão, eu nem pensava na carga da bateria, mas, no inverno, principalmente dentro dos condomínios, minha preocupação só aumentava cada vez que o triciclo se arrastava de um prédio para outro, a cada freada e arrancada.

Além disso, a temperatura em Pequim já tinha caído muito, ficava abaixo de zero o dia todo. Eu até aguento temperaturas baixas por um bom tempo. Consigo usar só uma calça jeans quando está 5 °C — sempre passei o inverno assim no Sul —, mas não tenho muita experiência com temperaturas abaixo de zero. Morei mais de um ano em cinco cidades diferentes, e só em duas a temperatura caía tanto assim: Xangai e Pequim.

Mas em Xangai eu não trabalhava na rua, e o mais frio que fazia era uns 2 ou 3 graus negativos. Já em Pequim, eu saía todo dia às 6 horas e pegava uns 10 graus negativos na cara. Agora eu tinha de ficar do lado de fora o tempo todo e ainda precisava usar o celular direto, então só dava para vestir aquelas luvas sem dedos. Coloquei até uma capa térmica no guidão do triciclo, o que ajudou um pouco. Mesmo assim, minhas mãos viviam congelando. Às vezes nem conseguia dobrar os dedos, que dirá mexer no celular. E para ficar mais fácil de subir escadas carregando encomendas, eu não usava muitas camadas de roupa, muito menos roupas caras, porque sujavam fácil e até rasgavam. Se bem que eu nem tinha roupas caras. Minha peça mais cara era um tênis New Balance de 200 e poucos yuans que já tinha furado a sola com um ano de uso. Na baixa temporada, eu andava de 10 a 15 mil passos por dia. Na alta, dava uma média de mais de 20 mil. Durante o Dia dos Solteiros e o Dia dos Namorados, chegava a 30 mil. Mas no contador de passos do WeChat, onde eu tinha adicionado um monte de colegas de profissão, meus passos nem pareciam tantos assim. Eu quase nunca ficava entre os três primeiros no ranking de quem andava mais.

Nos meses mais gelados, dezembro e janeiro, eu geralmente vestia uma camiseta térmica de algodão por baixo e, por cima, um suéter de lã, um colete acolchoado com zíper e uma jaqueta de espessura média. Nas pernas, uma ceroula térmica de algodão e uma calça impermeável. Quando o frio ficava insuportável durante as entregas, eu dava um jeito de me esconder no corredor dos prédios por uns minutos para me recuperar. Como recompensa por toda essa dureza, todo mundo do nosso ponto de distribuição ganhou mais de 10 mil yuans líquidos em dezembro.

Não voltei para casa no Ano-Novo chinês de 2019. Como fazia parte da equipe de plantão, só tive cinco dias de folga. O bordão publicitário da Vip.com que anunciava “nem no Ano-Novo fechamos as portas” — uma mensagem que eu também passei para os clientes — acabou não dando em nada.* O motorista que entregava as mercadorias no nosso ponto pela manhã avisou: "Ninguém da frota vai fazer hora extra no feriado. Nem adianta vocês abrirem, as encomendas não vão chegar." De qualquer forma, não havia muitos pedidos durante o feriado. Acho que as marcas já tinham liquidado o que precisavam, e os novos produtos ou ainda não tinham chegado, ou tinham chegado, mas sem desconto. Então, mesmo que quisessem comprar, os clientes não tinham muita opção. Lembro que no primeiro dia depois do feriado, nós demos conta das encomendas acumuladas de alguns dias e mesmo assim não atingimos o volume de um dia normal.

Depois do feriado do Ano-Novo, notei que alguns clientes antigos tinham sumido. Ou eles não compravam mais na Vip.com, o que era pouco provável, ou tinham saído de Pequim. Mas alguns só tinham mudado de casa mesmo, e não eram poucos. No mês seguinte ao feriado, encontrei pelo menos umas dez encomendas com endereço errado, todas de gente que tinha se mudado e esquecido de atualizar o endereço de entrega. Muitos desses que ficavam se mudando moravam em república. Quando deixavam o endereço errado, a encomenda acabava sendo recebida pelos antigos colegas de apartamento. Nessas horas, eu tinha de bancar do meu bolso o reenvio da mercadoria, porque quando eu descobria o erro, já tinham assinado o recebimento. Mesmo assim, fazia de tudo para salvar o que dava, só para não ficar tanto no prejuízo.

Teve uma vez, no condomínio Ruidu Internacional, que bati na porta e ninguém atendeu. Liguei para a cliente e ela pediu para deixar a encomenda na caixa do medidor de luz, ao lado da porta. À noite, ela me ligou de volta dizendo que não tinha encontrado a encomenda. Então descobrimos que ela tinha colocado o endereço errado no pedido; ela já tinha se mudado para Changping. Quando falei com ela pelo telefone durante o

---

* O feriado do Ano-Novo chinês dura uma semana. Durante esse período, a maioria dos estabelecimentos comerciais, incluindo lojas, restaurantes e empresas, fecha as portas e milhões de chineses viajam para celebrar com suas famílias. [*N. do T.*]

dia, ela achou que era o entregador do novo bairro. Eu disse a ela: "Amanhã posso pegar a encomenda de volta e te enviar para Changping, mas você vai ter de pagar o frete." Ela se desculpou por ter me dado trabalho e concordou na hora, mas gente assim é minoria. A maioria se recusa a pagar e fica discutindo. Por exemplo, outra vez falei para um cliente no telefone: "Para reenviar, você vai ter de pagar o frete, tudo bem?" Ele perguntou: "Mas por quê? O frete não era grátis?" Expliquei: "Você colocou o endereço errado e o pacote já foi entregue." Ele rebateu: "Como assim entregue? Eu não recebi nada." Eu disse: "Entreguei no endereço que você deu e alguém recebeu." Ele insistiu: "Mas não fui eu." Eu respondi: "Olha, eu não te conheço. Só entrego no endereço que você informa." Ele questionou: "Você não confere?" Expliquei: "Falei seu nome na hora da entrega, a pessoa lá dentro recebeu. O que mais eu posso fazer para conferir?" É que a maioria das pessoas que moram em repúblicas mal sabem o nome dos colegas de apartamento. Se o endereço está certo, eles recebem as encomendas e deixam na área comum. Claro que ele sabia disso, só não queria pagar 8 yuans de frete por causa do próprio erro. Então ele ameaçou: "Vou falar com o SAC." Aí terminou a negociação, porque eu não podia deixar ele ligar para o SAC. Acabei tendo de pagar do meu bolso para reenviar. Apesar de ser só 8 ou 10 yuans de cada vez, eu ficava com muita raiva desse tipo de gente. Se o fulano estivesse na minha frente naquela hora, acho que eu quebrava a cara dele.

Teve outro caso parecido. Eu tinha de entregar uma encomenda no Distrito Cultural Hongxiang 1979. A empresa do cliente já tinha se mudado de lá. Cheguei ao endereço que ele tinha informado e tinha umas pessoas conversando dentro do escritório, provavelmente sobre trabalho. Falei o nome do destinatário e uma mulher veio e recebeu o pacote. No dia seguinte, o cliente me ligou perguntando cadê a encomenda. Ele já sabia que tinha deixado o endereço errado, só estava fazendo cena. Depois que expliquei a situação, ele começou a bancar o esperto: "Vocês entregadores são irresponsáveis demais. Não conferem nada?" Eu disse: "Eu sempre falo o nome do destinatário antes de entregar a encomenda.

Alguém recebeu por você." Ele protestou: "Eu nem conheço essa pessoa. Como ela pode receber por mim?" Eu perguntei: "Se não conhece, por que pôs o endereço dela no pedido?" Ele disse: "Posso ter informado o endereço errado, mas quem recebeu não fui eu. Você não confere?" Sinceramente, não sabia o que mais podia fazer para conferir. Não tenho o direito de pedir o documento de ninguém. Não sei bem por que aquela mulher aceitou um pacote com o nome de um estranho. Quem sabe ela era nova no trabalho e não conhecia todo mundo ainda. E mesmo que eu pudesse pedir a identidade, o tempo extra ia cortar minha renda pela metade. Meu salário já não era grande coisa, se ganhasse menos ainda eu ia estar praticamente pagando para trabalhar. Até podia ir lá buscar a encomenda e enviar para o endereço certo sem cobrar nada, mas ele não queria nem pagar os 8 yuans de frete pelo erro dele. Não continuei discutindo com o sujeito. Ele era grosso, não tinha um pingo de arrependimento e ainda falava cheio de si, dizendo que ele também era um trabalhador assalariado, que entendia bem as nossas dificuldades, mas que não dava para ser tão desleixado no trabalho, e por aí vai — queria me dar lição de moral. Se eu tivesse continuado o bate-boca, certeza que ele ia reclamar de mim para a empresa, e sabe lá o que ia inventar para o SAC. Peguei a encomenda de volta e paguei os 8 yuans do meu bolso para enviar para o endereço certo, mas anotei o nome, o telefone e o endereço dele no meu celular. Eu estava furioso, explodindo de raiva, mas, para não perder o emprego, tive de engolir o sapo. Pensei comigo: quando eu pedir as contas, vou bater na porta dele para acertar essa história. Afinal, a vingança é um prato que se come frio.

É claro que não fui atrás dele. A raiva passou logo. Eu só anotei dois nomes na minha "lista de vingança" e acabei apagando os dois. Não me vinguei de ninguém.

Um dia, numa conversa no ponto de distribuição, um colega contou a história de um entregador que destruiu um Audi na rua. O motorista não parava de buzinar atrás dele até que ele se irritou, pegou uma barra de ferro e arrebentou o capô e o para-brisa do carro. Também já tive o impulso de fazer algo do tipo mais de uma vez. Talvez nada tão pesado quanto o que ele fez, porém pesado o suficiente para ferir alguém. É como um cabo de aço que arrebenta e chicoteia violentamente. Ele reage sem freio contra toda a pressão acumulada e descarrega de uma vez só toda a revolta contra o mundo. Dizem que o entregador foi parar na cadeia porque não tinha dinheiro para pagar o conserto. Provavelmente nem queria pagar. Talvez porque, como diz o ditado, quem anda descalço não tem medo de quem usa sapato. Quem não tem nada a perder não tem medo de nada.

Apesar de todas as precauções, uma vez reclamaram de mim por causa de um endereço errado. O destinatário tinha se mudado para o Jardins Tongjing, mas o endereço na encomenda era Ruidu Internacional. São dois condomínios a menos de 2 quilômetros um do outro e, quando fui entregar o pacote, não percebi nada estranho. Lembro que foi um rapaz que abriu a porta. Falei o nome do destinatário, ele pegou o pacote sem dizer nada — nem que não tinha ninguém com esse nome, nem um obrigado. Mas isso até que é normal, tem gente que não gosta de falar mesmo, todo dia encontro vários assim. Não sou detetive para ficar desconfiando de todo mundo. Além disso, vivo com pressa. Às vezes, para não perder tempo esperando o elevador, eu travo a porta com alguma coisa. Por consciência, tento ser rápido nas entregas, não dá para ficar de conversa com o cliente, senão atraso quem está esperando o elevador nos outros andares.

Dois dias depois, veio a reclamação. A assistente me avisou pelo WeChat que a cliente reclamou que não tinha recebido a encomenda, mas constava como entregue. Isso era considerado "entrega falsa", e a multa era de 50 yuans (mas eu podia recorrer). Liguei para a cliente na mesma hora. Eu tinha acabado de sair do Complexo Jincheng, estava sentado no meu triciclo enquanto garoava. Normalmente, dirijo e falo no celular ao mesmo tempo para economizar tempo, mas quando estou irritado não faço isso. Perguntei para ela no telefone: "O erro foi seu e você ainda vem dar queixa de mim?" Ela respondeu num tom de vítima: "Não recebi a encomenda. Como você pode dizer que recebi?" Eu disse: "Alguém recebeu a encomenda no endereço que você informou. Você queria que pedisse o documento da pessoa?" Ela disse: "Desculpa, é que não achei seu número no app para entrar em contato direto com você. Tive de ligar para o SAC, mas não foi para dar queixa de você, foi o SAC que resolveu." Não acreditei muito nela. O pessoal do atendimento costumava induzir os clientes a dar queixa na baixa temporada para pressionar a gente a melhorar a qualidade do serviço. Na alta, eles tentavam nos defender para não atrapalhar as entregas. O gerente e a assistente já tinham nos avisado disso, mas acho que ela não contou ao SAC que informou o endereço errado no pedido, por isso registraram como reclamação. Ela devia estar com medo de assumir o erro e não conseguir recuperar a encomenda. O meu número de telefone estava disponível nas informações de rastreamento do pedido; acho que a cliente ficou com receio de me telefonar diretamente e eu me recusar a ajudar, por isso deu a desculpa de que não tinha encontrado meu número. Mas, se ela pedisse ajuda através do SAC, eu não teria como recusar.

Claro, tudo era apenas suposição minha, não ia perguntar isso para ela. Ela tinha se desculpado e não achei que tivesse sido grossa, só estava nervosa. Então voltei ao Ruidu Internacional e peguei a encomenda de volta. O pacote ainda estava na sala e outro morador me devolveu. Então levei para o Jardins Tongjing, que, apesar de estar fora da minha área, ficava em frente ao Kaixuan Modelo, por onde eu passava todo dia. Quando encontrei a cliente, parecia que ela ia chorar. Ofereceu me pagar os 50 yuans, porque eu tinha dito que ia ser multado por causa da reclamação dela. Mas eu podia recorrer da multa, era só ela explicar a situação para o SAC quando eles ligassem. Então não aceitei o dinheiro. Na verdade, tinha tido prejuízo, sim. Entreguei a encomenda no endereço errado, voltei para buscar e entreguei de novo no endereço certo. Foram três entregas pelo preço de uma. Eu não estava bravo por causa do dinheiro, mas por ter sido injustiçado e por ter tido todo aquele trabalho à toa. E também por conta de todas aquelas regras injustas, hostis e desumanas de que eu discordava, mas que era obrigado a aceitar. Eu não podia descontar minha raiva nela, senão eu seria injusto, hostil e desumano com a cliente.

Falei que tinha anotado dois nomes na minha "lista de vingança". Vou contar a história do outro. Acho que foi em junho ou julho de 2019. Eu tinha de entregar uma caixa de frutas refrigeradas no condomínio Solar Xincheng. Cheguei à porta da cliente às 8 e pouco da manhã, mas ninguém atendeu. Encomendas refrigeradas são diferentes das outras, principalmente no verão. Se não entregar logo, os alimentos estragam. Eu liguei três vezes para a cliente, mas ela não atendeu. Nesses casos, quando não tem ninguém em casa e o cliente não atende o telefone, eu deveria levar a encomenda de volta e tentar entregar de novo à tarde, mas fazia muito calor e a caçamba do meu triciclo virava um forno debaixo do sol. Achei que, quando voltasse à tarde, as frutas já iam estar estragadas. Talvez a cliente tivesse saído para tomar café da manhã ou comprar alguma coisa e fosse voltar logo. Se fosse esse o caso, era melhor deixar a encomenda para ela receber mais cedo. Então deixei a encomenda no armário inteligente. O armário ficava na sombra o dia todo, entre os blocos 31 e 32. A cliente morava no 34, a uns 100 metros dali. Como ela não atendia o telefone, além do código de retirada que o armário enviava automaticamente, mandei uma mensagem para ela avisando que era uma encomenda refrigerada e pedindo que ela retirasse o quanto antes.

Pensei que seria melhor a encomenda ficar na sombra do que no meu triciclo. Se ela não voltasse e não atendesse o telefone, eu pegaria a encomenda de volta à tarde. Não tinha geladeira no ponto de distribuição. As encomendas refrigeradas que não eram entregues deviam ser devolvidas no mesmo dia. Saí do condomínio por volta das 9 horas. Quando terminei as entregas no Sunwang Plaza e no Costa de Yulan, liguei para ela mais duas vezes porque achei que ela podia não ter visto a mensagem. Queria lembrá-la de pegar a encomenda, mas ela não atendeu. Meio-dia e pouco, ela me ligou de volta. Eu tinha acabado de chegar no Kaixuan Modelo, a uns 3 ou 4 quilômetros do condomínio dela. Achei que fosse me agradecer porque tinha feito o possível para evitar que a encomenda estragasse, mas ela disse: "Comprei durião. Como você pôde deixar no armário inteligente?" Ela devia ter comprado polpa de durião sem casca, porque a caixa térmica era pequena demais para uma fruta inteira. Eu disse: "Mas não tinha ninguém na sua casa de manhã." Ela disse: "Mesmo assim, você não podia colocar no armário. Traz aqui para mim agora." Eu não gostei do jeito que ela falou, parecia que estava me acusando de alguma coisa. Eu expliquei para ela por que tinha deixado a encomenda no armário e disse: "Eu não estou mais no seu condomínio. Se você puder, desça e pegue a encomenda. Se você quiser que eu leve, vai demorar umas duas horas." Ela disse: "Eu não posso esperar, tenho de sair agora. Traz aqui para mim agora." Eu estava ocupado, ainda tinha dois condomínios para entregar da primeira remessa, fazia calor, eu estava com sede e não queria discutir. Então respondi: "Não posso ir agora. Se você puder esperar, te entrego daqui a duas horas, quando chegar ao seu condomínio. Se não puder, você vai ter de descer e pegar." Aí ela me ameaçou: "Então vou dar queixa de você. Você pôs minha encomenda no armário sem nem me perguntar." Já que ela estava me tratando daquele jeito, eu não ia ficar gastando saliva, então desliguei o telefone na cara dela. Ela ligou de volta na mesma hora. Pensei um pouco e atendi.

"Você vai entregar ou não?", perguntou ela, num tom nada educado. Eu expliquei onde estava, mas percebi que ela não estava nem aí para a distância. "Agora eu não posso", repeti. "Eu entrego mais tarde, quando chegar ao seu condomínio, se você puder esperar." "Por que você colocou minha encomenda no armário inteligente? Eu te dei permissão?", insistiu ela. "Se eu não tivesse deixando no armário, seu durião ia ficar cozinhando dentro do meu triciclo até as 14h30. Se não quiser pegar, tudo bem, te entrego mais tarde quando chegar aí. Mas não tenho como ir agora, seu condomínio não é o único que eu atendo." Ela insistiu: "Você nem foi à minha casa hoje de manhã!" Aí perdi a paciência: "Telefonei três vezes, por que você não atendeu?" Ela não respondeu, só repetia: "Você não podia colocar meu durião no armário inteligente." Eu disse: "Então não pega. Espera aí." Desliguei o telefone. Dessa vez não ia atender se ela ligasse de novo. Mas ela não ligou. Eu tremia de raiva. Pensei comigo mesmo que, no fim das contas, quem quer fazer o bem acaba se dando mal. Mas eu ainda tinha encomendas para entregar e não queria perder tempo com ela.

Ela acabou indo buscar o pacote e reclamou de mim para a empresa, mas a reclamação foi indeferida porque eles tinham o registro das ligações e da mensagem que eu tinha enviado de manhã, avisando que não havia ninguém na casa dela. Umas duas semanas depois, chegou outra caixa de frutas refrigeradas para ela, igual à outra, dentro de uma caixa de isopor branca. Não sei se era durião de novo. Fui entregar de manhã, e, como esperava, não tinha ninguém em casa. Da outra vez tinha ligado para ela do meu número comercial, com o DDD de Tianjin. Dessa vez liguei do meu número pessoal, com o DDD de Yunnan. Eu torci para que ela não atendesse uma ligação de um número desconhecido de outra cidade, para poder levar a encomenda de volta, deixar torrando no sol o dia todo e entregar para ela só à tarde, mas ela atendeu na mesma hora. Não sei se ela reconheceu a minha voz. Eu perguntei: "Você quer que entregue essa encomenda à tarde?" Eu queria que ela dissesse que sim, mas ela hesitou um pouco e respondeu: "Deixa no armário inteligente." Depois disso, nunca mais entreguei nada para ela.

10. Prejuízos

Todo mundo que trabalha com entrega há muito tempo já teve algum prejuízo. Entre nós, a piada era que se você trabalha muito, perde muito; se trabalha pouco, perde pouco; e se não trabalha, não perde. Tinha um colega no nosso ponto de distribuição, o mais novo de todos, que vivia tendo prejuízo. Ele acabou pedindo demissão e, pelo que eu soube, mudou de ramo. As causas dos prejuízos dos entregadores são tantas que nem dá para listar. Esse colega, por exemplo, era muito esforçado, mas, por ser novo, era meio estabanado. Como queria ganhar mais dinheiro, ele assumiu uma área bem grande. Ele de fato ganhava mais do que os outros na baixa temporada. Só que, na alta temporada, não dava conta do serviço e, por ser jovem e impulsivo, acabava cometendo erros. Ele era o campeão das reclamações porque quando percebia que não ia conseguir terminar o trabalho seguindo as regras, simplesmente deixava as encomendas nos armários inteligentes sem avisar os clientes. Na Pinjun, isso podia gerar queixas, porque como serviço de entregas expressas da Vip.com, eles não toleravam atendimento ruim. No começo, o gerente e o assistente ainda o protegiam, inventavam desculpas para ele, mas, depois de tantas reclamações, perderam a paciência. E ele não queria abrir mão de parte da sua área, sempre achando que ganhava pouco, porém não conseguia dar conta de tudo.

Além das reclamações, ele também perdeu uma bateria. Para poupar tempo numa entrega, ele não estacionou o triciclo num lugar seguro. Diz que se afastou por dois minutos e, quando voltou, a bateria tinha sumido. O garoto também vivia perdendo encomendas. Uma vez, ele pôs um pacote pequeno no capô do triciclo — só deixávamos ali os pacotes maiores e mais pesados, mas, para facilitar, ele pôs lá o que ia entregar primeiro. O triciclo nem tinha saído do ponto de distribuição direito e a encomenda voou com o vento. Depois um gari contou que uma velhinha passou por ali e catou o pacote. Era um conjunto de lingerie. Pesava quase nada, mas custava mais de 400 yuans. Resumindo, ele vivia pedindo para ter prejuízo. O moço até tinha um salário maior, mas, descontando as perdas, não devia ganhar muito mais do que os outros. E trabalhava muito, estava sempre estressado. Ele também teve alguns prejuízos com devoluções, porque os produtos que ele recebeu de volta não batiam com os pedidos. Mas isso acontecia com todo mundo.

O processo de devolução da Vip.com era diferente do Taobao* e do Tmall. A gente não só recebia as devoluções, como também tinha de verificar os produtos. Depois que o cliente nos entregava a devolução, registrávamos o recebimento no sistema e a plataforma reembolsava o cliente na mesma hora. Depois, a devolução era enviada para o depósito. Se o pessoal do depósito percebesse que o produto não batia com o pedido, ou que o produto tinha sido usado — o que impedia a revenda —, o valor desse pedido era descontado do nosso salário no próximo mês. Então receber devoluções era arriscado e demorado. Muitas vezes um pedido incluía várias peças de roupa, às vezes mais de dez. Tínhamos de conferir peça por peça, pôr de volta na sacola, reembalar e colar a etiqueta de envio. Demorava muito mais do que entregar. Tinha umas roupas cheias de detalhes, e se você deixasse passar um furinho escondido ou uma mancha de batom, ia ter de pagar por ela. Isso sem falar das roupas brancas. Como a gente trabalhava de mão suja, precisava tomar todo o cuidado para não manchar as roupas, senão tinha que pagar também. O mais comum era o cliente entregar um produto diferente do que constava no pedido de devolução. Às vezes era o cliente que selecionava o produto errado na hora de solicitar, às vezes erra a Vip.com que tinha enviado o produto errado para o cliente. Mas, se o entregador não detectasse o erro na hora, era ele que pagava a conta.

* * *

* A maior plataforma de comércio eletrônico na China. [*N. do T.*]

Durante um ano e pouco que trabalhei na Pinjun, nunca fui multado por conta de reclamações, mas amarguei três prejuízos. Dois deles por causa de devoluções que não conferi direito e o produto que recebi não correspondia ao pedido. Uma vez foi um conjunto infantil verde-claro. Aquele modelo tinha várias estampas diferentes e a cliente recebeu uma estampa distinta da que tinha pedido. Ou seja, a Vip.com tinha enviado o produto errado. Mas não abri a embalagem para conferir na hora da devolução, só li o código de barra, que estava certo. Isso geralmente acontecia porque a peça tinha sido devolvida por outro cliente e, na hora de embalar, tinham colocado na embalagem errada, então o código de barras do lado de fora não batia com o produto que estava dentro. No depósito, eles só liam o código de barras da embalagem para enviar uma encomenda, não abriam para conferir. Aí a peça foi vendida para outra pessoa, a minha cliente no caso, e, quando ela recebeu, viu que a estampa estava errada e devolveu. Não notei nada errado na hora. O erro só foi descoberto quando a peça voltou para o depósito. Era como uma batata quente. Quando a música parava, quem estivesse com a batata quente na mão tinha de pagar a conta. Mas o conjunto infantil custava só 29 yuans. Um remendo de pneu custava 30 yuans, então nem liguei.

A outra vez também foi por causa de um produto errado enviado pela Vip.com. Recebi a devolução de um tênis da marca Boerdiqi. O código de barras da caixa estava certo, o modelo do tênis também batia, só a estampa lateral que era um pouco diferente. Vários modelos de tênis daquela marca eram parecidos, era fácil confundir. Acho que na pressa não notei a diferença. O tênis custava 199 yuans. Depois que paguei pelo erro, o depósito me enviou o tênis, como se eu tivesse comprado. Anunciei o tênis no Xianyu* e vendi em poucos dias por 120 yuans. Então, no fim das contas, só perdi 79 yuans.

* * *

* Marketplace de produtos de segunda mão. [*N. do T.*]

Meu terceiro prejuízo foi a pior experiência que tive trabalhando com entrega. Nas outras duas vezes que me confundi com as devoluções, só perdi algumas dezenas de yuans. Para falar a verdade, já estava até acostumado com os prejuízos pequenos, mas a terceira vez que tive de pagar do meu bolso me custou mil yuans de uma vez só. Isso me marcou. Eu tinha acabado de fazer as entregas no Costa de Yulan e, quando saí, dei por falta de uma caixa da Dangdang* que estava em cima do meu triciclo. Meu triciclo estava estacionado na calçada, com os outros triciclos dos entregadores. Sempre parava no mesmo lugar, era praticamente minha vaga privativa, apesar de só os outros entregadores saberem disso. Já fazia entregas no Costa de Yulan havia um ano e quase todo dia, quando não estava chovendo, eu deixava encomendas em cima do meu triciclo. Eu até colocava poucas encomendas ali; os entregadores da JD.com e do Tmall faziam pilhas de pacotes. Eu nunca tinha ouvido falar de furto de objetos dos triciclos. Se bem que as encomendas que a gente deixava lá em cima geralmente eram as que não cabiam na caçamba, como um pacote grande de ração para cachorro ou uma caixa de cerveja. Roubar coisas desse tipo dava muito trabalho, chamava atenção e tornava fácil ser pego. E a maioria dos objetos não valia muito, ou só tinha valor para quem tinha comprado. Por exemplo, a caixa de livros que furtaram de mim, duvido que tenham levado para ler. Mais de 15 quilos de livros para vender como papel velho deviam render uns 10 yuans.

Claro que o ladrão provavelmente nunca tinha ouvido falar da Dangdang, então ele não sabia que a caixa estava cheia de livros. Mas, mesmo que ele achasse que era uma caixa de óleo, ou de arroz, ou de maçã, ou de sabão em pó, o esforço físico e o risco não compensavam o ganho, sem falar no dano moral a quem cometeu o ato. Até desconfiei que quem roubou a encomenda não estava atrás de dinheiro, só queria me prejudicar, como quem quebra coisas em lugares públicos ou maltrata animais sem motivo.

---

* Site especializado em venda de livros. [*N. do T.*]

Perguntei para os outros entregadores, para os seguranças e para os garis se alguém tinha notado alguma coisa, mas ninguém tinha visto nada. Teve gente que nem acreditou que o pacote tinha sumido. Eles acharam que eu tinha esquecido no ponto de distribuição. Quando eliminei todas as outras possibilidades e tive certeza de que tinha sido roubado, quase perdi o ânimo de continuar com as entregas do dia. Fiquei arrasado, parecia que tinha sido atropelado por um trem. Nem me lembro do que fiz depois. Tenho a impressão de que fiquei parado no mesmo lugar por um tempo, mas a verdade é que continuei no piloto automático, de condomínio em condomínio, até terminar as entregas.

Quando voltei para o ponto de distribuição, o assistente verificou o valor da encomenda: pouco mais de mil yuans. Tentou me consolar dizendo: "Quando comecei a trabalhar aqui, roubaram minha bateria e tive um prejuízo de mais de mil yuans." Não me ajudou muito. Então me aconselhou a registrar um boletim de ocorrência na delegacia de Jiukeshu, mas eu não tinha muita esperança de recuperar a encomenda.

O policial que me atendeu era jovem e gordinho, falava com um sotaque carregado de Pequim e foi muito educado, mas meio brincalhão. Depois de registrar o boletim de ocorrência, perguntei: "Você acha que vão pegar o ladrão?" Ele respondeu: "Ninguém pode garantir. Não posso te dizer que com certeza vamos resolver o caso, mas também não posso dizer que não vamos, senão para que serviria a polícia?" Perguntei: "Posso ver as gravações das câmeras de segurança?" Ele respondeu: "Não posso te mostrar, temos regras. Te aviso se encontrar alguma coisa." Comentei com ele que um colega que trabalhava na S uma vez registrou um boletim de ocorrência e conseguiu ver as gravações com o policial. Mas meu caso aconteceu no final de setembro de 2019, e Pequim estava em clima tenso, se preparando para as comemorações dos 70 anos da República Popular. O policial explicou: "Estamos em um período delicado, a segurança está reforçada, não podemos quebrar as regras." Pouco tempo depois que saí da delegacia, ele me ligou. Parecia que estava assistindo às gravações enquanto falava comigo. Ele me perguntou onde exatamente tinha estacionado o triciclo e expliquei tudo para ele. Aí ele disse: "A câmera fica meio longe de onde você estacionou, tem várias árvores no caminho... Vou ver o que posso fazer." Na verdade, ele não podia fazer nada. Ele nunca mais me ligou.

A caixa de livros que perdi era para uma creche que ficava perto do Costa de Yulan. Depois que tive certeza de que não ia conseguir recuperar a encomenda, fui falar com a cliente sobre a indenização. A cliente era uma professora de meia-idade. Ela disse que a creche era uma franquia e os livros tinham sido encomendados pela matriz, então ela não sabia quais livros eram nem quanto tinham custado. Depois de um tempo, ela lembrou que tinha recebido a lista de títulos. Adicionei a professora no WeChat e ela me enviou uma planilha com a lista. Perguntei como ela queria que a pagasse e ela disse: "Eu não posso aceitar seu dinheiro. Que tal comprar os livros para mim?"

Cheguei em casa e instalei o aplicativo da Dangdang. Procurei todos os livros da lista, um por um. Eram livros infantis e não eram baratos, mas vi que alguns estavam com desconto maior no Taobao, então comprei nas duas plataformas e consegui comprar todos os livros por pouco mais de 900 yuans, quase 100 a menos do que eles tinham custado. Pelo menos isso me ajudou a me sentir um pouco melhor.

Nessa época, ainda não sabíamos que a Pinjun ia fechar em dezembro de 2019 e mais de quarenta mil entregadores iam ser demitidos em todo o país. A empresa escondeu a notícia o quanto pôde, provavelmente para não afetar o nosso moral. Mas, depois do feriadão da Data Nacional, em 1º de outubro, começamos a ouvir dos entregadores da empresa S que a Vip.com já estava em negociação com aquela empresa, e até que alguns pedidos já estavam com eles. Começamos a receber menos encomendas. Pensando bem, tudo indicava que a decisão de fechar a Pinjun tinha sido tomada já no primeiro semestre de 2019, ou talvez até no final de 2018, logo depois que comecei a trabalhar lá.

11. Demissão

Eu me lembro da nossa confraternização de Ano-Novo chinês em 2019. Os mais de vinte entregadores dos três pontos de distribuição sob o comando do gerente M se reuniram em um pequeno restaurante em Xishangyuan. Foi um jantar bem mais modesto do que o banquete da empresa S. Os pratos eram simples e a comida não era grande coisa. O restaurante ficava escondido num *hutong*,* não na avenida principal, e o movimento era fraco. Além das nossas duas mesas, não havia nenhum outro cliente. Mas eu tinha acabado de começar na Pinjun, estava gostando do novo trabalho e me dava bem com os meus colegas, então não me importava com a comida. No meio do jantar, chegou o gerente regional, X; ele era o superior direto do gerente M. Nessas ocasiões, a chefia geralmente fazia um discurso motivacional. X, de fato, fez um discurso num tom bem animado, mas o conteúdo era o oposto. Ele disse que depois do Ano-Novo chinês, nem todas as encomendas da Vip.com seriam entregues pela Pinjun. Algumas lojas passariam a usar empresas de entrega à sua escolha, mas nós ainda seríamos responsáveis por todas as coletas de devolução. Na época, não entendi o que aquilo significava. Agora sei que esse era o plano de transição da Vip.com para se livrar da Pinjun aos poucos: primeiro, eles iam deixar as lojas cuidarem das próprias entregas, para testar os possíveis problemas e resolvê-los, depois eles iam passar as encomendas da Vip.com para a empresa S. X continuou: "Depois do Ano-Novo, a taxa de entrega das encomendas da Vip.

* Formação urbana bastante característica do centro antigo de Pequim, composta por fileiras de casas tradicionais que se estruturam em torno de um pátio quadrado, formando vielas e becos. [*N. do T.*]

com vai cair 0,20 yuan. Então vamos ter de coletar mais encomendas para compensar e aí vamos ganhar mais, concordam?" Quando o chefe pergunta uma coisa dessas na sua frente, você obviamente concorda. Ainda mais com a taça na mão, no meio de um brinde. Quem vai dizer que não? Mas até uma criança podia perceber que a lógica de X estava furada. Ele forçava uma cara de entusiasmo, como se estivesse dando uma ótima notícia, mas nós, da classe trabalhadora, mantemos um inabalável pé-atrás com relação às manobras capitalistas. A gente não se ilude. Mais tarde, acho que em junho ou julho de 2019, a taxa de entrega caiu mais 0,20 yuan e dessa vez ninguém apareceu para nos avisar.

De qualquer maneira, em 2019, a Vip.com estava bombando. A empresa investiu pesado em publicidade, até fez umas inserções da marca em algumas séries de TV famosas. Por isso, pelo menos no primeiro semestre, mesmo tendo perdido alguns vendedores externos, o volume do nosso trabalho não foi menor do que no ano anterior. Na verdade, entregamos até um pouco mais. Numa situação assim, ninguém imaginava que a Pinjun fecharia no final do ano. A gente achava que, se a Vip.com estava crescendo tanto, eles não iam se livrar da Pinjun, sua própria empresa de entrega.

Em outubro, quando a empresa S começou a fazer as entregas da Vip.com, a situação mudou radicalmente. Nosso volume de trabalho diminuiu muito, mesmo com a S assumindo apenas uma parcela das entregas de início. A Vip.com planejou um período de transição de mais de um mês, em que foi transferindo aos poucos os pedidos da Pinjun para a empresa S. A situação já estava clara como água, mas a empresa ainda se recusava a admitir. Continuavam nos enviando mensagens para nos tranquilizar, aconselhavam a não acreditar nos boatos, e assim por diante. No geral, durante todo esse processo, eu e meus colegas mantivemos a calma e a sensação de segurança. Afinal, em Pequim é fácil encontrar trabalho como entregador ou motoboy. Se um patrão falisse, simplesmente mudaríamos para outro. Enquanto estivéssemos dispostos a trabalhar, não havia risco de passar fome. Além disso, eu já não estava tão ansioso e inseguro como quando cheguei no início de 2018.

Costumávamos dizer, de brincadeira, que éramos "crianças sem mãe". A empresa S ia engolindo aos poucos as encomendas da Vip.com, e até clientes grandes, como a Dangdang, encerraram a parceria. À medida que a empresa ia fechando suas operações, nossa carga de trabalho diminuía dia após dia. Muitas vezes terminávamos o trabalho às 14 ou 15 horas e até com o Dia dos Solteiros tivemos só uns quatro ou cinco dias mais atarefados. É difícil encontrar trabalho no final do ano, mas ninguém parecia preocupado. Todo mundo dizia que ia pensar nisso depois do Ano-Novo. Havia um clima de "finalmente livres", por mais que soubéssemos que era algo passageiro. Ninguém imaginava que o ano seguinte ia ser ainda mais difícil por causa da pandemia de covid-19. Mas, em vez de procurar emprego, só estávamos mais interessados em saber quanto receberíamos de compensação. Discutíamos isso animadamente todos os dias, com muita curiosidade e expectativa.

No final, a empresa anunciou que a compensação seria de "N+1". Eu tinha trabalhado por quatorze meses, então ia receber o equivalente a dois meses e meio de salário. Tinha outra opção: como a Vip.com tinha fechado parceria com a empresa S, os entregadores da Pinjun podiam ser transferidos para um ponto de distribuição mais próximo da empresa S, mantendo o tempo de serviço e os benefícios, mas aí a gente não ia receber a compensação. Eu tinha saído da empresa S, sabia que não era um bom lugar para mim, então não pretendia voltar. Meus colegas também não queriam ir para a empresa S. Eles diziam: "Se formos para a empresa S, primeiro vamos pegar a compensação." Eles nem estavam pensando em ir para lá, de qualquer forma.

Nosso último dia de trabalho foi 25 de novembro de 2019. Eu me lembro que cada entregador tinha só uma ou duas encomendas para entregar naquele dia. Depois das entregas, voltamos para o ponto de distribuição, desmontamos as prateleiras, empacotamos as coisas que a empresa ia levar embora e preenchemos os formulários de desligamento com a ajuda do assistente. Depois disso, o assistente avisou que ia chegar uma equipe da empresa S para nos recrutar. Como já tínhamos experiência e conhecíamos bem a região, a S preferia nos contratar do que recorrer a alguém de fora. Mas não estávamos interessados na S. Principalmente eu. Fiquei com medo de encontrar o gerente L, porque ele era o responsável pela área de Liyuan e o escritório dele ficava a menos de 1 quilômetro do nosso ponto de distribuição. Não queria encontrar com ele naquele momento, naquele lugar, naquela situação. Então meus colegas e eu saímos mais cedo e deixamos o assistente sozinho no ponto de distribuição. Ele perguntou, sem jeito: "Se vocês forem embora, o que vou dizer para o pessoal da S quando eles chegarem?"

Os últimos dias na Pinjun foram tranquilos. A pressão do trabalho tinha desaparecido completamente, acabou aquela pressa de fazer as entregas. De manhã, carregávamos os triciclos e até podíamos ficar conversando um pouco antes de sair para trabalhar. Durante o último ano, sempre tinha seguido a mesma rota de entregas: Solar Xincheng, Sunwang Plaza, Complexo Jincheng, Costa de Yulan, JT Roosevelt Plaza, Jincheng Central, Carrefour, Ruidu Internacional Central, Ruidu Internacional Norte, Ruidu Internacional Sul, Distrito Cultural Hongxiang 1979, Parque Industrial de Cinema e Televisão Donglang, Kaixuan Modelo, Haitong Jardim dos Plátanos. Essa era a ordem que funcionava melhor para mim. Quando não seguia esse roteiro, eu nem sempre conseguia terminar o trabalho.

Agora eu podia experimentar fazer o percurso ao contrário, mesmo que demorasse um pouco mais. Podia até pular alguns lugares no meio e voltar depois. Invertendo a rota, eu passava pelos dois parques industriais antes do horário comercial, então tinha de voltar lá mais tarde quando as pessoas tivessem chegado. De repente, eu estava com tempo de sobra, parecia um pé-rapado que enriquece da noite para o dia e pode se dar ao luxo de esbanjar dinheiro como uma espécie de revanche. Eu vivia correndo contra o relógio, com o tempo e os nervos no limite. Sem a correria, eu não dava conta do trabalho. Foi aí que percebi que nunca tinha visto os condomínios Haitong Jardim dos Plátanos e Kaixuan Modelo entre 8 e 9 horas da manhã, apesar de atender àquela área havia mais de um ano. Agora chegava em cada lugar num horário diferente do habitual, então via e sentia as coisas de um jeito diferente. Percebi que estava enxergando o meu trabalho com outros olhos. Não era só uma mudança de hábito ou uma mudança na relação entre tempo e espaço. Era uma forma de ver as coisas sem um propósito específico, de uma perspectiva que a ansiedade e a pressa nunca me permitiram antes. Eu não me via mais como uma máquina de entregas que ganhava 30 yuans por hora e se frustrava quando não atingia a meta.

Um dia estava fazendo entregas no Kaixuan Modelo, um condomínio de que eu gostava, meio decadente, mas espaçoso e sem muitos moradores. Era um lugar tranquilo e, o mais importante, amigável: deixava os entregadores entrarem com o triciclo.

Naquele dia, eu estava na porta de um prédio, digitando número por número do apartamento no teclado do interfone. Não é difícil imaginar que logo um toque agudo ecoaria em algum apartamento atrás daquela porta de ferro. Ao mesmo tempo, a tela do interfone lá dentro acenderia e mostraria minha cabeça ou metade do meu corpo — a depender da minha distância. Eu encarava a câmera meio sem graça, numa tentativa frustrada de esconder a ansiedade enquanto esperava o morador decidir o que fazer. Isso quase nunca é uma experiência boa, em especial para mim e para o morador, já que a gente nem se conhece. O morador pode estar concentrado em alguma tarefa que exija silêncio total. Ou pode ter acabado de chegar de um plantão noturno e já estar dormindo profundamente quando vem a campainha interromper o seu sono. Aí ele se levanta com cara de poucos amigos, anda irritado até a tela para ver quem é que está causando aquele alvoroço. Então não é de se espantar que, na minha experiência, a maioria dos moradores atenda o interfone de mau humor.

A campainha que toquei naquele dia foi a do apartamento 101. O prédio tinha seis andares, com dois apartamentos por andar. Logo no térreo, à esquerda da entrada, ficava o apartamento 101, e à direita, do outro lado da escada, o 102. Eu ouvi o interfone tocar dentro do apartamento. Um homem atendeu e perguntou quem era. Estávamos separados por duas portas, a poucos metros um do outro. Eu disse quem era e ele apertou o botão para abrir a porta. O botão daquele interfone era mecânico, porque ouvi um "clique" alto quando ele apertou. Eu fazia entregas naquele condomínio todo dia e sabia que os interfones de lá costumavam dar problema. Muitas vezes era preciso apertar o botão várias vezes para a porta abrir. Alguns moradores já estavam cansados de lutar contra o interfone e desciam para abrir a porta para a gente.

Mas aquele morador era persistente, não desistia fácil. Ele sabia bem que o botão só funcionava quando queria, então nem esperava que a porta abrisse de primeira. Logo de cara ele disparou a apertar o botão sem parar. O interfone ficou fazendo uma sequência de cliques rápidos e contínuos, como um bando de patinhos mergulhando na água. Diante de tanto esforço, não me restou opção a não ser exibir para a câmera um sorriso cheio de incentivo e esperança. Assim, quando aquele baterista oculto atrás da tela olhasse para o monitor, veria que seu esforço valia a pena. Alguém contagiado por seu empenho aguardava ansioso pelo grande momento: a abertura da porta. Ele pareceu se animar ainda mais. Fazia pausas rápidas para se preparar para a próxima sequência de cliques mais fortes. Cada trecho superava o anterior em empolgação, num crescendo que desafiava o público. Era uma disputa para ver quem aguentava mais: os nervos do espectador ou a demora do tão esperado clímax.

Como único espectador dessa performance, senti o constrangimento subir pelo meu rosto paralisado. O tempo escorria segundo a segundo, e ficava cada vez mais difícil manter um sorriso descontraído, mas parar de sorrir naquele momento seria bem pior do que se não tivesse sorrido desde o início. Para usar um clichê, o tempo parecia ter parado. Cada segundo durava uma eternidade. Meio minuto se passou, depois um minuto inteiro... Aquilo não ia acabar nunca? Por mais envolvido que eu estivesse na situação, já era hora de cair na real. Comecei até a achar que o morador estava me zoando; vai ver nunca nem quis abrir a porta. Queria me dar uma lição e planejou todo aquele espetáculo para me fazer desistir sem precisar ser grosseiro. Dentro de mim, uma versão menor, mas sem dúvida mais sincera e corajosa de mim, não se conteve e explodiu: "Mas é uma besta mesmo! Levaria menos de dez segundos para vir abrir a porta. Olha só quanto tempo já perdeu apertando esse botão!"

Mas é preciso admitir que é um alívio que ainda existam neste mundo alguns valores e crenças que vão além das regras utilitárias em que a gente sempre acreditou piamente, como o que seria melhor ou pior, os prós e os contras, os ganhos e as perdas. Tem gente que, por motivos que ninguém entende, segue princípios que os outros não conseguem captar e mesmo assim consegue viver em paz. Isso me faz querer acreditar que o mundo pode mesmo se tornar um lugar melhor. Movido por um sentimento de fraternidade que nem eu mesmo sei explicar, aguardei até o momento em que a porta se abriu. Puxei a porta e entrei no prédio. O morador já me esperava na entrada do apartamento. Era um homem de meia-idade, por volta dos 40 anos — e, diga-se de passagem, com todos os membros intactos. Entreguei a encomenda, ele a pegou e me agradeceu. Respondi com educação: "Não há de quê."

Com a vida mais leve, tentei me dar melhor com os clientes — apesar de ser um pouco tarde, já que estava prestes a me despedir deles. Eu tinha certo carinho por alguns, só não dava para dizer que éramos amigos porque a gente não se conhecia direito. Mas era mais do que uma relação profissional. Eu sentia que fazia parte da vida deles. Eu conhecia o lugar onde moravam, a família, os animais de estimação, a personalidade, o jeito como tratavam as pessoas, as coisas que compravam na Vip.com. Tentei falar com eles de um jeito mais brincalhão, mas, claro, sem deixar de usar um tom que expressasse minha modéstia e boa-fé. Quando não estavam em casa, perguntava a que horas iam voltar. Se eu não pudesse esperar, dizia: “Não tem problema, passo aqui depois do trabalho para te entregar.” Na verdade, não era no meu caminho, eu não passava por todos os condomínios do meu trabalho na volta para casa. Eu dava uma volta de propósito só porque estava de bom humor, tinha tempo de sobra e também por curiosidade: será que ficariam surpresos se eu atendesse a seus pedidos sem me importar com o custo?

Acabei descobrindo que quando eu não me preocupava com minha produtividade, ou seja, quando não me importava com a relação entre esforço e recompensa, quase todos os clientes eram fáceis de lidar e sabiam me dar um sorriso sincero. Isso me mostrou que, sem interesses em jogo, o mundo pode mesmo ficar mais harmonioso. Mesmo assim, ainda me sobrava tempo. Então, depois do expediente, voltei aos livros. Li *O homem sem qualidades*, de Robert Musil, o que me tomou quase um mês. Lia bem devagar, às vezes me distraía no meio do texto e tinha que voltar e reler. Depois li *Ulisses*, de James Joyce. Eram dois livros que eu já tinha tentado ler antes, mas não consegui terminar. Fazia anos que eu não conseguia ler nada que exigisse esforço. O trabalho me tirava a concentração e a vontade de ler.

Nas últimas semanas de trabalho, depois de terminar as entregas, eu costumava ficar sentado no shopping JT Roosevelt olhando o movimento, os vendedores nas lojas, os entregadores indo e vindo. Eu reparava nos gestos deles, tentava adivinhar como estavam se sentindo. Imaginava que a maioria deles, enquanto eu os observava, estava no piloto automático, sem pensar em nada, sem sentir nada, só se movendo mecanicamente, como eu também fazia antes. Percebi que, desde que soube que ia me livrar daquele trabalho, quase todos os meus sentimentos eram positivos, bons. Eu tinha me tornado uma pessoa melhor do que era antes — pelo menos melhor do que quando estava naquele trabalho —, mais tranquila, mais pé no chão, e com mais paciência com as pessoas. Isso mostrava que, na verdade, eu odiava aquele trabalho, talvez até odiasse todos os trabalhos que já tive. Quando era obrigado a trabalhar, eu ficava facilmente irritado, ressentido, cheio de queixas, e sempre via os clientes a que eu atendia todo dia como mais egoístas, irracionais e gananciosos do que realmente eram.

Claro que eu não era sempre um entregador ruim. Pelo contrário, tirando o fato de que eu não gostava e nem levava jeito para me comunicar com os clientes, nos outros aspectos eu provavelmente era o melhor e o mais dedicado do ponto de distribuição. Não porque eu fosse supercompetente, e sim porque eu nunca pegava mais trabalho do que devia — tem gente que, para ganhar mais, aceita uma área maior do que consegue atender, e aí vive levando reclamação. Quer dizer, meu salário não era o mais alto, nem estava entre os maiores do ponto. Mas acho que quando os clientes avaliam se um entregador é bom ou não, eles raramente pensam em quanto ele ganha.

Antes de terminar o trabalho, postei uma mensagem na rede social só para os clientes ficarem sabendo sobre o fim da Pinjun Express e que eu não ia mais fazer as entregas dos pedidos da Vip.com. Um monte de clientes me mandou mensagem no WeChat, elogiando minha atitude no serviço e agradecendo o meu esforço durante todo esse tempo. Isso fez com que eu melhorasse um pouquinho a avaliação do meu próprio trabalho — antes eu sempre achava que estava fazendo um serviço horrível. Uma cliente escreveu: "Você é o entregador mais dedicado e responsável que já vi." Para falar a verdade, eu nem me lembrava muito bem dela, nunca imaginei que ela me avaliasse tão bem assim. Mas acredito que estava sendo sincera, porque já não tinha mais relação de trabalho e provavelmente nem íamos nos ver mais, então não tinha motivos para me bajular. Acho que dá para usar a seguinte frase para resumir minha experiência como entregador, sem exagero nenhum:

Eu fui o melhor entregador que alguns clientes já conheceram.

Original: 30 de junho de 2020
Revisão: 1 de agosto de 2021

III

OS EMPREGOS DE XANGAi

1. A loja de conveniência

Assim que cheguei a Xangai, na primavera de 2013, aluguei um quarto no térreo de um pequeno conjunto residencial na rua Qinzhou Bei. O lugar era escuro e úmido, mas o aluguel era direto com o proprietário, sem intermediário. Eu dividia o espaço com mais duas famílias; a sala e o banheiro eram compartilhados, não tinha cozinha. Meu quarto era o menor e o mais barato, com uns 5 metros quadrados de área útil. Tinha uma cama, um guarda-roupa e uma escrivaninha, só isso. A escrivaninha ficava colada na cama, então nem precisava de cadeira, dava pra sentar na beirada mesmo. O aluguel custava 1.500 yuans.

Consegui o trabalho pelo 58.com. Naquela época, esse site não tinha tantos golpistas como hoje e era fácil achar empregos nele, principalmente os que não pediam diploma. Eu procurava só empresas conhecidas; por exemplo, quando trabalhei como entregador, busquei empresas como a D e a S. Essas empresas também têm todo tipo de problemas, mas a chance de cair numa cilada era menor. No final, escolhi trabalhar na loja de conveniência C.

Antes de começar a trabalhar, precisei fazer um treinamento, que aconteceu no Parque Industrial de Alta Tecnologia na zona norte da cidade. A sede da loja de conveniência C ficava escondida num predinho comercial. Tinha cerca de uma dúzia de pessoas comigo no treinamento, que terminou com um exame prático: um examinador lia uma lista de compras em velocidade normal, cobrindo todas as operações e atividades diárias da loja de conveniência, e nós simulávamos as operações num caixa em tempo real. Passávamos no teste se o valor final arrecadado estivesse correto. O exame não era nada difícil, mas algumas pessoas não passaram. Os reprovados podiam tentar de novo na próxima rodada de treinamento ou procurar outro emprego.

Com base no meu endereço, a empresa me colocou numa filial no distrito de Xuhui. A gerente da loja era uma mulher de Jiangxi, com mais de 30 anos. Quando fui me apresentar, ela me explicou que havia quatro funcionárias na loja, todas mulheres, e que tinham pedido para a empresa contratar um homem — no caso, eu — para trabalhar no turno que virava a noite. Claro, ela não me obrigou, só pediu minha opinião e eu podia recusar, mas eu gostava de trabalhar à noite porque o movimento era menor. Minhas principais responsabilidades eram: receber mercadorias de madrugada, limpar a loja, especialmente a área de alimentos prontos, que dava mais trabalho e, de manhã, preparar alimentos como sopa, espetinhos cozidos, pãezinhos no vapor, além de bebidas como leite de soja e café.

Antes de começar a trabalhar, eu ainda não sabia quanto ia ganhar. O RH me explicou a composição do salário, mas uma parte dependia do faturamento da loja, então eu não conseguia estimar. Depois, uma colega me contou que, descontada a previdência social, elas recebiam um pouco mais de 3 mil yuans por mês. Como havia um adicional para trabalhar no turno da noite, eu poderia ganhar uns 400 yuans a mais do que elas.

Mesmo assim, depois de pagar meu aluguel de 1.500 yuans, sobrariam pouco mais de 2 mil yuans por mês. Já que não tinha cozinha no lugar onde morava, eu comia na rua e gastava cerca de 30 yuans por dia nas três refeições. Depois das despesas com alimentação e outras necessidades, não sobrava muito. Talvez por isso a gerente me disse que podíamos comer as marmitas vencidas das prateleiras. Era contra as regras, porque as marmitas vencidas deveriam ser descartadas com a assinatura da gerente, mas, se seguissem essa determinação à risca, perderiam funcionários por conta do salário baixo. Com um pouco de poder na mão, a gerente, querendo manter a equipe, usava essas marmitas vencidas para nos ajudar a economizar. Além das marmitas, podíamos comer *onigiris*, rolinhos e macarrão frio que passassem da validade. Um dia, ela até me deu um litro de leite vencido.

Eu trabalhava durante a noite e terminava de manhã. Lembro que, pelas regras da empresa, deveríamos trabalhar 60 horas semanais. Mas a gerente me disse que, se seguisse essa carga horária, a loja precisaria contratar mais uma pessoa e diminuiria o salário de todo mundo para menos de 3 mil yuans. Por isso, ela sempre fazia a escala de 72 horas semanais para cada um e pagava as horas extras. Falei que estava tudo bem para mim. Na verdade, não podia recusar, era uma decisão de todos. (Os horários de trabalho que mencionei podem não estar totalmente corretos, já que isso aconteceu há muito tempo e não me recordo de tudo com precisão.)

O trabalho na loja de conveniência não era cansativo, mas era bastante monótono, parecia que o tempo não passava. Eu limpava bem devagar o balcão de comida pronta, que ficava muito engordurado. E passava um bom tempo polindo a fachada de vidro temperado com jornal e limpa-vidros. Havia um restaurante ao lado chamado Palácio da Pimenta, acho que de comida de Sichuan,* que ficava aberto até tarde. Às vezes, alguns funcionários de lá vinham conversar, mas eu ainda não os conhecia bem e, além disso, não sou muito de falar.

Fiquei menos de dez dias nessa loja de conveniência C.

Um dia, por volta das 6 da manhã, a colega do turno matutino ainda não tinha chegado e eu estava sozinho na loja. Foi então que entrou uma mulher de meia-idade que comprou um copo de leite de soja comigo — era Y, minha futura chefe.

Y era dona de uma loja de bicicletas esportivas ali perto e, na verdade, não tinha vindo comprar leite de soja, mas oferecer emprego. A funcionária do caixa da loja dela tinha fugido depois de desviar dinheiro, agora Y precisava urgentemente contratar alguém. Ela não podia nem esperar para divulgar a vaga, então naquela manhã saiu recrutando os caixas das quatro lojas de conveniência num raio de 200 metros — Lawson, Family Mart, 7-Eleven e a loja C onde eu trabalhava.

---

* Província famosa pela culinária picante. [*N. do T.*]

O jeito comunicativo de Y praticamente me dispensava de falar. Eu só precisava escutar. Ela observou que eu era o único atendente dessas quatro lojas que usava máscara por conta própria. Isso era, na verdade, uma exigência comum a todas as empresas que não era cumprida com tanto rigor no turno da noite. Ela me ofereceu um salário-base de 3 mil yuans mais comissão e eu poderia morar na loja dela — o que mais me atraiu, na verdade, foi poder morar na loja, já que me economizaria os 1.500 yuans do aluguel mensal. Mas a promessa dos cinco seguros sociais não se concretizou; em vez disso, ela comprou um seguro coletivo empresarial no lugar do plano de saúde. Segundo ela, a previdência social era traiçoeira e o seguro de saúde bastava. Cerca de seis meses depois, enquanto organizava o depósito, um sofá escorregou do alto e me atingiu no canto do olho. Precisei ir ao hospital para levar pontos e, de fato, o seguro cobriu as despesas integralmente.

Como Y precisava de alguém com urgência, não consegui fazer o desligamento seguindo os procedimentos normais. A gerente queria que eu cumprisse o aviso-prévio de um mês, mas, talvez temendo que eu fizesse o trabalho de qualquer jeito e causasse problemas, acabou me liberando dois dias depois. Contudo, uma colega me contou que eu queimei meu filme com o departamento de recursos humanos e não poderia mais trabalhar na loja de conveniência C no futuro.

Eu já havia deixado muitos empregos antes, mas dessa vez me senti muito culpado, como se devesse algo àquela gerente. Como continuei trabalhando por perto, alguns dias depois comprei umas frutas para levar às colegas e à gerente, como forma de pedir desculpas. No entanto, quando cheguei à porta da loja, não consegui juntar coragem para entrar e fiquei uns dez minutos andando para lá e para cá do outro lado da rua até desistir. Acabei comendo todas as frutas sozinho.

Cancelei o aluguel do quarto na rua Qinzhou Bei, mas, como não cumpri o contrato até o fim, o aluguel do mês e o depósito, que somavam mais de 2 mil yuans, não seriam devolvidos. Chamei o proprietário, expliquei a situação, disse que o dinheiro estava curto, ainda ia demorar para receber o salário e gostaria de contar com sua compreensão. Sem dizer nada, ele me deu 200 yuans e ficou por isso mesmo.

2. A loja de bicicletas

Trabalhei mais de um ano na loja de Y. Sempre que eu passava em frente àquela loja de conveniência, e isso era quase todo dia, apressava o passo e evitava parar por ali. Às vezes, colegas que estavam comigo queriam entrar para comprar alguma coisa e eu ficava esperando de longe. Eles riam de mim por causa disso. Mais tarde, a loja de conveniência C ainda depositou o salário dos dias que trabalhei lá, apesar de eu já ter decidido abrir mão dele. Como disse, trabalhar para grandes empresas conhecidas tem suas vantagens, elas geralmente seguem as regras e não levam para o lado pessoal.

Na verdade, a loja de Y enfrentava muitos problemas, e não era só por causa da funcionária que tinha sumido com o dinheiro do caixa. O moral dos que permaneceram estava bem baixo. Y administrava uma marca americana de alto padrão que, na época, contava com uma loja própria e mais de trinta franquias pelo país. A própria Y me contou que era a única, entre os mais de trinta franqueados, a cuidar pessoalmente do negócio. Isso significava que a maioria dos outros franqueados tinha aberto a loja por amor ao ciclismo e por afinidade com a marca, não exatamente como um meio de vida. Depois de adquirir a franquia e abrir a loja, eles contratavam alguém para cuidar do estabelecimento, enquanto continuavam fazendo o que já faziam antes.

Y nem era ciclista, pelo menos naquela época. Ela não entendia muito de bicicletas (apesar de nunca admitir), mas tinha entusiasmo de sobra, talvez não pelo ciclismo, mas sim por sua ambição profissional e pela satisfação social que o trabalho proporcionava — ela não gostava de ficar sozinha. Se estivesse vendendo móveis em vez de bicicletas, ia demonstrar exatamente o mesmo entusiasmo.

Mas Y era uma pessoa muito capaz e cheia de energia. Nos treinamentos regulares da empresa, ela conseguia falar um pouco de tudo sobre bicicletas, pelo menos superficialmente. Quando digo que ela não entendia de bicicletas, é em comparação com os entusiastas; em comparação com os clientes comuns, ela era, sem dúvida, uma especialista. Antes, ela tinha trabalhado no marketing de uma empresa estrangeira e suas habilidades e personalidade eram típicas de uma *top sales* (como eram chamadas as vendedoras de alto nível): extremamente entusiasmada, proativa, otimista, persistente e resiliente. Adorava conversar e, cada vez que chegava um cliente, quase dava para ouvir a dopamina correndo em seu corpo. Para mim, cumprimentar um cliente exigia preparo psicológico, mas para ela era uma verdadeira satisfação.

Mas ela tinha uma certa reserva em relação aos ciclistas experientes porque geralmente entendiam mais de bicicleta do que ela e eram mais difíceis de convencer. Além disso, eram clientes mais cautelosos, que pesquisavam bem antes de decidir. Também eram sensíveis ao preço, gostavam de comparar bastante. Vinham mais para olhar do que para comprar e, quando decidiam adquirir o produto, muitas vezes não era na loja dela. Como Y dizia, "ciclista é pobre". Ela costumava afirmar: "O preço médio do metro quadrado nesta região é de 100 mil yuans, nosso público-alvo é gente com esse poder aquisitivo." Para ela, não fazia sentido comercial abrir uma loja numa área endinheirada e focar ciclistas que queriam economizar. Por isso, ela exibia modelos básicos com cadeirinhas infantis na entrada da loja. Na visão dos ciclistas, essas bicicletas para fazer compras e levar crianças eram muito *low* (básicas) e até prejudicavam a imagem da marca, que era voltada para atletas de alto desempenho. A marca lançou alguns modelos de uso cotidiano como uma concessão ao mercado, mas Y se empenhava muito em promover esses produtos. Ela chegava a vender bicicletas de outras marcas, incluindo as dobráveis. Naquela época, o mercado da marca na China era menor do que na Nova Zelândia, por exemplo, e a maioria dos franqueados ainda não tinha lucro, então a marca era mais tolerante e não aplicava a Y as penalidades previstas em contrato.

Y gostava especialmente de clientes um pouco mais velhos, bem apessoados, com bom poder aquisitivo e que estavam começando a se interessar por ciclismo, mas ainda não eram iniciados. Com esse público, ela conseguia rapidamente transformar o "estou só dando uma olhada" em uma compra. Ela usava uma tática de desgaste: para qualquer objeção do cliente, ela tinha uma solução alternativa, mesmo que às vezes fosse forçada. E ela não se limitava a falar; se o cliente não rejeitasse de imediato um modelo qualquer, ela nos mandava buscar no depósito no subsolo do condomínio ao lado, trazer a bicicleta ainda na caixa, montar na frente do cliente e deixá-lo experimentar. Às vezes montávamos quatro ou cinco bicicletas para um cliente, até atrasávamos o fechamento da loja em uma ou duas horas (normalmente fechávamos às 21 horas). Os clientes ficavam sem jeito vendo a gente suar a camisa, mas Y continuava firme na persuasão. Eles já tinham alguma curiosidade ou interesse pelo ciclismo, do contrário não teriam entrado na loja; mas, antes de entrar, muitos queriam só "conhecer mais antes de decidir". Y fazia de tudo para ajudá-los a decidir na hora. Ela não gostava de ouvir do cliente um "volto outro dia", a menos que já tivesse recebido um sinal. Ela acreditava que mais da metade das compras era feita por impulso e que, se todo mundo pensasse bem, ninguém comprava nada.

Para falar a verdade, o jeito de trabalhar de Y complementava o meu. Quando ela estava por perto, eu ficava tranquilo. Não gosto de lidar com clientes, mas com Y ali nem precisava. Ela fazia tudo que eu detestava e me colocava para carregar coisas ou arrumar o estoque, que era o que eu gostava. Fora isso, Y era bem desorganizada, largava as coisas em qualquer lugar e depois não achava. Fazia tudo ao mesmo tempo e esquecia o que tinha feito ou falado. Uma vez, ela recebeu o sinal de um cliente, mas estava ocupada e não deu o recibo, combinou tudo verbalmente e esqueceu. Quando o cliente foi buscar a bicicleta, ela não se lembrava de nada. Fomos eu e outro colega que achamos o registro do cartão e conferimos o valor. Y tratava todo mundo como se fosse amigo de infância. Às vezes o cliente até conhecia ela, mas ela não fazia ideia de quem era. Mesmo assim parecia toda simpática, falava pelos cotovelos e quase nunca se entregava. Y era muito ansiosa, mudava de ideia toda hora. Uma vez, ela colocou a etiqueta de promoção numa bicicleta, horas depois tirou, se justificando: "Ninguém vê mesmo, melhor tirar." Horas depois, eu a vi colocando a etiqueta de volta — afinal, quase ninguém entrava na loja, com ou sem etiqueta não faria diferença. Era sempre assim: ia e voltava, atarantada igual formiga em panela quente. Se alguma coisa não dava resultado na hora, ela já achava que tinha algo errado. A gestão emocional dela também era das piores; Y era famosa por isso. Explodia com a gente, depois pedia desculpas, passados alguns dias fazia tudo de novo. Daí pedia perdão outra vez e assim sucessivamente, até esvaziar suas desculpas.

Nesses aspectos, eu era o contrário de Y. Meu jeito é mais tranquilo, não fico agitado com facilidade. Sou organizado, gosto de deixar o local de trabalho arrumado, não consigo trabalhar num ambiente bagunçado. Como eu estava lá para dar uma força, arrumar tudo, acalmar os ânimos e lembrar das coisas, Y acabava rendendo mais também.

Só que, ao contrário de mim, o resto do pessoal da loja — tirando os temporários, talvez — odiava o modo como Y trabalhava e tratava os outros. Eles tinham entrado nessa porque gostavam de bicicleta e, fora do expediente, eram justamente o tipo de ciclista que Y desprezava. Diziam que nunca tinham visto ninguém vender bicicleta daquele jeito. Ser funcionário dela era um inferno, eles se matavam de trabalhar e achavam que era tudo em vão. Detestavam como Y manipulava os clientes, mandava os funcionários buscarem e montarem uma bicicleta atrás da outra. Falavam que aquilo era "ceninha para comover o cliente", um tipo de *hard sell* muito *cheap* (ou seja, uma forçada de barra bem grosseira). E Y lá, só de papo furado, enquanto os funcionários se acabavam de trabalhar. Se o cliente não comprava nada, aí que eles se convenciam mais: Y só sabia criar problema e todo mundo perdia tempo à toa.

Y às vezes nos tratava como clientes, contava vantagem, prometia mundos e fundos e depois voltava atrás. Acabava pegando mal para ela. Na verdade, eu achava que Y nem ligava para essa queimação de filme, por mais que afirmasse o contrário. Dava para prever as consequências de quase tudo o que ela fazia. Y dependia das habilidades profissionais de alguns dos meus colegas. Apesar de ser a dona, no fundo ela era de *sales* (setor de vendas) — o jeito de pensar, as habilidades, a personalidade, tudo nela girava em torno disso. Para ela, a loja era antes de tudo um negócio, e não uma paixão. Não tem nada de errado nisso, o problema é que as pessoas de quem ela dependia — talvez com exceção de mim — estavam no ramo por paixão mesmo.

Quando comecei na loja, Y tinha somente dois funcionários fixos: J e S, os dois mecânicos. Eu me espantei quando soube que eles meio que entendiam e defendiam a minha antecessora, aquela que fugiu com dinheiro do caixa. Para mim, roubar era roubar, uma questão de princípio, mas para eles, Y fazia coisas até piores. Comigo eles foram super gente boa, porque eu também era legal com eles. Não criava caso, não entrava em briga com ninguém, era tranquilo. Mais tarde percebi que aqueles dois foram os melhores funcionários que Y já teve. Depois que eles saíram, os novos contratados deixavam a desejar tanto no aspecto profissional quanto no ético.

Assim que entrei nesse emprego, Y até tentou criar atrito entre mim e J — ela me alertou para não me aproximar muito dele, já que logo deixaria a equipe. J tinha sido técnico da loja da marca, o que praticamente fazia dele um técnico oficial. As lojas e a sede chinesa da marca ficavam em Pudong* e, na época, Xangai era a única cidade no país com duas lojas oficiais. Y ofereceu um salário atrativo para convencer J a se tornar gerente da sua loja.

Mas, para começar, Y já passava o dia inteiro na loja, então nem precisava de outro gerente. Além disso, J não tinha perfil para a função: era muito tranquilo, descontraído, até meio desleixado às vezes. Era, sim, um técnico altamente qualificado, que ainda por cima sabia liderar passeios, fosse pedalando pela cidade ou nas trilhas da região — tinha experiência de sobra nos dois. Nossa marca não podia viver só de vender bicicletas. Mesmo numa cidade de alto poder aquisitivo como Xangai, não dá para vender muitas bicicletas de dezenas de milhares de yuans. E, diferentemente dos celulares, quase ninguém troca de bicicleta todo ano ou a cada dois anos. Por isso, na verdade, o grosso da receita vinha de itens de consumo, acessórios, experiências e serviços. Daí a importância de organizar um ou dois eventos por semana.

Segundo Y, já que ela estava pagando a J um salário de gerente, ele deveria fazer o trabalho de gerente. Esse era o ponto de conflito entre os dois. Quando assumiu a loja, Y estava insegura porque na época não entendia de bicicletas nem estava familiarizada com o setor. Por outro lado, era extremamente otimista e confiante e percebeu que muitos operadores do setor não tinham tino comercial e, em geral, faziam tudo com boa vontade. Ela me disse com desdém que, comparando com a empresa internacional em que trabalhou antes, a administração da sede da nossa marca era muito amadora, desorganizada e ineficiente. Para ela, se estivéssemos num setor mais competitivo, como o que havia trabalhado antes, nossa marca já teria sido esmagada pela concorrência. No ramo de bicicletas, Y estava jogando com pessoas "café com leite", não é?

Por todas essas razões, ela contratou J com um salário alto, esperando que pudesse alcançar bons resultados. Mas Y não previu que, para aquela

---

* Distrito de Xangai onde se concentram as sedes de grandes empresas. [*N. do T.*]

função, a compatibilidade de personalidades e de visões pesaria mais do que a habilidade. Como J não cumpria suas expectativas, ela criava caso com ele, o que, por outro lado, gerava ressentimento em J.

Eu não gostava da maneira como Y queria que eu tomasse partido em seu conflito com J. Claro que nunca disse isso a ela: detesto me envolver em disputas interpessoais, isso me deixa infeliz e prejudica minha qualidade de vida. Preferia que resolvessem suas diferenças entre eles, enquanto eu me mantinha neutro. Essa era minha única opção. Por outro lado, J e S naturalmente me viam como parte do grupo deles, já que eu também era um trabalhador, enquanto Y era a chefe, representante de uma classe fundamentalmente oposta à nossa. Depois do expediente, eu sempre ia comer espetinhos com S e outros colegas mais novos numa lojinha da esquina.

Como a maioria dos chefes, Y não suportava ver um funcionário parado. Se não tinha cliente na loja, ela arranjava alguma coisa para fazermos, como faxina e inventário. Devido a alguns problemas históricos, nosso estoque era extremamente desorganizado e, durante o ano em que trabalhei lá, o depósito mudou de lugar duas vezes. Mais tarde, ela exigiu que fizéssemos inventário toda semana, mas nunca conseguimos cumprir essa tarefa.

Essa é a diferença entre ser liderado por um proprietário e por um gerente profissional: por exemplo, quando trabalhei na loja de conveniência C, desde que eu fizesse meu trabalho corretamente, podia ficar sem fazer nada no tempo restante, a gerente não se incomodava e ela mesma também ficava ociosa. Mas se é o proprietário que lidera a equipe, toda vez que vê alguém à toa, ele já acha que está perdendo dinheiro e invariavelmente manda o funcionário fazer alguma coisa.

Trabalhando no caixa, descobri que o sistema da loja era extremamente desatualizado, com muitos dados redundantes e inúteis. Como se não bastasse, quem entendia daquilo não estava mais lá para explicar.

Com poucos funcionários na loja, a divisão de tarefas no dia a dia era bastante vaga e qualquer um podia operar a caixa registradora. Eu volta e meia tinha de sair do caixa para buscar um produto no depósito, atender a clientes ou acompanhar um teste de bicicleta. Quando a loja estava movimentada, era comum a gente se esquecer de escanear a saída dos produtos vendidos. Além disso, alguns itens como os capacetes tinham o código de barras apenas na embalagem e, depois de serem experimentados pelos clientes, eram muitas vezes guardados nas caixas erradas, criando discrepância entre o código de barras e o modelo do produto. Consequentemente, dava erro na saída do estoque. Nessas situações, Y não só deixava de dar o exemplo, como era a mais prejudicial, porque sempre foi descuidada e desorganizada. Todos esses fatores combinados faziam a caixa registradora ser usada apenas para emitir recibos, enquanto os números de estoque no sistema eram completamente imprecisos.

Nossa escala de trabalho era "996",* o que significa que, em tese, fechávamos às 21 horas. Mas sempre tinha uns clientes que ficavam na loja depois desse horário. Se Y não estivesse, pedíamos para os clientes indecisos voltarem no dia seguinte. Mas com Y ali, se tivesse um único cliente na loja, mesmo que fosse só um velhinho de chinelo e mãos abanando que entrou por acaso, não podíamos fechar. Às vezes eu não sei se Y amava ou odiava aquele trabalho. Parece que algumas coisas que ela fazia eram um jeito de se punir e, de quebra, punir a gente também. Nós, trabalhadores, obviamente não gostamos de fazer hora extra, ainda mais J, S e eu, que somos por natureza desencanados e sem ambição. Nenhum de nós gosta de vendas. Y era a principal vendedora da loja e quando ela dava conta do recado, não recebíamos comissão. Então, pensando pelo lado financeiro, fazíamos hora extra de graça.

Talvez por causa disso, Y dava muita importância para o entrosamento da equipe. Como nossa loja abria de segunda a segunda, ela

---

* 996: Termo popularizado na internet chinesa que descreve um regime de trabalho das 9 horas da manhã às 9 horas da noite, durante 6 dias por semana. [*N. do T.*]

geralmente nos levava para jantar depois do expediente. Naquele ano, comi muita coisa boa com ela; uma vez até fomos a um rodízio de frutos do mar. Caramba, acho que ficava no último andar de um hotel bacana, ou algo assim, e eu lá, naquele ambiente super-refinado com a camiseta de trabalho suada. Sempre fico sem jeito nesses lugares finos, penso que estou passando vergonha e que estão rindo de mim. Às vezes até o olhar dos garçons me incomoda. Então, na verdade, eu não aproveitei muito esses agrados. Depois disso, sempre que Y perguntava onde eu queria jantar, eu respondia: Saizeriya.* A comida deles não chega nem perto de um rodízio de frutos do mar, mas pelo menos lá eu não preciso ficar neurótico, pensando no que os outros vão achar. No Saizeriya eu ficava tranquilo e satisfeito.

Por um lado, Y não suportava nos ver parados e até inventava coisas sem sentido para fazermos, mas, por outro lado, não se importava em gastar dinheiro levando a gente para jantar, na intenção de manter uma boa relação com a equipe. A maioria dos outros gerentes não faz isso. Y era exagerada: exagerava nas cobranças e exagerava nas recompensas; exagerava nas broncas e exagerava nos pedidos de desculpas... enfim, ela nunca sossegava, vivia num estado de agitação permanente. Uma guerreira nata.

Além de Y, J, S e eu, havia alguns funcionários de meio período que vinham ajudar na loja. Um deles era um universitário chamado L, que chegava ao trabalho de BMW. Em Xangai isso não significa que ele era um filhinho de papai, e sim que sua família tinha uma boa condição financeira, nada mais. L era muito competente, tinha bastante conhecimento técnico, era comunicativo, habilidoso e ainda se saía bem em competições amadoras de ciclismo de estrada e triatlo. Y pagou para ele fazer um treinamento de *bike fitting* (ajuste personalizado de bicicletas)

* Rede de restaurantes japonesa conhecida por oferecer pratos da culinária italiana a preços acessíveis. [*N. do T.*]

na sede da empresa, e depois disso ele foi o único técnico de *fitting* da loja por um bom tempo. O tíquete de L era alto, isto é, as vendas dele, em geral, eram de alto valor. Y encaminhava para esse colega os clientes mais especializados ou com orçamento mais folgado, para que ele focasse a venda dos modelos topo de linha. Como L era atleta, ele conhecia melhor o desempenho e os prós e contras de cada modelo. Quando falava com base em sua experiência, os clientes tendiam a confiar mais nele. Já Y se saía melhor lidando com principiantes e leigos no assunto.

Mais ou menos na época em que J saiu, Y contratou D e, mais tarde, W. Pouco tempo depois que W entrou, S também pediu as contas. Depois disso, Y contratou outras pessoas, mas nenhuma ficou muito tempo.

D tinha sido representante farmacêutico numa empresa estrangeira. Por amor ao ciclismo, deixou o emprego com o plano de abrir sua própria loja de bicicletas. De início, Y prometeu torná-lo sócio em algum momento, mas não demorou para ela começar a se sentir insatisfeita com a postura de D no trabalho, então acabou voltando atrás e retirando todas as promessas feitas a ele.

D sentiu que tinha sido enganado por Y e ficou furioso. Depois de cortar relações com a patroa durante o feriado de Ano-Novo de 2014, ele aproveitou que Y não estava em Xangai e furtou algumas bicicletas do depósito num valor total de mais de 40 mil yuans no preço de varejo. Como se não bastasse, ele ainda voltou depois para cobrar as comissões atrasadas, porque sabia que Y não tinha provas contra ele.

Por causa de uma reforma na loja durante aquele feriado, tínhamos transferido todo o estoque para o nosso depósito, que já era pequeno e ficou abarrotado, uma bagunça total. D provavelmente já tinha uma cópia da chave, porque a porta não foi arrombada. Além disso, as bicicletas furtadas não estavam em exposição na loja — uma era de um cliente que já tinha pagado um sinal e outra estava guardada para outro cliente. Por isso, levamos mais de um mês para perceber o sumiço. Para piorar, as câmeras de segurança do prédio só mantinham as gravações por quatorze dias.

Mesmo sem provas, todo mundo sabia que tinha sido D. Primeiro, porque ele já tinha histórico de levar coisas da loja. Segundo, porque ele conhecia bem o depósito e podia entrar e sair de lá sem deixar rastros, levando bicicletas sem ninguém perceber. Terceiro, ele sabia que a loja estava em reforma, que o depósito estava uma bagunça e que Y não estava em Xangai. Era a oportunidade perfeita, dificilmente um estranho teria todas essas informações. Por último, as bicicletas que sumiram eram justamente as que ele mais cobiçava, incluindo duas Colnago Road de marcha fixa (só essas duas valiam mais de 30 mil yuans). D era o único entusiasta de *fixies* da loja, sempre gostou de bicicletas retrô. Ninguém mais se interessaria por aqueles modelos — ele mesmo só colecionava, não usava —, ainda mais considerando que havia itens mais caros no depósito.

Na verdade, antes disso, D e W já tinham desviado equipamentos e peças da loja. Às vezes eles simplesmente pegavam coisas e levavam embora. Outras vezes, diziam que eram brindes para clientes e ficavam com elas. No começo, D nem escondia de mim, como se fosse normal o que ele estava fazendo e eu fosse apoiar. Não contei a ninguém, mas também não facilitei para ele: me fazia de desentendido, como se não percebesse que ele estava furtando, e só pedia para ele acertar as contas das mercadorias que tinha pegado. Depois disso, ele entendeu o recado: eu não queria me envolver, mas também não ia impedi-lo. A partir daí, ele passou a agir escondido. Já W fazia uns trabalhos por fora na loja. Alguns clientes conhecidos o procuravam para consertar ou fazer a manutenção das bicicletas e ele embolsava o dinheiro. Basicamente, era desvio de recursos.

J e S sabiam o que D e W andavam fazendo. Não participavam, mas também não se opunham. Tirando a questão ética, D e W eram pessoas de fácil convivência no dia a dia: W tinha um jeito despreocupado e espontâneo, já D era gentil e divertido. Além disso, J, S, D e W tinham em comum a paixão por bicicletas, então sempre tinham assunto para conversar. Para J e S, D e W eram mais próximos e mais dignos de compaixão do que Y. Por isso, assim como eu, eles não contaram nada nem impediram o que estavam fazendo. Imagino que eles também pensassem o mesmo da funcionária que tinha fugido antes de mim.

Durante o tempo em que trabalhei com D, participamos juntos de um treinamento básico da empresa no Parque de Alta Tecnologia de Zhangjiang e também fomos a Xiamen para a conferência anual de encerramento e lançamento de novos produtos da nossa marca, com todas as despesas pagas por Y. Nessa viagem a Xiamen, ficamos num hotel de luxo e comemos muito bem. Além das reuniões, D e eu aproveitamos para visitar a ilha de Gulangyu e a rua das comidas típicas de Taiwan, onde experimentamos vários lanches com frutos do mar. Tinha gelatina com insetos, omelete de ostras, sopa doce com amendoim e bolinhos de peixe com recheios não identificados. A maioria tinha um gosto difícil de descrever, mas era impossível esquecer depois de provar.

Nunca denunciei D e W, mas não foi por amizade. Afinal de contas, eu era apenas um faz-tudo na loja, não uma peça indispensável. Todos os colegas já estavam unidos contra Y — eu provavelmente era o que menos desgostava dela, porque ganhava mais nesse emprego do que no anterior e o trabalho era mais interessante. Se eu contasse para Y, seria desprezado e isolado pelos colegas e não conseguiria continuar no emprego.

Apesar dos seus defeitos, D era o único na loja que cuidava do cachorro de Y. O cachorro se chamava Lucky (não precisa usar pseudônimo para ele) e, na época (2013), tinha apenas um ano. Era muito agitado e brincalhão. Quase todos os dias apanhava de J, S e W, às vezes até se mijar. Lucky foi abandonado na porta da loja logo depois de nascer e Y o adotou. Era um vira-lata de orelhas caídas, pelo curto cor de caramelo, barriga e patas brancas, focinho estreito e alongado. Tinha a cintura fina, o corpo parecido com o de um cão de caça. Corria tão rápido que eu não conseguia alcançar.

Lucky (que significa "sortudo") tinha o nome errado porque era muito azarado, pelo menos naquele ano, diante de uma equipe de funcionários exaustos, ressentidos e cheios de queixas. Já era um pecado imperdoável ser o cachorro da patroa, e ele ainda por cima vivia causando confusão. Seu destino era previsível. Mas D nunca bateu em Lucky; pelo contrário, ele sempre lhe trazia alguma coisa para comer e às vezes até se oferecia para levá-lo para passear.

Eu também nunca bati em Lucky, só não conseguia gostar dele. No máximo, expressava minha insatisfação com os colegas que batiam no cachorro através de posts indiretos nas redes sociais. Sugeri a Y que encontrasse alguém para adotar Lucky e ela concordou. Fui perguntar a várias pessoas, mas ninguém se dispôs. Afinal, ele não era de raça e eu conhecia pouca gente, muito menos em condições de criar um cão. Como eu dormia na loja, a responsabilidade de passear com o cachorro acabou ficando comigo. Todas as noites, depois de fechar, enquanto todo mundo ia para casa, eu ainda tinha de fazer o balanço do dia e depois levar Lucky para passear, vê-lo marcar território orgulhosamente e recolher suas fezes quentes com jornal. Eu me sentia mais miserável do que um cachorro. Quando terminava tudo, já eram 23 horas ou meia-noite e eu sentia que não tinha mais tempo nem liberdade pessoal.

Morei na loja por seis meses, até que W também se mudou para lá. Não gosto de dividir espaço com outras pessoas, então logo fui para outro lugar. Através de uma imobiliária, encontrei um quarto no Residencial Yishi, ao sul do Estádio de Xangai. O apartamento tinha cinco quartos, cada um ocupado por uma pessoa, com sala e banheiro compartilhados, mas sem cozinha. O aluguel era de 1.800 yuans, quantia que eu já conseguia pagar com meu salário. Meu quarto ficava voltado para o nordeste, com vista para o viaduto da via expressa e, do lado de lá, o Estádio de Xangai.

Durante esse período, gostava de correr ao redor do estádio nas horas vagas, geralmente fazia 10 quilômetros por vez. Uma vez cheguei a correr meia maratona, 21 quilômetros. Também gostava de visitar o supermercado Lianhua no estádio. Nos dias de folga, costumava passar o tempo na IKEA, que ficava a poucos metros de distância e tinha ar-condicionado. Gostava de me aconchegar nos sofás da IKEA para tirar um cochilo. No começo, ninguém se importava, mas depois os capitalistas tiraram suas máscaras de hipocrisia e começaram a mandar seguranças nos acordarem. Como quem finge dormir não acorda, sempre acabavam despertando os que estavam dormindo de verdade, como eu. Embora não comprasse móveis, costumava comprar a promoção de Absolut Vodka no supermercado da IKEA, que incluía uma garrafa de vodka e uma de suco por cerca de 100 yuans. À noite, enquanto bebia e admirava a movimentada paisagem noturna da janela do meu quarto, eu sentia uma tremenda paz interior. Claro, podia ser apenas o efeito do álcool me deixando mais lento.

Quando morava na loja, tirava um dia de folga por semana, geralmente entre segunda e sexta-feira. Se ficasse na loja nesse dia, Y invariavelmente me chamava para ajudar, então saía sempre que tinha folga. Nessa época, visitei muitos lugares na região de Xangai, como Suzhou, Hangzhou, Wuxi, Zhouzhuang, Wuzhen e Xitang, geralmente em excursões de um dia com grupos de turismo. Saíamos às 7 da manhã do Centro de Turismo de Xangai, ao sul do estádio, e eu era o único jovem no meio de vários idosos. Lembro que as excursões eram bem baratas, custavam só algumas dezenas de yuans, com almoço incluído. Visitávamos algumas lojas no caminho, mas os guias não faziam pressão para comprar nada — eu geralmente comprava algumas comidas típicas baratas.

Além das excursões, gostava de explorar os subúrbios de Xangai de metrô. Lembro-me de uma vez que fui ao Zuibaichi e ao parque Fangta em Songjiang, onde passei o dia inteiro. Também visitei Thames Town em Songjiang New City, que tem um lago e uma igreja, onde vi vários casais de noivos tirando fotos de casamento. Fui a um restaurante no Jardim Guyi em Jiading para comer *xiaolongbao*.* Claro que também visitei lugares no centro, como o Jardim Yuyuan, o Bund, a rua Nanjing e a praça do

* Pãezinhos macios cozidos no vapor e recheados de carne ou verduras, um lanche típico de Xangai. [*N. do T.*]

Povo. Esses passeios, recomendados pelos colegas, me ajudavam a passar o dia e deixaram boas memórias como recompensa.

Além das cidades vizinhas e dos subúrbios de Xangai, um dos meus lugares favoritos era o parque Fuxing, que ficava a uma curta caminhada da loja. O parque tinha uma casa de chá ao ar livre, que eu nunca experimentei. Via que os frequentadores eram idosos, enquanto eu estava na idade de trabalhar duro e contribuir o máximo possível para a sociedade, então eu tinha vergonha de ficar sentado tomando chá no parque. Preferia me sentar num banco de madeira ao lado dos canteiros de flores para ler e às vezes até tirava um cochilo. Sempre levava repelente de mosquitos, então podia ficar até escurecer sem problemas. No parque Fuxing, já vi estrangeiras de biquíni e shorts curtinhos, com corpo de modelo e rosto bonito, tomando sol na grama. Ficava admirado, mas para preservar o decoro, nunca olhava diretamente para elas, nem mesmo quando passava perto. O mais surpreendente era que os idosos ao redor também não pareciam notar, ninguém parava para olhar. Sinal de que Xangai é uma cidade cosmopolita, onde as pessoas já estão acostumadas a ver de tudo.

Como precisava vender bicicletas, acabei tendo de pedalar também. Não tive a chance de participar de atividades de mountain bike, mas fui a muitos passeios de ciclismo de estrada. Nos eventos da loja, eu pedalava uma bicicleta de quadro de alumínio da nossa marca. Quando saía sozinho, usava uma bike de corrida montada, bem antiga. Ambas eram modelos básicos que Y disponibilizava para nós. Eu nem tocava nas mais caras, as que eu não tinha condições de pagar, porque era difícil evitar as quedas, principalmente depois que comecei a usar sapatilha de ciclismo. Numa dessas, machuquei o rosto, a ferida infeccionou e passei vários dias com a boca inchada, foi o maior vexame.

Eu costumava pedalar sozinho pela avenida Longteng, que não ficava muito longe da loja. O que hoje é a ponta sul do parque Xuhui Binjiang, na época era um ponto de encontro de ciclistas. À noite, ciclistas de várias tribos e motociclistas de alta cilindrada se reuniam ali para conversar, socializar e se divertir. Já morei em Pequim, Xangai e Cantão — as três maiores cidades da China — e posso dizer que Xangai é a que tem a cultura de ciclismo mais forte, o melhor ambiente para pedalar e o maior número de ciclistas, embora ainda nem se compare com a Europa ou os Estados Unidos.

Y sempre queria me convencer a comprar uma bicicleta, dizia que me venderia pelo preço de custo, porque achava que sem uma bicicleta própria eu não ficaria no emprego por muito tempo. Mas, mesmo pelo preço de custo, o valor correspondia a pelo menos um mês do meu salário, sem contar as despesas com upgrades e acessórios. Um gasto tão grande comprometeria minha sensação de segurança financeira, por isso acabei não comprando.

Antes do Ano-Novo chinês de 2014, recebi uma notificação da imobiliária dizendo que o apartamento onde eu morava seria tomado pelo banco, então precisei encontrar um novo lugar com urgência. Eu me mudei para um condomínio na rua Lingling. O apartamento tinha apenas dois quartos e o outro inquilino era um corretor de imóveis, que também era meu sublocador. O meu aluguel custava 2.300 yuans e Y se ofereceu para me dar um subsídio de 500 yuans por mês para ajudar com o aumento das despesas. No entanto, não me dei bem com o sublocador. Normalmente, em apartamentos compartilhados, não se deve trazer ninguém de fora para pernoitar, seria injusto com os outros moradores. Não se trata de uma regra escrita, mas, numa cidade civilizada como Xangai, a maioria dos inquilinos entende e respeita esse combinado. Só que meu sublocador trouxe dois colegas para morar com ele sem me avisar. Não sabia por quanto tempo eles ficariam e, depois de cerca de duas semanas, tivemos uma briga por causa disso. Os dois logo se mudaram, mas a partir daí a convivência em casa ficou esquisita.

Na loja de bicicletas, J e S já haviam se demitido nessa época. D e W mantinham certa distância de mim para poder surrupiar mercadorias pelas minhas costas. Mesmo que eu não os denunciasse, enquanto eu não furtasse também, os dois nunca me considerariam parte do seu grupo. Além disso, D e W não tinham nem a integridade, nem a competência de J e S, que eram pessoas honestas e diretas. J era um mecânico experiente que gostava de todos os tipos de bicicleta: corrida, mountain bike e urbanas. S era um nerd da tecnologia que gostava mesmo era de mexer nas bicicletas, mais do que de pedalar. Ele era um "*mountain roadie*", alguém que andava de mountain bike nas ruas só por diversão. Eram pessoas simples com quem eu me sentia mais à vontade. Já D e W eram mais safos, pareciam gente que vive da esperteza. D gostava de bicicletas de corrida retrô de quadro fino e era um entuasiasta das *fixies*. Ele até tinha alguma habilidade manual, mas não chegava ao nível de um mecânico, especialmente com mountain bikes. W era um mecânico inexperiente, sem muita prática, que teve uma loja de bicicletas em sua cidade, mas veio a Xangai para trabalhar e melhorar suas habilidades depois que o negócio não deu certo. Quando chegou, aprendeu com J e S. Para ser justo, eles não são pessoas ruins. Na minha experiência, estão na média e, para a maioria dos ciclistas, são até mais gente boa do que Y.

Depois que D e W saíram — D brigou com Y e W foi demitido por desobedecer a ordens e confrontar Y —, os novos funcionários que Y contratou tinham problemas e alguns também furtavam. Y chamou S, que estava sem emprego e passava muito tempo em casa desde que se demitiu, para ajudar na loja durante alguns meses antes de sair novamente. S era simples, focado em tecnologia, e Y gostava dele porque seu salário era muito menor do que o de J, então a patroa fazia de tudo para mantê-lo na equipe.

Nessa época, eu já era o funcionário mais antigo da loja, apesar de estar lá havia apenas um ano. Y me perguntou em particular se eu gostaria de ser promovido a gerente trainee. Mas, lembrando do que aconteceu com J, recusei imediatamente. Na verdade, eu não conseguiria controlar ninguém da equipe da loja. Nem eu, nem Y tínhamos conhecimento técnico, só alguma teoria e zero habilidade prática. Nossa gestão sempre dependeria de algum técnico. Pelo que sei, quando um leigo tenta mandar num especialista, geralmente dá zebra — e nesse aspecto, eu e Y não nos complementávamos. Além disso, o jeito de Y lidar com as coisas quase sempre gerava atrito com os novos funcionários e já havia problemas surgindo. Com minha tendência a ser bonzinho, era previsível que a colaboração se tornaria mais difícil e desagradável — eu ficaria preso entre os dois lados em conflito e cada dia duraria uma eternidade.

O que me deixava mais triste era que Y era muito esforçada, não dormia mais do que quatro ou cinco horas por noite e se dedicava ao trabalho como se estivesse sob efeito de algum estimulante. Apesar disso, os funcionários estavam sempre contra ela, não importava quantos jantares ela oferecesse. Muitos dos que batiam de frente com ela não eram pessoas ruins ou difíceis de lidar. Como sua loja ficava na mesma cidade da sede da empresa, ela sempre ia até lá para resolver questões diversas e defender seus direitos. Assim, ouvi de mais de uma fonte que o pessoal da sede ficava com dor de cabeça só de vê-la chegar. Sua reputação não era das melhores nem na empresa, nem no meio do ciclismo. Por causa do seu jeito excessivamente proativo e dinâmico, diziam que ela era gananciosa e só pensava em dinheiro; como ela via a loja apenas como um negócio, falavam que ela não pertencia ao meio do ciclismo, que era só uma empresária intrusa, uma capitalista. Mas ela não era rica; ralava para ganhar seu dinheiro e não tinha nascido em berço de ouro. Considerando tudo isso, naquela época eu era útil a Y porque, assim como ela, eu não era ciclista, então não tinha preconceitos contra ela. Conseguíamos conversar de maneira estritamente comercial, sem misturar sentimentos pelo ciclismo, focando os meios de enfrentar a concorrência. Além disso, meu jeito obediente e dedicado no trabalho tornava nossa parceria muito mais tranquila. Apesar de tudo, como já disse antes, esses aspectos positivos não foram tão decisivos quanto os negativos. Ela acabava se envolvendo em conflitos com todo mundo, e eu estava aos poucos sendo pego no meio, prestes a desagradar os dois lados.

As ideias de Y eram às vezes complexas, às vezes bem ingênuas, a ponto de me deixar sem saber o que dizer. Por exemplo, uma vez ela me sondou perguntando se eu pensava em procurar outro emprego. Respondi que não, só se eu decidisse me mudar para outra cidade. Depois disso, ela começou a me incentivar a arranjar uma namorada em Xangai, e até tentou discretamente arrumar alguém para mim...

Entre a primavera e o verão de 2014, pedi demissão a Y e saí de Xangai. Ela tentou me convencer a ficar, prometeu várias coisas, mas eu sabia que Y não deixava claro o que exigiria em troca quando fazia essas promessas, e isso abriria espaço para que voltasse atrás no futuro. Além do mais, mesmo que eu estivesse disposto a me sacrificar, minhas habilidades não eram suficientes para lidar com a situação que o negócio dela enfrentava. Talvez o melhor para ela fosse encontrar uma maneira diferente de operar, buscar um parceiro que entendesse da parte técnica.

Já tive muitos empregadores e deixei muitos empregos, e minha experiência em Xangai, de certa forma, apenas reiterou meu histórico profissional. Não sei o que fazer para melhorar e sempre acabo na mesma situação. Algumas características minhas fazem com que a maioria dos empregadores goste muito de mim, mas depois de um tempo me sobrecarregam até eu não aguentar mais e pedir as contas. Um trecho de uma reflexão que postei nas redes sociais naquela época talvez sirva bem como conclusão desta parte:

> *"A vida é uma espiral ascendente"... não sei quem foi o primeiro a dizer isso, mas é realmente uma imagem muito vívida. Só faltou mencionar que a ascensão é mínima e bem vagarosa. A vida é uma sequência de repetições, as pessoas com quem nos relacionamos também se repetem, só mudam de nome e aparência. Na verdade, o que chamamos de personalidade não existe de forma fixa; o que temos são as relações entre indivíduos. Por exemplo,*

você arruma uma namorada e, aos poucos, percebe que ela está cada vez mais parecida com a anterior. Se você se espanta com isso, provavelmente está equivocado: não é que as duas namoradas sejam parecidas, mas sim que ambas estão cumprindo o papel de "namorada", e esse papel as molda, revela aspectos em comum. Atores diferentes que interpretam o mesmo personagem em filmes diferentes certamente terão muitas semelhanças em suas atuações. Ao se dar conta disso, é possível afirmar com bastante segurança que a próxima namorada não será muito diferente da atual. Desde o seu primeiro namoro você já está se relacionando com a última namorada. Você começa num novo emprego, conhece novos chefes e colegas e, nem preciso dizer, logo eles se transformarão em antigos chefes e colegas. Você já consegue prever como vai ser tratado, antecipar as experiências que vai ter, porque eles são apenas atores na peça da vida. Então finalmente você compreende a estrutura do mundo: esses indivíduos formam círculos com você no centro, e o raio de cada círculo é a relação que esses indivíduos mantêm com você. Naturalmente, pode haver vários círculos sobrepostos num mesmo raio, não se trata de um conjunto de figuras planas, mas de um corte transversal da vida em espiral ascendente. Não é à toa que invejamos os de mente simples; o olhar deles não vai além das aparências, os pensamentos não alcançam a essência das coisas. Para eles, cada dia vivido é um dia inteiramente novo, cada pessoa que se conhece é um completo estranho. Experimentam as mesmas dores e alegrias inúmeras vezes, e cada vez é como se fosse a primeira.

15 de julho de 2021

IV

OUTRAS OCUPAÇÕES

1. Do primeiro ao oitavo empregos

Já não sou como na juventude, não vivo mais naquela ânsia constante de provar meu valor aos outros a ponto de me prejudicar deliberadamente, tudo por medo de que me vissem como impostor. Porque me dei conta de que o impulso de agradar a todos é irracional e fútil. Cada pessoa mede os outros por si mesma — não há meio de convencer uma pessoa falsa de que você está sendo sincero. Em contrapartida, não há necessidade alguma de provar sua sinceridade para uma pessoa sincera.

Meu primeiro emprego foi como atendente de hotel. Eu ainda era estudante e minha escola oferecia um programa de estágio em hotelaria. Apesar de não ser um emprego formal, fazíamos exatamente o mesmo trabalho que os funcionários efetivos. Lembro que o salário era de 600 yuans, provavelmente já incluindo o desconto que a escola fazia da sua parte. Era num hotel quatro estrelas. Do nosso ano, duas turmas participaram, somando uns trinta ou quarenta alunos. No início, fui colocado no setor de banquetes. Mais tarde, descobri que o melhor departamento para um atendente era o de *concierge*, seguido pela governança; nesses dois, dava para receber gorjetas. No setor de banquetes, além de não ter gorjeta, o trabalho era mais puxado. Mas eu não ligava para isso na época. Para mim, era uma experiência nova e interessante, que, de certo modo, satisfazia minha curiosidade e minhas ideias sobre o mundo "lá fora". Eu não gostava de estudar nem era bom nisso, me sentia sufocado na escola e não tinha o menor interesse pela maioria das matérias. Não via problema nisso, já que quase todos os meus colegas eram como eu: não gostavam nem se saíam bem nos estudos. Mesmo assim, minhas notas estavam entre as três melhores da turma. Durante o estágio no hotel, porém, percebi que a maioria dos meus colegas também não gostava de trabalhar. E eu, por outro lado, até que gostava. Pelo menos, mais do que eles.

Eu me lembro de uma vez que estávamos desmontando o salão de banquetes, carregando as cadeiras. Como eu estava pegando várias cadeiras de uma vez, alguns colegas vieram me zoar. Disseram que o trabalho nunca acabava, que, quanto mais rápido eu trabalhasse, mais trabalho eles iam me dar e que, de qualquer jeito, eles não iam me deixar ficar parado até a hora de ir embora. Na verdade, estavam chateados comigo porque, vendo como eu me esforçava, o supervisor cobrava o mesmo ritmo deles. Pensando bem, imagino que eles já deviam reclamar de mim pelas costas antes disso. Naquela época, eu era mais ingênuo, tratava todo mundo bem e gostava de agradar, então fazia o que me mandavam e, depois daquilo, passei a evitar trabalhar demais na frente deles. Foi só um detalhe, não fiquei chateado nem incomodado. Aos 20 anos, eu ainda não era tão sensível às entrelinhas dos relacionamentos, isso veio depois. Passados tantos anos, ainda me lembro dessa cena porque tive várias experiências parecidas depois dela. Elas foram se acumulando, aos poucos foram fazendo efeito, me influenciando, me transformando, me fazendo achar cada vez mais difícil lidar com as pessoas.

O estágio durou seis meses. Fiquei uns dois meses no departamento de banquetes e depois quatro no restaurante ocidental. O departamento de banquetes, como o nome diz, era responsável por organizar banquetes. Tínhamos dois salões grandes e algumas salas menores. As salas menores eram para uma mesa só, como salas privativas dos restaurantes. Em cada um dos dois salões grandes cabiam de vinte a trinta mesas. Como o hotel tinha participação estatal e era vinculado à prefeitura, os vários departamentos do governo municipal usavam os salões com frequência para eventos. Além disso, algumas empresas alugavam os salões para lançamentos de produtos ou promoções. Usávamos mesas e cadeiras diferentes para cada evento, então tínhamos de ficar arrumando e desarrumando os salões o tempo todo. Arrumar e desarrumar significava trocar dezenas de mesas, centenas de cadeiras e centenas de conjuntos de pratos, copos, tigelas e talheres. Tirávamos os tampos redondos das mesas, de 2 metros de diâmetro, e os apoiávamos no chão — com uma mão, a gente segurava a borda da mesa para ela não tombar; com a outra, rolava o tampo devagarinho até o depósito. As cadeiras eram empilhadas e depois levadas em carrinhos no formato L. Também tinha um truque para trocar as toalhas: juntar o tecido todo nas mãos e jogar sobre a mesa como se estivesse lançando uma rede de pesca. No fim das contas, nunca aprendi esse truque. Como éramos estagiários e iríamos embora em poucos meses, os funcionários não queriam perder tempo nos ensinando. Fazíamos as tarefas mais simples, como arrumar os pratos e talheres, carregar mesas e cadeiras etc. Lembro que arrumar as mesas para eventos da prefeitura era um trabalho minucioso. Trabalhávamos em duplas, esticando um fio de náilon para alinhar perfeitamente as mesas, cadeiras, pratos, copos, tudo, em filas e colunas impecáveis, sem a menor assimetria. Nos banquetes comuns, depois de arrumar as mesas, íamos para a cozinha ajudar a servir ou ficávamos no salão para atender os convidados.

Depois, me transferiram para o restaurante de cozinha ocidental, que ficava numa ponta do terceiro andar do hotel — o restaurante chinês ficava na outra ponta do mesmo andar, e o departamento de banquetes, no quarto andar. O restaurante ocidental tinha o tamanho de um dos grandes salões do quarto andar, talvez fosse um pouco menor, e o movimento também não era grande. Mas, por ter menos funcionários, acabávamos trabalhando mais. O restaurante ocidental servia buffet no almoço e no jantar, e chá da manhã e da tarde junto com o restaurante chinês. Ou seja, trabalhávamos em quatro turnos por dia. Além disso, também éramos responsáveis pelo serviço de quarto 24 horas, então os garçons homens se revezavam no turno da madrugada. Eu gostava do turno da madrugada porque não tinha chefe, era tranquilo e o trabalho não era pesado. O serviço de chá cantonês não se limita ao chá em si, o principal são os pratos de *dim sum.** Os clientes do chá da manhã eram, em sua maioria, idosos, eles não comiam muito nem gastavam muito, só queriam passar o tempo. Mas, aos sábados e domingos, o chá da manhã era uma loucura, com casa cheia e fila de espera. Já o chá da tarde atraía todo tipo de gente: executivos em reuniões de negócios, gente cansada de bater perna nas lojas, amigos que combinaram de se encontrar etc. Diferentemente do que costumava acontecer, nosso restaurante ocidental era administrado pelo próprio hotel, não era terceirizado. Como ficávamos no terceiro andar, o movimento não era tão grande quanto o dos restaurantes na rua. Naquela época, não existia smartphone, nem mesmo celular comum era tão popular, a propaganda era boca a boca de verdade, não era a nota facilmente manipulável nos aplicativos. Então a maioria dos nossos clientes eram moradores ou trabalhadores da região, além dos hóspedes do hotel.

Apesar do nome, nosso restaurante ocidental não era lá muito ocidental. Se um cliente quisesse um bife, por exemplo, não tinha. Tínhamos batata frita, espaguete à bolonhesa, que eram pratos ocidentais de fato, mas também tínhamos macarrão *udon*, que é japonês, yakissoba cantonês, arroz colorido e outros pratos locais. Era uma mistureba, na verdade. De toda forma, nossos buffets de almoço e jantar não tinham muito movimento. Dava para dizer que éramos desconhecidos e tínhamos poucos clientes. Mesmo assim, nosso gerente, que também era apenas um funcionário, não parecia se importar. Sempre sobrava comida do buffet. Apesar de ficar ressecada após umas duas ou três horas parada nas cubas de inox, era uma comida feita com bons ingredientes e ainda cheirava bem, seria uma pena jogar fora. Então pegávamos as coisas mais gostosas para comer, alguns até levavam marmita para casa. Mas, mesmo depois de comer à beça, ainda íamos para o refeitório dos funcionários no final do dia porque o hotel oferecia uma refeição de graça. No refeitório, sempre encontrávamos os colegas do *concierge* e da governança. Vendo que

* Petiscos servidos em pequenas cestas, geralmente cozidos no vapor ou fritos. [*N. do T.*]

nossa comida era muito melhor do que a do refeitório, às vezes pediam para levarmos um pouco para eles no dia seguinte. Aí rebatíamos com a pergunta: "E as gorjetas que vocês recebem? Vão dividir com a gente?" Eles ficavam furiosos. Mas também tínhamos alguma chance de receber gorjetas. Por exemplo, quando levávamos refeições para os quartos. O serviço de quarto era mais frequente à noite, por isso eu gostava ainda mais do turno da madrugada. Geralmente éramos três pessoas nesse turno: um cozinheiro para preparar a comida e dois garçons para atender o telefone, anotar os pedidos, buscar a refeição na cozinha, levar para os quartos e receber o pagamento. Quando não tinha pedido, passávamos o tempo conversando e dobrando os guardanapos de papel para o turno do dia. De madrugada, os pedidos diminuíam bastante e até dava para revezar num cochilo.

Após os seis meses de estágio, podíamos escolher entre ser efetivados ou sair, e a maioria optou por sair. Ainda me lembro que a chefe do departamento de recursos humanos tinha o sobrenome Pan. Todos a chamavam de diretora Pan, não de gerente Pan, porque o hotel tinha sido estatal e os títulos nunca foram atualizados. A diretora lamentou minha saída. Ela costumava circular pelo hotel observando os estagiários e tinha uma boa impressão de mim, mas eu não me dava bem com o gerente do restaurante ocidental. Eu o achava um tipo meio malandro, às vezes falava muita baixaria. Além disso, alguns dos meus colegas se esforçavam tanto para cair nas graças dele que chegavam quase à bajulação. Não que isso lhes rendesse alguma vantagem — ele era só um gerentezinho de restaurante, sem poder nenhum —, ele no máximo daria um tratamento preferencial na hora de distribuir as tarefas, se isso de fato acontecesse. Mas meus colegas pareciam achar que adular os superiores era uma lição fundamental para a vida em sociedade. Isso me revoltou — na verdade, eu desprezava esses colegas, mas direcionava minha antipatia para o gerente, como se os colegas estivessem enfeitiçados por ele. Mas na prática aquele gerente nunca tinha feito nada para me prejudicar, e, no fim das contas, não era ele quem controlava a atitude subserviente dos meus colegas. Mesmo assim, eu o tratava com frieza, não lhe dava importância e muitas vezes expressava para os outros meu desdém e minha antipatia por ele. Eu era imaturo demais naquela época.

Meu segundo emprego foi como vendedor na loja de roupas de um empresário de Hong Kong. A loja ficava num ótimo ponto do calçadão e vendia roupas de uma marca coreana alternativa chamada Moon Goon. As peças eram geralmente pretas, brancas ou vermelhas, com uma estampa tribal de labaredas em forma de ramos e um logotipo em letras góticas. Os preços eram bem altos para a época, uma camiseta custava 200 ou 300 yuans. O empresário importava as roupas da Coreia e, paralelamente, mandava um sócio que ele tinha em Dongguan* copiar os modelos. Então metade das roupas da nossa loja era original, e metade era falsificada. As falsificações tinham uma qualidade muito inferior às originais. A diferença não estava na costura, mas principalmente no material. Com o tempo, aprendemos a identificar só de bater o olho quais peças eram "made in Korea" e quais eram "made in Dongguan". Mas era uma marca de nicho, não tinha a menor fama na China, a maioria dos clientes nem sequer tinha ouvido falar, e muito menos sabia distinguir entre a original e a falsificada. E, para eles, que diferença isso faz se ninguém conhece aquela marca?

Fui um dos primeiros contratados quando a loja abriu, mas logo percebi que não levava jeito para vendas. Quando atendia aos clientes, só ficava ali respondendo — eles perguntavam, eu respondia, pediam algo, eu ia buscar, sem conseguir guiar a conversa ou convencer ninguém. Era como se me faltasse aquela garra de persistir até conseguir o que queria. Eu desistia fácil, tinha medo de pedir as coisas, medo de levar um não. Quando percebia alguma resistência no cliente, já não conseguia continuar tentando convencer. Pela lógica, deveriam ter me mandado embora,

* Cidade industrial do sul da China, um dos maiores centros mundiais de manufatura, especialmente nos setores têxtil e eletrônico. [*N. do T.*]

já que eu era o que menos vendia. Além de ter dificuldade para fazer os clientes comprarem, eu não conseguia disputar cliente com os colegas. Se entrava alguém na loja quando eu e outro vendedor estávamos livres, eu sempre deixava o colega atender primeiro. Não gostava de criar caso com ninguém, muito menos de brigar. Em contrapartida, me dava bem com todo mundo na loja, todos gostavam de mim, porque eu não competia por nada e era educado. Conseguia até manter amizade com diferentes grupinhos que não se davam bem entre si. Na cabeça deles, eu devia ser um sujeito esquisito, mas inofensivo, alguém sem ambição nenhuma, ou talvez só um bobo que não sabia o que estava fazendo ali.

Mas a gerente não me mandou embora. Pelo contrário, acho que eu era o funcionário de quem ela mais gostava. Vendo que eu não era bom de vendas, me transferiu para o estoque, então a funcionária que cuidava do estoque passou a trabalhar mais nas vendas, e ela vendia muito melhor que eu. Foi bem nessa época que o governo começou a exigir seguro social obrigatório, e a loja decidiu registrar cinco funcionários só para atender à fiscalização. A gerente me escolheu, logo eu, que era o funcionário menos capacitado — fiquei até sem jeito com isso. Percebi que alguns colegas não gostaram nada da história. Pensando que ainda ia ter de trabalhar com eles, não quis arranjar mais problema, muito menos criar confusão. Então agradeci, mas recusei a oferta da gerente, dizendo que isso podia prejudicar a união da equipe.

Isso foi há vinte anos. Na época, eu não tinha a menor noção dos meus direitos. Meus pais só me ensinaram a ser legal com as pessoas, nunca me disseram que eu também tinha de defender meus interesses. Hoje em dia, eu não seria burro a esse ponto, aceitaria sem hesitar. É um direito trabalhista fundamental, não um favor do patrão. Se os colegas reclamassem, o problema seria entre eles e a empresa, não entre mim e eles. Se estivessem reclamando para a pessoa errada, eu os avisaria, numa boa. É uma lógica tão simples, mas que eu não conseguia entender naquela época. Talvez porque ninguém nunca tivesse falado sobre isso comigo. Meus pais nunca tocaram nesse assunto. Eles trabalharam a vida inteira em empresas estatais, não entendiam nada de economia de mercado. Viviam reclamando que a escola não nos arrumava emprego depois da formatura. Quando falavam de algum colega de trabalho que investia na bolsa de valores, o tom de voz era de reprovação, como se a pessoa tivesse se corrompido, se envolvido em alguma atividade ilegal e especulativa.

Entretanto, o nível de percepção individual está muito ligado ao nível de percepção da sociedade como um todo. Quando a sociedade se preocupa e discute certas questões, o indivíduo naturalmente se inspira, desenvolve seu pensamento e amplia sua compreensão. Mas naquela época de informação relativamente limitada, quando a internet ainda não estava disseminada, nossas discussões sobre muitas questões que nos afetavam diretamente se restringiam às pessoas próximas. Acontece que minha família era de fora, meus pais não eram naturais da região, nem tínhamos parentes ali. Além disso, eles sempre tiveram um temperamento reservado. Principalmente meu pai, que veio do campo e não se adaptou à vida na cidade, nem sequer tinha um amigo próximo no trabalho. Na época do Ano-Novo chinês, quase não tínhamos ninguém para visitar. Geralmente só fazíamos visitas rápidas a um ou dois colegas de trabalho da minha mãe perto do Festival das Lanternas,* quando só sobravam os doces menos gostosos nas caixas. Assim, quando entrei no mercado de trabalho, eu era mais ingênuo, imaturo e lerdo do que meus colegas. Na época de escola, todos éramos iguais; o estudante que eu era não tinha nada a ver com a pessoa que me tornei depois. Assim que comecei a trabalhar, percebi a mudança nos meus colegas, e essa diferença foi aumentando e se aprofundando com o tempo. Era como se eu não conseguisse realizar aquela transformação que para eles parecia tão

* Na primeira semana do ano, existe o costume de visitar parentes e amigos. O Festival das Lanternas, celebrado quinze dias depois do Ano-Novo chinês, encerra as festividades dessa temporada. [*N. do T.*]

natural. Nunca entendi como conseguiam fazer aquela metamorfose de estudante para adulto com tanta naturalidade — já deviam ter um adulto dentro de si enquanto ainda eram alunos. Então, quando começaram a trabalhar, bastou descascar suavemente a pele de estudante e a transformação estava completa. Já eu, quando era aluno, tinha só um aluno mesmo dentro de mim. Como uma cebola que, por mais que seja descascada, continua sendo uma cebola, nunca vão sair dali os gomos doces e suculentos de uma tangerina.

Se me estendo tanto nestas explicações, é por receio de que o leitor de hoje não compreenda por que eu era tão burro naquela época. Agora, até eu mesmo considero quase inacreditável a minha burrice de então. Ter que explicar ao leitor cético que eu era tão tapado me causa profundo constrangimento. No entanto, comparado àquela época, me tornei praticamente um cara de pau. Por exemplo, hoje sou capaz de pensar que aquela loja de roupas estava me recompensando e não apenas cumprindo uma obrigação legal, e que eu era plenamente merecedor. Como podem perceber pelo que estão lendo, agora falo bem de mim no texto sem a menor cerimônia. Já não sou como na juventude, não vivo mais naquela ânsia constante de provar meu valor aos outros a ponto de me prejudicar deliberadamente, tudo por medo de que me vissem como impostor. Porque me dei conta de que o impulso de agradar a todos é irracional e fútil. Cada pessoa mede os outros por si mesma — não há meio de convencer uma pessoa falsa de que você está sendo sincero. Em contrapartida, não há necessidade alguma de provar sua sinceridade para uma pessoa sincera.

Quando saí do emprego, a gerente ficou muito descontente. É um pouco estranho dizer isso, porque não havia motivos para tal — nunca tinha feito promessas a ela, sair do emprego era um direito meu. O que entendo hoje é que ela provavelmente achava que tinha sido boa comigo e que, mesmo que eu não pudesse me dedicar totalmente ao trabalho, devia pelo menos demonstrar gratidão e ficar como seu assistente de confiança, compartilhando as dificuldades do negócio. Afinal, na opinião dela, eu não tinha boa escolaridade, então aquele emprego modesto já estava de bom tamanho para mim. Ela tinha me ajudado esse tempo todo justamente para me manter por lá. Pensava que eu entendia tudo isso, mas eu não enxergava nada. Naquela época eu era inexperiente, não tinha vivência nenhuma, não percebia as sutilezas das relações, não conseguia entender as intenções dos outros. Olhando agora, dá para ver que a gerente era muito ambiciosa nos negócios. Como ela tinha uma participação na loja do investidor de Hong Kong, era uma pequena empresária, não uma simples funcionária. Se ela fizesse aquela loja dar certo, naturalmente o empresário investiria numa segunda loja, numa terceira... Dá para imaginar que ela teria um papel cada vez mais importante no negócio. Acho que ela gostava de mim porque eu era muito ingênuo. Era raro encontrar alguém que não fosse ambicioso, que tratasse todos bem, que trabalhasse com seriedade, bem diferente dos outros funcionários que ela contratava. Claro que em vendas eu era o pior de todos, mas talvez ela pensasse que conseguiria encontrar pessoas competentes em qualquer lugar — ela mesma era muito competente —, já alguém de confiança era mais difícil de achar por aí. Eu saí porque ia começar um curso noturno numa faculdade, e a loja funcionava até as 22 horas, então havia conflito de horário. Não falei isso para a gerente, já nem lembro por quê. Talvez tivesse receio de ela tentar me convencer a não fazer o curso. Eu não sabia dizer não para as pessoas, principalmente quando pareciam estar preocupadas e querendo ajudar. Hoje reconheço que aquele curso foi uma perda de tempo e dinheiro. Não aprendi nada de útil lá, e a culpa não foi só minha. Fiquei mais ou menos seis meses nessa loja de roupas.

Meu terceiro emprego foi como atendente num posto de gasolina de uma empresa petroquímica. Encontrei a vaga num anúncio de jornal. No começo, era apenas funcionário temporário, fazendo o mesmo trabalho que os efetivos, mas ganhando menos. Na loja de roupas, eu ganhava um pouco mais de 2 mil yuans; no posto, passei a ganhar 1.800. O posto tinha oito bombas de combustível, dispostas em quatro pares, de costas uma para outra. Vendíamos três tipos: gasolina 90, gasolina 97 e diesel zero. No primeiro dia, um colega me ensinou o básico para operar as bombas e não falou mais nada. Lembro que naquele dia um táxi parou perto de mim. Normalmente os taxistas abasteciam sozinhos porque não confiavam em nós, achavam que íamos trapacear de alguma forma. Meus colegas nunca atendiam taxistas, só ficavam observando friamente enquanto eles abasteciam, para ver se iam pagar. Mas eu não sabia dessas coisas, então fui atender. Perguntei educadamente se ele queria gasolina 90 ou 97. Ele me olhou de lado, desconfiado, como quem encara um vigarista, e respondeu cheio de sarcasmo: "O que você acha?" Depois, descobri que taxista nenhum usava gasolina 97. Minha pergunta tinha soado estúpida para ele, além de mal-intencionada. Também descobri que os frentistas e os taxistas podiam não ser inimigos, mas definitivamente não eram amigos. Eles descontavam em nós toda a frustração do trabalho porque não podiam descontar em quem realmente os fazia sofrer. Se o preço da gasolina subisse 0,10 yuan, eles descontavam em nós, com sarcasmo e ironias, como se fôssemos cúmplices do sistema, como se o dinheiro a mais que eles pagavam viesse parar no nosso bolso. E nós revidávamos com o mesmo tratamento. Resumindo, os humildes, quando insatisfeitos, só descontam em outros humildes, porque se revoltar contra o poder tem consequências. Se não conseguem descontar em pessoas, descontam em animais. Dizem que o amor é cego, mas, para mim, o amor é justamente o que há de menos cego, de menos interesseiro, de mais genuíno. Cego é o ódio.

Trabalhávamos em três turnos, com um dia de folga a cada troca de turno, que acontecia mais ou menos uma vez por semana. Éramos divididos em quatro grupos de quatro pessoas. Ainda me lembro do rosto das outras três do meu grupo. Lembro também que cada grupo tinha um homem e três mulheres. Era evidente que nesse trabalho as mulheres eram maioria. Não sei dizer se isso acontecia em todos os postos ou só no nosso. Como disse antes, os taxistas não confiavam em nós, suspeitavam que fazíamos alguma falcatrua, mas isso era impossível. Eles abasteciam todo dia no mesmo posto, conheciam muito bem as bombas e ficavam sempre atentos, preocupados com cada centavo que gastavam. Mas, com algumas pessoas, a gente realmente empregava uns truques. Não sei se isso era só no nosso grupo, ou acontecia nos outros grupos também, ou até em outros postos. Na época, alguns carros oficiais abasteciam com vale-combustível, não pagavam em dinheiro. Os motoristas desses carros geralmente não prestavam atenção, paravam o carro, davam uma ordem rápida e saíam de perto, afinal o carro nem era deles. As outras três do meu grupo — não posso dizer que sou inocente, mas realmente não sabia de nada na época — trabalhavam em conjunto, escondiam a quantidade real de combustível e cobravam mais vales do que deviam. Elas não me contaram sobre isso, talvez me achassem um bobalhão que podia acabar entregando o esquema. Só percebi o que estava acontecendo quando um motorista descobriu. Mas o estranho é que esse motorista não fez nada, só deu uma bronca e pronto, nem pediu de volta os vales cobrados a mais. Provavelmente porque os vales eram do governo mesmo, então ele não se importava de pagar mais ou menos. O que o incomodou foi minhas colegas acharem que podiam enganá-lo, o que para ele era uma afronta. Nosso grupo trocava esses vales extras por dinheiro para usar quando saíamos juntos. Se digo que não sou inocente, não é só porque não denunciei, mas também porque, depois que fiquei sabendo, aproveitei desse dinheiro junto com elas algumas vezes para tomar café da manhã na lanchonete. Por aí se vê como é fácil uma pessoa se corromper.

Fazia uns três ou quatro meses que eu estava naquele posto quando, de repente, apareceu um grupo de executivos da petroquímica. Inspecionaram o lugar, ouviram a gerente, ensinaram um roteiro de atendimento e pediram que usássemos aquelas frases com os clientes. Minhas colegas, que já eram raposas velhas, acharam que era só mais uma formalidade e não levaram a sério, faziam só para inglês ver. Mas eu, ingênuo, segui as instruções à risca. Acontece que era um processo seletivo. A empresa queria transformar um posto novo, na periferia da cidade, num posto-modelo e fazer um vídeo para usar como padrão de atendimento em toda a rede. E eu, por ter levado a coisa a sério, fui escolhido pela chefia. Pensando bem, eu tinha pouco mais de 20 anos, era o mais jovem e cheio de energia, meus colegas tinham em média 30 ou 40. E eu também era o mais alto de todo o posto — em terra de baixinho, um palmo a mais te faz gigante. Talvez a diretoria tenha achado que eu tinha boa aparência e postura em comparação com os outros. Mas, depois de ser escolhido, eu teria de ser transferido para o posto novo. O antigo ficava a pouco mais de 2 quilômetros de casa e a 3 quilômetros do curso noturno. Já o novo ficava a mais de 10 quilômetros de casa e do curso, e era mais difícil de chegar com transporte público. A empresa escolheu aquele posto porque o prédio e as bombas eram novos, ainda não tinham aquela crosta de graxa que não sai de jeito nenhum. Tinham acabado de construir uma avenida nova em frente ao posto, mais reta, mais larga, mais plana e mais limpa do que as ruas da cidade. Além disso, havia campos de flores ao redor, já que a maioria dos moradores dali cultivava flores — seria um plano de fundo perfeito e gratuito para o vídeo (na verdade, o nome do lugar era Grande Jardim, e nosso posto se chamava Posto Grande Jardim). Além disso, como ficava num local afastado e não tinha muito movimento, teríamos tempo de sobra para ensaiar e filmar.

A gerente não queria me deixar ir, mas não tinha escolha. Só pôde me consolar dizendo que, assim que o projeto da empresa terminasse, iria pedir minha transferência de volta. Nos poucos meses que trabalhei no posto, fui funcionário destaque uma vez por escolha direta dela. Ter me escolhido foi praticamente um desaforo para os funcionários mais antigos. Talvez ela quisesse fazer de mim um exemplo para motivar os outros, um jeito de provocá-los para que melhorassem sua atitude no trabalho. Recebi o prêmio muito sem jeito (não me lembro mais quanto era em dinheiro) e, no dia seguinte, comprei uma caixa de chá gelado para os colegas.

O curso noturno que eu fazia era numa faculdade onde a maioria dos alunos trabalhava e estudava, então a instituição era bem flexível com faltas. Se não me engano, bastava ter presença em dois terços das aulas para não ter problema, mas, depois da minha transferência para o novo posto, por algum motivo que desconheço, a gerência decidiu implantar uma gestão no estilo militar. O que mais me afetou foi a exigência de dormir no alojamento ao lado do posto, sempre de prontidão, sem poder voltar para casa. Se fosse hoje, eu mandaria essa ideia para o inferno, fingiria obedecer ou argumentaria contra. E o pior: fizeram essa exigência sem nem me efetivar antes! Eu ainda era temporário, ganhava um salário fixo de 1.800 yuans, sem benefício nem seguro. Que direito eles tinham de interferir na minha vida pessoal fora do expediente? Eu tinha o direito de morar onde quisesse, estava lá para trabalhar, não para virar escravo. Eles me transferiram para o novo posto sem me consultar, como se tivessem certeza da minha obediência. Era um esquema bem militar mesmo, mas eu não estava no exército. Naquela época, porém, as pessoas em geral não tinham muita noção dos seus direitos, e as leis trabalhistas não eram tão avançadas como hoje. Esse tipo de coisa era comum. Não que os gerentes fossem maus, talvez nem percebessem que estavam violando direitos. E eu, em vez de ficar revoltado, fiquei ansioso, com medo de não atender às expectativas da empresa e prejudicar a equipe.

Recordando isso hoje, consigo enxergar tudo com clareza, mas, na época, eu não fazia ideia de como lidar com a situação. Não tinha com quem conversar. Meus pais tinham uma mentalidade antiquada e conservadora e estavam inquietos com as mudanças bruscas no trabalho e na sociedade. Eles próprios se sentiam isolados e confusos, incapazes de entender ou aceitar o que estava acontecendo, não tinham cabeça para se preocupar comigo. E eu, desde a adolescência, não conversava mais com eles sobre meus problemas; mesmo que conversasse, eles não saberiam me dar uma resposta adequada. Todas as minhas escolhas sobre como me encaixar na sociedade foram feitas por mim, sem nenhuma orientação ou conselho útil deles — talvez por isso eu nunca tenha me encaixado de verdade. Tirando o empréstimo de algumas dezenas de milhares de yuans que me fizeram para abrir um negócio, eles nunca me ajudaram em nada, mas também nunca cobraram que eu ficasse rico, que fosse o orgulho da família, que cuidasse deles. Só me pediam, repetidamente, que não fizesse nada ilegal, que não criasse problemas para a sociedade, para os outros. Eu deveria ter conversado com a chefia do novo posto, explicado que estava fazendo um curso noturno e apresentado minha contraproposta. Tenho certeza de que eles não eram do tipo que não está nem aí para os subalternos. No mínimo, concordariam que estudar não era algo ruim e que não atrapalhava meu trabalho no posto. Além do mais, eu já estava no curso quando me transferiram, se o novo posto não pudesse abrir uma exceção para mim, podiam me deixar voltar para o antigo. Mas, na época, eu não tinha coragem de falar com a gerência, de pedir, de negociar. Eu achava que seria como buscar tratamento especial, privilégios, e que meus colegas não iam gostar. Na verdade, eu estava pensando demais, e pensando errado.

Fiquei uns dois meses no novo posto. Nesse período, às vezes eu escapava para ir à aula ou para casa, mas, quando a gerência estava por perto, não dava, então acabei faltando bastante. Como eu não conseguia atender às exigências do posto, resolvi sair. Pedi demissão. No total, trabalhei para a petroquímica por uns seis meses. Na verdade, poucos jovens da minha idade queriam trabalhar em posto de gasolina. Meus colegas eram de fora da cidade ou então moradores locais mais velhos, sem qualificação profissional e, por isso, tinham poucas opções de emprego. Quando fui fazer a entrevista, um colega da escola foi comigo, e nós dois fomos aprovados, mas ele acabou não se apresentando para trabalhar. Como nascemos na cidade, tínhamos mais opções, e também tínhamos de pensar na nossa imagem — muita gente via o trabalho de frentista como uma ocupação inferior. Por mais que se diga que "não há trabalho indigno", no fundo quase ninguém acredita nisso. Mas meus pais acreditavam e, como não tinham parentes nem amigos na cidade, não se importavam com o que os outros iam pensar. Quando souberam que eu ia trabalhar num posto, ficaram genuinamente felizes por mim.

Meu quarto emprego foi como entregador numa rede de fast-food. Trabalhava duas horas e meia por dia, só no horário do almoço. O restaurante me dava uma refeição, mas não tinha salário-base, eu ganhava por entrega. Lembro que a comissão era de 1,50 yuan por entrega e eu ganhava uns 20 ou 30 yuans por dia. Era um trabalho de meio período que não conflitava com o horário do curso noturno, como acontecia com meus três empregos anteriores em tempo integral — no hotel, na loja de roupas e no posto de combustível. Como eu não tinha boa escolaridade, era difícil encontrar um trabalho das 9 horas às 17 horas. Fiquei seis meses nesse fast-food e pedi demissão depois que um colega de classe me indicou outro trabalho.

Meu quinto emprego foi numa distribuidora de sorvetes. A empresa, que pertencia ao parente de um colega meu, ficava num mercado na periferia da cidade. Antes de começar, pensei que faria apenas entregas, mas não era só isso: eu também tinha de prospectar clientes. Na prática, eu atuava como vendedor e precisava visitar diariamente todos os mercadinhos e lojas de conveniência da região. Quando via uma geladeira vazia, tinha de perguntar do que eles precisavam e fazer a entrega. Eu não era o único nessa função, havia outro funcionário em tempo integral e vários temporários competindo comigo. Eu simplesmente não conseguia dar conta desse trabalho. Nessa época, já estava evitando contato social. Sempre demorava para captar as entrelinhas do que os outros diziam e, quando finalmente entendia, ficava envergonhado e me sentia um completo idiota. Como isso acontecia com frequência, comecei inconscientemente a me afastar das pessoas, mesmo daquelas de quem eu gostava. Além disso, eu não estava acostumado a barganhar. Não gostava de falar sobre interesses financeiros ou negociar condições. Para mim, negociar era quase como ofender alguém de propósito. Eu não gostava da sensação de ofender as pessoas, e minha necessidade constante de agradar intensificava meu medo de socializar. O irônico é que, de tanto querer agradar os outros, eu acabava evitando as pessoas, porque esse impulso de agradar sempre terminava em decepção e frustração.

Percebi que, quando você se mostra altruísta, os outros costumam retribuir não com gentileza, mas com mais ganância. No hotel onde eu tinha estagiado, havia uma espécie de turno dividido: por exemplo, quatro horas pela manhã e quatro à noite. Ninguém gostava desse esquema porque significava gastar o dobro de tempo e dinheiro com transporte. Quem morava longe não conseguia voltar para casa no intervalo e tinha de ficar fazendo hora ou perambulando pela vizinhança. Por isso, o supervisor distribuía os turnos divididos igualmente entre nós. Um dia, uma colega que estava num turno dividido teve um problema em casa e me pediu para trocar. Se ela trocasse um turno dividido dela por um turno normal meu, o certo seria que, num outro dia, ela me compensasse com um turno normal em troca de um dividido, para ficar justo para nós dois. Mas achei que seria mesquinho demais exigir isso, então disse a ela que não precisava se incomodar, que não era para compensar. Quando ela perguntou por que, respondi que para mim tanto fazia, já que eu não tinha atividades depois do trabalho. Não era verdade. Assim como todo mundo, eu detestava o turno dividido. Disse aquilo só para ela não se sentir mal. Quanta ingenuidade. Dias depois, ela veio pedir para trocar de turno novamente, mas dessa vez não era por causa de um problema. Ela simplesmente disse: "Já que para você tanto faz, vamos trocar de novo. Não estou a fim de fazer o turno dividido." Aquilo me pegou de surpresa. Eu não sabia como recusar. A única saída seria confessar que tinha mentido, que eu também detestava o turno dividido tanto quanto ela, mas não consegui dizer isso, então acabei trocando com ela outra vez. E não parou por aí. Poucos dias depois, outro colega, que tinha ouvido falar dessa história, também veio me pedir para trocar de turno...

Acabou que foi um colega de turma quem resolveu essa situação para mim. Sem medir palavras, ele descascou a funcionária que vivia me pedindo para trocar de turno. Os dois chegaram a discutir. Meu colega a chamou de cara de pau, ela o chamou de intrometido. E eu fiquei ali, sem saber o que fazer, com medo de que a situação azedasse o ambiente de vez. Mas, depois disso, ninguém mais me pediu para trocar de turno. Naquela época, eu era um verdadeiro capacho, concordava com tudo e vivia inseguro. Ficava perdido e assustado porque minha forma de reagir às coisas era completamente diferente da média. Aos poucos, fui percebendo que a maioria das pessoas só consegue enxergar as coisas do próprio ponto de vista, sem se colocar no lugar dos outros. Não que eu fosse um ser iluminado, capaz de levar desaforo para casa sem reclamar. Por dentro, eu ia acumulando frustração e ressentimento, até que aquilo virava raiva e ódio. Se eu não quisesse continuar sendo feito de otário, tinha duas opções: ou adotava o princípio do olho por olho, dente por dente — se você é egoísta, eu também sou, se você é ganancioso, eu também sou — e ninguém levava vantagem sobre ninguém, ou então eu me afastava de todo mundo. Para mim, a segunda opção sempre foi bem mais fácil.

Então, quando comecei a trabalhar com entrega de sorvete, já tinha me tornado, sem nem perceber, aquela pessoa que mantém distância das demais. Mesmo os clientes que eu já tinha atendido várias vezes, eu cumprimentava como se fosse a primeira, cheio de formalidades. Na certa ficavam se perguntando: "Será que ele já esqueceu que me conhece?" E eu não percebia que essa frieza magoava as pessoas. Na minha fantasia, o mundo funcionava com base em regras justas e detalhadas, não em relações pessoais. Não era preciso criar laços, bastava seguir as regras para que tudo funcionasse a contento e todos vivessem bem. Nessa época, eu já tinha mais dificuldade de lidar com gente do que quando terminei a escola, mas ainda não era um problema sério. Acabei desenvolvendo fobia social, e os motivos eram vários, não só os que mencionei. Por exemplo, eu tinha pavor de decepcionar as pessoas. Se alguém me elogiava, eu negava na hora e me depreciava o quanto podia, porque eu tinha medo de que, mais tarde, descobrissem que eu não era tão bom quanto pensavam e se decepcionassem. Eu preferia já deixar claro desde o começo que eu não era grande coisa. Eu não suportava a pressão de ser considerado bom, o risco constante de ser "desmascarado". Se alguém insistisse em me elogiar — o que raramente acontecia —, eu me afastava. Assim, eu "abandonava" a pessoa antes que ela (na minha imaginação) me "abandonasse" um dia. Não era uma estratégia racional, era um mecanismo de defesa. Tem aquele ditado que diz que o caráter molda o destino da gente. "Destino" pode ser uma palavra forte demais para a nossa época, mas é fato que nosso jeito de ser influencia muito o caminho que seguimos na vida. Por exemplo, quando conto minhas experiências de trabalho, percebo que não tenho como não falar da minha personalidade. Muitas decisões que eu tomei tiveram mais a ver com meu jeito de ser do que com uma análise fria de prós e contras. Se eu não explicar como sou, o leitor não vai entender algumas das minhas reações e escolhas.

Trabalhei alguns meses na distribuidora de sorvete, mas fico até sem graça de chamar aquilo de emprego de verdade, porque ganhava quase a mesma coisa que no fast-food. Só que no fast-food eu trabalhava duas horas e meia por dia, já na distribuidora era o dia todo, das 9 às 17 horas. Mas entregar sorvete era mais tranquilo, não precisava bater ponto e, se o tempo estivesse ruim, nem precisava ir. Eu passava o dia circulando de bicicleta pela região, conhecia cada canto do bairro, até as lojinhas escondidas em vielas de um metro de largura, mas meu concorrente sempre chegava na frente e enchia as geladeiras dos clientes. Ele tinha celular, e eu só tinha um bipe daqueles antigos, nem sequer tinha dado meu número para os donos das lojas. Meu concorrente já trabalhava lá havia algum tempo e conhecia a maioria das lojas; quando faltava sorvete, ligavam para ele, eu só pegava as rebarbas. Mas eu não estava preocupado em ganhar dinheiro. Como ainda estudava à noite, pensava: "Vou começar a trabalhar de verdade depois que me formar, por enquanto, estou só fazendo um bico." Passados alguns meses, o tempo começou a esfriar e vender sorvete virou uma missão impossível. Até que um dia não consegui fazer venda nenhuma — a vergonha foi tanta que pedi demissão.

Meu sexto emprego também foi por indicação de um colega de turma. Eu não tinha pedido ajuda, eles que ofereceram espontaneamente. Esse trabalho, assim como o anterior, não era muito formal, não tinha contrato nem exigência de bater ponto. O chefe alugava um apartamento num condomínio para usar como escritório e tinha apenas um funcionário, que era seu parente. O escritório fazia renderização 3D de projetos arquitetônicos. O chefe cuidava da parte comercial, e o desenhista era o único funcionário de fato. Fui trabalhar como aprendiz, ganhando 600 yuans, e acho que incluía o almoço. Até hoje me lembro das versões dos softwares que usávamos: AutoCAD 14, 3D Max 4 e Photoshop 5.5. Poucos dias depois da minha chegada, apareceram mais dois aprendizes, um rapaz e uma moça, também indicados por conhecidos do chefe. O desenhista estava sempre ocupado e não tinha tempo de nos ensinar, então passávamos o dia estudando por conta própria com livros e CDs, só pedindo ajuda quando tínhamos alguma dúvida. O Photoshop da época ainda era bem rudimentar, tinha poucas funções, e logo peguei o jeito porque já havia aprendido sozinho antes. O AutoCAD também era fácil, dava para entender o básico em um dia, mas, para saber usar de verdade, precisava de mais tempo. Como eu não tinha experiência, suava só para entender as plantas baixas. Já o 3D Max era mais difícil, porque não havia versão em chinês na época e o programa tinha comandos demais. Além disso, cada plugin que instalávamos tinha interface e comandos diferentes.

Fiquei nesse lugar por uns seis meses e saí junto com o outro aprendiz. Ele estudava na mesma faculdade noturna que eu, no mesmo ano; eu fazia Publicidade e ele, Contabilidade. Saíamos do trabalho e íamos juntos para a aula, parando para comer alguma coisa no caminho.

Acabamos pedindo demissão porque achamos o patrão muito metido a esperto e íamos sair no prejuízo trabalhando para ele. Além disso, o escritório não era uma empresa de verdade, não garantia nenhum direito, tudo dependia da boa vontade do patrão, e a gente não confiava muito nessa boa vontade. O patrão era um conhecido do irmão do colega que me indicou para o emprego. Esse colega tinha me dito que o salário de aprendiz era de mil yuans, mas, depois de um mês, o patrão me pagou 600. Não entendi o motivo, mas fiquei com vergonha de perguntar, tanto para o patrão quanto para o irmão do meu colega. Pensei que, como eu não sabia fazer nada e não ajudava em muita coisa, já estava abusando só de usar o computador e almoçar lá, então não tinha o direito de reclamar por causa de uns trocados. Depois de alguns meses, porém, eu já conseguia ajudar e às vezes ficava até tarde da noite trabalhando com eles, e continuava recebendo 600 yuans. O outro aprendiz estava na mesma situação. Éramos tímidos demais para falar com o patrão. Como estávamos perto de terminar o curso noturno, achamos melhor procurar um emprego na nossa área de estudo.

No final das contas, não procurei um emprego na minha área de formação. Na época, a editora de uma revista em quadrinhos que eu colecionava anunciou vagas para aprendizes. Como essa editora tinha certa fama, desenhei uma história em quadrinhos curta conforme as exigências do anúncio, enviei para eles e, para minha surpresa, fui aceito. Na verdade, não era bem um emprego, porque não tinha salário, só alojamento e alimentação. Mas fiquei lá por mais de seis meses, então vou contar como se fosse meu sétimo emprego.

A editora funcionava em apartamentos alugados num condomínio. O chefe era de Hong Kong, tinha menos de 30 anos e pedia para ser chamado de "mestre". Ele tinha estudado no Japão por conta própria e depois voltou para a China para empreender: abrir a editora, publicar revistas, promover artistas, lançar livros e tudo mais. Aos 23 anos, eu era o mais velho dos mais de dez aprendizes na minha turma. Dava para ver que só criança se mete numa roubada dessas, de ser aprendiz numa editora de mangá, mas eu era meio lerdo mesmo. Nos anos anteriores, fui levando a vida meio sem rumo, fazendo bicos e estudando à noite, sem aquela garra de realizar algo. E meus pais nunca me pressionaram. Em casa aprendi a ter uma vida frugal seguindo o exemplo deles, então eu não tinha muitas exigências materiais. Não fumava, não bebia, não consumia marcas famosas (hoje bebo um pouco), cortava o cabelo em barracas de rua por 5 yuans, usava a bicicleta como transporte sempre que dava. Gastava muito pouco no dia a dia. Como minha família não tinha parentes na cidade e meus pais não tinham amigos, nossas duas gerações não precisavam competir com pessoas da mesma idade, então nos tornamos um pouco acomodados, sem muita ambição. Meus pais raramente pegavam no meu pé para estudar, nunca me puseram em aulas de reforço nem exigiam que eu me comparasse com os filhos de outras pessoas. Para eles, autodisciplina e diligência eram qualidades muito mais valiosas do que esperteza e competência. O mangá era um dos meus poucos interesses. Praticamente todos os que eu lia na época eram séries japonesas como *Cavaleiros do Zodíaco, Dragon Ball, Ranma 1/2, Dr. Slump, Captain Tsubasa* e *Slam Dunk*. Na editora, praticávamos as habilidades básicas durante mais de dez horas por dia. Esses exercícios incluíam desenhar linhas paralelas, retratos, cabeças, copiar cenários etc. O professor não nos ensinava técnicas, só passava exercícios. O exercício de linhas paralelas era o que mais fazíamos. Eram linhas de cerca de 4 centímetros cada, desenhadas com nanquim o mais próximas possível umas das outras, geralmente menos de meio milímetro de distância. O requisito era que as linhas tivessem o mesmo comprimento e espaçamento uniforme. Só esse exercício tomava mais de quatro ou cinco horas por dia e era muito monótono. Esses treinamentos pareciam mais voltados para formar assistentes do que desenhistas autorais. Pelo jeito, tudo o que tem a ver com criatividade não pode ser ensinado; depende unicamente do talento de cada um. Deduzimos que esses eram os mesmos treinamentos de mangá que o professor havia recebido no Japão.

No fim, não me tornei quadrinista, mas fiz amigos importantes na editora. Por influência deles, comecei a ouvir rock. Ouvíamos Sex Pistols, Nirvana, Nine Inch Nails, Radiohead, Pink Floyd etc. Como muitos roqueiros, eles falavam em se rebelar contra a sociedade que tenta moldar o indivíduo, contra os valores dominantes que sufocam a personalidade, contra a falsidade e a ganância do mundo adulto. E eu achava que não era só discurso. Com o apoio deles, fui criando coragem de questionar várias coisas que aconteciam na editora. Algumas das minhas ideias até faziam sentido, outras eram bem fora da realidade, mas, no geral, eram todas muito idealistas. No final, eu e alguns amigos saímos por não concordar com a forma como éramos tratados. Antes de sair, desenhei uma história em quadrinhos satirizando os métodos mecanicistas do professor.

Então, voltei a procurar emprego. Já estava com 24 anos, era mais velho que os recém-formados da faculdade e meu currículo não ajudava muito na busca por uma nova colocação. Assim, não dava para esperar conseguir algo muito bom, mas, como nunca fui muito exigente, logo arranjei outro trabalho. Meu novo emprego, o oitavo da lista, era como diagramador numa revista recém-lançada sobre anime e mangá.

Meu patrão tinha sido *publisher* de uma revista bem-sucedida de crítica musical, mas ele pensou que revistas sobre animação e quadrinhos tinham mais futuro, então resolveu abrir o próprio negócio. Na época, o mercado contava com várias revistas parecidas, a maioria sem registro oficial. Vinham com um CD com código de produto audiovisual, como se as revistas fossem apenas o encarte do CD. Nossa revista fazia o mesmo. Nosso patrão era bem pão-duro, mas tinha boas maneiras, era um bom orador e tinha um ar sofisticado. Ele me contratou porque não fiz exigências salariais. Na entrevista, disse que poderia me pagar o mesmo que os outros com função similar. Ele ofereceu 1.500 yuans para o período de experiência de três meses. Pensando bem, eu era uma pechincha. Ele deve ter percebido logo que eu era obediente, o tipo de funcionário de que ele gostava, mas só me dei conta disso mais tarde. O trabalho usava principalmente dois programas: Photoshop para tratar as imagens e CorelDRAW para diagramação. Por sorte, eu sabia usar os dois. No início, a equipe tinha um editor-chefe (que também era redator), dois redatores, três diagramadores e um tradutor de japonês. Meu trabalho era bem monótono: tratava imagens e diagramava sem parar. A editora importava mensalmente livros de referência sobre mangá do Japão, de Hong Kong e Taiwan. Eram livros difíceis de encontrar no mercado, a não ser em versões piratas de baixa qualidade. Ter acesso a esse material raro era um grande benefício para mim.

Produzíamos uma edição por mês. No início do mês, os redatores ficavam ocupados; no final, era a vez dos diagramadores. Um dia antes de enviar o material para a gráfica, os diagramadores viravam a noite. A procrastinação era comum, e os redatores só entregavam o material no último minuto. Além da revista, também fazíamos outros projetos, como livros de figuras do Ultraman, por exemplo. Parte desse material era pirata, mas as editoras japonesas raramente se importavam com as cópias ilegais vendidas no mercado paralelo chinês (que nós chamávamos de "segundo canal"). Na verdade, o mercado editorial já estava em declínio. Os smartphones ainda iriam demorar alguns anos para aparecer, mas os computadores e a internet, já popularizados, tinham atraído muitos leitores de conteúdo impresso. Nosso conteúdo não tinha nada de especial, não se destacava das outras revistas. Muitas publicações similares duravam apenas algumas edições, a nossa resistia, mas, como a revista provavelmente não dava lucro, nosso chefe começou a cortar custos. Após o período de experiência, ele pediu para assinarmos o contrato. Lembro que me senti ofendido quando li o tal documento. Não me recordo dos detalhes, mas certamente havia muitas cláusulas que hoje seriam ilegais pela lei trabalhista. Não assinei, mas também não pedi demissão de imediato porque estava interessado nos livros da editora. Eu até encomendava livros importados pelos canais da empresa, alguns para amigos, títulos difíceis de encontrar na China. Além disso, eu me dava bem com meus colegas, e o trabalho tinha seus momentos divertidos.

Enquanto trabalhava nessa editora, eu ainda mantinha contato com meus amigos da antiga editora de mangá. As críticas que eles faziam à sociedade pareciam coincidir com as atitudes do meu patrão, e eu comecei a pensar que o mundo era sujo mesmo e as pessoas eram ruins por natureza. Eu nunca tinha pensado assim antes. Por exemplo, quando saí do escritório de renderização 3D, não fiquei revoltado com a sociedade, só um pouco receoso do meu ex-patrão. Ao mesmo tempo, como eu sempre levava desvantagem nas minhas relações interpessoais, comecei a culpar meus pais por não terem me alertado. Os valores que eles me ensinaram não funcionavam no mundo real. Eles nunca me incentivaram a correr atrás das coisas, só me diziam para ter autocontrole. Já as coisas que eles me disseram que eram erradas, todo mundo fazia, e a sociedade não me recompensava por ser correto, pelo contrário, premiava os outros e me punia. No trabalho, as ideias do editor-chefe para a revista eram completamente diferentes do que eu e meus amigos considerávamos bom. Achávamos o conteúdo da revista superficial, infantil, hipócrita, piegas, artificial… enfim, uma vergonha para o universo dos quadrinhos, um desperdício de papel e um crime contra o meio ambiente. Então, depois de muita conversa, decidimos viver como "nômades criativos" em Pequim. Pedi demissão logo em seguida, fiz alguns preparativos simples e parti num trem de classe econômica.

2. Do nono ao décimo primeiro empregos

Posso dizer que nenhuma das experiências de trabalho que relatei até agora, se removida, afetaria quem sou hoje. Mas, se eu não tivesse vivido essa fase em Pequim, certamente seria uma pessoa muito diferente do que sou agora. Talvez seja exagero dizer que saí "completamente transformado", mas essa experiência sem dúvida me moldou, me deu um ponto de partida.

Claro que não viramos nômades de verdade. Quando chegamos a Pequim, ficamos de favor na casa de um amigo em Tongzhou, e depois alugamos um apartamento nas redondezas. Como estávamos sem dinheiro, arrumei um emprego numa gráfica em Bawangfen e viajava todo dia entre os bairros Tongzhou e Chaoyang, um percurso de 20 quilômetros. Como só fiquei dois meses nesse emprego, dá para resumir em poucas frases: o patrão começou a carreira como vendedor e, antes de mim, só havia um funcionário na loja. Tínhamos dois computadores e uma impressora offset para cartões de visita. Além de imprimir cartões, também fazíamos design e impressão de folhetos, panfletos e brochuras, mas os cartões eram nossa principal fonte de renda. O patrão tinha parceria com alguns hotéis e imprimia cartões de visita na hora para os hóspedes. Quando recebíamos uma ligação da recepção, íamos até o hotel pegar os dados do cliente, geralmente um modelo de cartão para ser reproduzido. Já existia impressão digital em Pequim, mas quase ninguém usava para cartões de visita. Os cartões geralmente eram impressos em papel couchê 300 g ou papel especial, com os quais as impressoras digitais não trabalhavam. Nossos clientes eram executivos sofisticados, muitos eram estrangeiros — pelo menos não tinha nenhum texto em chinês nos cartões deles. Cobrávamos caro, acho que 200 yuans por caixa. Nas gráficas comuns, custava uns 20 ou 30 yuans, mas elas não buscavam nem entregavam o material e não imprimiam na hora. Para os nossos clientes, perder uma hora por causa de um cartão de visita custava muito mais do que 200 yuans. Os pedidos da manhã eram entregues à tarde, os da tarde, à noite e os da noite, na manhã seguinte. O patrão passava o dia na rua fazendo as coletas e entregas. Às vezes eu também saía para as ruas. O outro funcionário, que era melhor na impressora offset, ficava na loja. O nosso salário não era alto, acho que uns mil ou 1.200 yuans, porque o patrão pagava alimentação e alojamento. Dormíamos num porão. Só dormi lá algumas vezes, porque eu voltava para Tongzhou. Minha lembrança do porão é de que era um lugar frio, escuro, onde as roupas não secavam, a água saía gelada da torneira, precisávamos olhar o relógio para saber se era dia ou noite e tinha fila para usar o banheiro de manhã…

Meus amigos ficaram chateados porque o emprego me deixava sem tempo para criar. Eles diziam que o trabalho era uma forma de escravização do homem pela máquina social. Talvez tivessem razão, mas é difícil viver neste mundo sem se tornar escravo disto ou daquilo, trabalhando ou não. Os filósofos gregos diziam que o desejo carnal era uma forma de escravidão, mas não diziam que era possível se livrar dele, a não ser quando a velhice chegava. Mesmo assim, segui o conselho dos meus amigos e pedi demissão. Esse foi meu nono emprego.

Para cortar despesas, decidimos sair de Tongzhou, que já era longe, e mudar para Yanjiao, um lugar ainda mais distante do centro. Éramos três, mas convencemos mais dois a se juntarem a nós e alugamos um apartamento para cinco pessoas. Yanjiao não era tão desenvolvida como é hoje e o apartamento era enorme, devia ter mais de 100 metros quadrados. O prédio tinha sido construído por uma cooperativa de agricultores, com escritura irregular, por isso o aluguel era barato e, dividindo por cinco, cada um pagava só uns 100 yuans. Mas, como eu já estava completamente sem dinheiro, tive de ligar para meus pais para pedir ajuda. Eles não entenderam nem apoiaram minha decisão de viver daquele jeito, mas me ajudaram um pouco. Trabalhei alguns dias numa barraquinha de café da manhã embaixo do prédio. Ganhava só alguns yuans por dia para trabalhar das 4 às 8 horas da manhã, mas podia comer de graça. Eu era fritador de *youtiao** e passava o tempo todo em pé na frente da panela de óleo fritando centenas deles cada manhã. Além de vender no varejo, fornecíamos *youtiao* para as lojas da região. Mas isso não conta como um emprego de verdade, porque eu ganhava muito pouco e só trabalhei por alguns dias.

Yanjiao deixou muitas lembranças boas, mas meu lado criativo não fluiu bem. Meus amigos consideravam a maioria das obras publicadas um lixo — como se tivessem sido feitas por animais domesticados que já perderam sua natureza selvagem. Talvez também não me restasse muito dessa selvageria. E obras "selvagens" não eram publicadas, só circulavam num circuito underground (on-line), então não geravam renda para pagar as contas. Éramos idealistas, radicais, imaturos e apaixonados, agíamos sem pensar nas consequências, queríamos mudar o mundo. Eu era o mais pé no chão e o mais ponderado do grupo, sempre preocupado com questões financeiras, algo que meus amigos desprezavam. De fato, eles desenhavam muito melhor do que eu, tinham muito mais experiência. Eu só passei seis meses na editora, completei só dois ou três projetos curtos de umas dez páginas, nada que pudesse ser publicado. Mas eles, empolgados, achavam que "desenhar bem" era o que menos importava. Falavam do punk rock, que eles adoravam e só usa três acordes; diziam que o mais importante era a alma da obra. Achavam que eu tinha alma, o que me deixou lisonjeado, porque eles também diziam que havia muita

* Espécie de massa de pão frita que normalmente se consome no café da manhã. [*N. do T.*]

gente sem alma. Na mente deles, viviam uma vida muito mais interessante do que eu vivia nas minhas narrativas. Eu já era inseguro naquela época, e era difícil não ficar apreensivo quando estava com eles.

É uma pena que esse tipo de vida só seja possível na juventude e sempre por pouco tempo. Sem dúvida, cometemos muitos erros naquela época e estragamos muita coisa, mas foi durante esse período que comecei a desmistificar o mundo — ou pelo menos esta sociedade. Nessa fase e depois dela, li livros que nunca tinha lido antes e que provavelmente nunca teria lido. Entrei em contato com ideias e conceitos que mudaram minha visão de mundo. Essa experiência me permitiu reavaliar — na verdade, antes eu apenas seguia a maré — o valor e o significado de todos os aspectos da vida: o que é realmente importante e o que não é. Claro que essa mudança não aconteceu da noite para o dia. Não se completou naquele momento, mas foi como se uma semente tivesse sido plantada. Ao longo dos anos seguintes, ela criou raízes e germinou de forma lenta, mas persistente. Até hoje continua exercendo influência sobre mim. Posso dizer que nenhuma das experiências de trabalho que relatei até agora, se removida, afetaria quem sou hoje. Mas, se eu não tivesse vivido essa fase em Pequim, certamente seria uma pessoa muito diferente do que sou agora. Talvez seja exagero dizer que saí "completamente transformado", mas essa experiência sem dúvida me moldou, me deu um ponto de partida. Hoje, não me angustio mais com as diferenças entre mim e os outros. Pelo contrário, valorizo minha individualidade. Embora continue bastante tímido e ignorante, agora tenho mais perseverança e autoconfiança lá no fundo. Desde então, trabalhar e escrever, para mim, são formas de fortalecer o espírito.

Depois de voltar de Pequim, fiquei alguns meses sem fazer nada. Meus pais não tinham coragem de me pressionar para arrumar emprego, com medo de que eu me aborrecesse e fosse "viver de arte" de novo. Até queriam me dar apoio, mas não sabiam como. Também estavam muito confusos e perdidos com a sociedade da época, então não conseguiam me orientar ou aconselhar e se sentiam culpados por isso.

Não muito tempo depois, meu antigo patrão da revista soube que eu estava de volta e ainda não tinha arrumado emprego, então me chamou para trabalhar com ele mais uma vez. A revista sobre animes tinha fechado, a equipe era outra e o escritório ficava num novo endereço. O novo projeto era uma revista sobre equipamentos de áudio e vídeo, área que ele conhecia bem. Além da revista, ele também fazia edições especiais de vez em quando, na maioria traduções ou cópias de revistas japonesas e de Hong Kong e Taiwan. Ele não tinha desistido totalmente dos animes, mas, em vez de revistas, produzia livros infantis ilustrados que davam retorno rápido e exigiam pouco investimento. Ele também aceitou um projeto de transformar desenhos animados em quadrinhos adicionando balões de fala às capturas de tela. Além de livros, ele também produzia CDs multimídia, que anunciava em suas próprias publicações e vendia pelo correio. O conteúdo dos CDs vinha principalmente da internet. Nós organizávamos e apresentávamos o material por temas, depois projetávamos uma interface para facilitar a busca e o acesso dos leitores. Essas eram nossas principais atividades, além de outros trabalhos menores, difíceis de explicar em detalhe. Em resumo, topávamos tudo e qualquer coisa. O resultado era muito trabalho para pouco retorno — fazíamos muita coisa, mas nada de excepcional, nem de conteúdo, nem de vendas. Do ponto de vista do patrão, provavelmente o único consolo era que, com essa estratégia, a mão de obra, as instalações e os equipamentos eram utilizados plenamente e em sua capacidade máxima, sem qualquer desperdício. Eu continuava cuidando da diagramação e do design, às vezes editava textos e, depois, comecei a ajudar na seleção dos temas. Mas, mesmo com todo mundo se esforçando ao máximo, as vendas não iam bem. Nossos produtos eram comuns, não tinham nada de especial. Isso não surpreendia, já que fazíamos tudo às pressas. Para sobreviver, tínhamos de produzir sem parar, só recebíamos o pagamento anterior quando entregávamos os novos produtos aos distribuidores. Não tínhamos como fazer nada de alta qualidade.

O patrão andava cada vez mais insatisfeito com nosso *publisher*, porque não conseguia receber muitos pagamentos dos produtos. Só que, na época, o *publisher* era cunhado dele — acho que foi o patrão quem o trouxe para o negócio —, então, por mais que brigassem, os dois tinham de se aturar. Aos poucos, percebi que o patrão também começou a dar calote. Ele trocava de fornecedor toda hora, alegando que estava insatisfeito com o produto ou serviço e não pagava a última parcela. Ele até deixava de pagar o frete. Como o frete era pago mensalmente, ele dava calote numa empresa e mudava para outra. Trocamos de serviço de entrega várias vezes em um ano. Mesmo assim, tirando a mão fechada para pagar, ele me tratava bem. Talvez porque eu fosse útil para ele e ele não encontrasse ninguém para me substituir. Ele me dava um salário baixo, mas sempre pagava em dia. Como eu morava com meus pais e não pagava aluguel, dava para ir levando, mesmo com pouco dinheiro.

A revista de equipamentos de áudio e vídeo também não durou. Estava cada vez mais difícil fazer revistas, os leitores não compravam mais, preferiam se informar na internet. No fim, o editor-chefe e o patrão brigaram por causa de dinheiro. Segundo o editor, o patrão não pagou a comissão dele e queria dar um par de caixas de som como compensação. As caixas eram amostras que o fabricante tinha mandado para fazermos uma propaganda disfarçada de avaliação. Parece que o fabricante não pagou pela propaganda e ficamos com as caixas. Pensando bem, nós também inflacionávamos a tiragem da revista para os anunciantes: dizíamos que vendíamos vinte mil exemplares, quando na verdade eram só três mil. Isso era comum em outras publicações também. Como "quem fica parado perde o trem" e "em canoa furada ninguém vai longe", o editor decidiu sair da empresa e abrir um negócio próprio. Eu também pedi demissão e ele me chamou para entrar num projeto com ele. Foi uma tentativa fracassada que durou só um mês. Nem considero isso uma experiência profissional, vou só resumir aqui.

O editor conhecia uma pessoa por causa do trabalho, vamos chamá-lo de "Raposa Velha". O Raposa Velha tinha criado uma associação de oficinas mecânicas numa cidade vizinha, a cidade D. Ele procurou nosso editor porque tinha a ideia de fazer uma revista para enviar às oficinas associadas, mas, como não queria gastar dinheiro com isso, tentou convencer o editor a cuidar da tal revista, prometendo conseguir anunciantes. Nosso editor tinha só 20 e poucos anos, pouca experiência de vida, e caiu na conversa do Raposa Velha. Como estava de mal com o antigo patrão, topou no calor do momento e me chamou para essa empreitada. Depois de duas ou três semanas, vimos que tinha algo errado. O Raposa Velha e um amigo dele estavam nos usando como mão de obra gratuita. Quando iam fiscalizar oficinas, levavam a gente para fazer volume. O amigo dele ainda queria que eu fizesse cartazes de graça, mas os anunciantes que o Raposa Velha tinha prometido não apareciam. Ele nos deu uma pilha de folhetos de fornecedores de autopeças e mandou que a gente ligasse para oferecer anúncios. Os fornecedores eram de todo o país, nunca tinham ouvido falar da associação do Raposa Velha, e não tinha chance nenhuma de pagarem para anunciar na nossa revista. Alguns que atenderam o telefone até me chamaram de golpista. Quando a gente já tinha quase terminado a primeira edição, o Raposa Velha finalmente fez o favor de apresentar dois ou três conhecidos dele como clientes, mas só aqueles parcos anúncios de poucas páginas não pagavam nem o custo da revista e do frete. Então, ao fim de um dia, depois de tentar negociar com o Raposa Velha sem sucesso, o editor e eu voltamos para nossa cidade com o rabo entre as pernas.

Foi mais ou menos nessa época que meu pai teve um derrame e foi internado. Fiquei em casa cuidando dele por um tempo. Ele se recuperou relativamente bem e em dois meses já conseguia andar com bengala, mas não tinha mais a mesma força e nunca mais foi o mesmo.

Meu décimo emprego também era relacionado a animes, mas do tipo que eu mais detestava. Naquela época, o governo estava usando seu poder administrativo para fomentar a indústria nacional de animação: primeiro, limitaram o horário de exibição de desenhos estrangeiros na TV, depois, começaram a subsidiar as produções nacionais; por exemplo pagavam certa quantia em subsídios para cada quinhentos minutos de exibição de uma série na TV. Além disso, ainda havia incentivos tributários, auxílio locação etc. A explicação que ouvi na empresa para essa sucessão de boas notícias era que as crianças cresciam assistindo a desenhos importados e acabavam absorvendo os valores estrangeiros. Assim, o apoio estatal à produção nacional era, no fundo, uma disputa ideológica. Eu não concordava muito com essa explicação. Acho que a maioria dos desenhos estrangeiros que a gente vê, no máximo, passam valores universais básicos, como a verdade, o bem e o belo contra a falsidade, o mal e o feio, sem entrar em diferenças ideológicas entre nações. Mas eu era apenas um trabalhador assalariado, e essas grandes questões estavam muito distantes de mim. A empresa em que eu tinha acabado de entrar era nova, dessas que surgem por causa de políticas governamentais. E, no fim das contas, o dinheiro do governo que chegava à nossa mão não era pior do que o dinheiro público gasto em banquetes e restaurantes.

Nossa empresa fazia animações e histórias em quadrinhos — eu trabalhava no setor dos quadrinhos. As animações eram feitas em Flash, com imagens toscas e histórias bem chatas, uma diferença absurda do que se produzia nos EUA e no Japão na mesma época. Mas eu sabia que tinha gente por aqui fazendo coisas ainda piores e, mesmo assim, conseguindo espaço na TV. Nosso patrão era da velha guarda do mercado audiovisual e tinha uma vasta rede de contatos, assim ficava fácil exibir nossos desenhos na TV. As histórias em quadrinhos que eu ajudava a fazer também eram de baixa qualidade. Para ganhar um extra, eu ainda mandava roteiros para a empresa. Nossa empresa abria convocatórias públicas para roteiros de quadrinhos, mas os únicos a participar éramos nós, os funcionários. Como não tínhamos tempo para criar nada, pegávamos roteiros da internet e mudávamos algumas coisas, era plágio puro. A empresa não se importava, desde que assinássemos o contrato de direitos autorais. Se desse problema, a responsabilidade seria nossa. Nessa época, eu estava namorando sério, gastava mais, não dava mais para manter a pose de artista zen.

Também foi mais ou menos nessa época que me afastei dos meus amigos de Pequim porque tinha vergonha de falar sobre a minha situação. A empresa onde eu trabalhava era justamente o tipo de empregador que eles abominavam, os desenhos que eu fazia eram justamente o tipo de coisa que eles abominavam, e eu era exatamente o tipo de pessoa que eles criticavam em seus trabalhos — um representante da força reacionária desta sociedade corrompida. Passava o dia produzindo lixo, atrapalhando quem queria fazer coisa boa, poluindo a mente das pessoas. Como eu ia me defender? Ia mentir para mim mesmo e para eles, dizendo que não tinha outra opção, que todo mundo fazia aquilo? Era a mesma coisa que terminar a amizade de vez. (Pensava assim na época. Depois entendi que as pessoas mudam, crescem. Eles ouviam Sex Pistols aos 20 anos, mas não ouviriam mais aos 30. Não que Sex Pistols seja ruim, mas é aquele tipo de "bom" para quem tem 20 anos.) E eu era um inútil mesmo. Metido naquela lama toda, eu continuava gastando tudo o que ganhava. Minha namorada já estava sem paciência, qualquer coisinha virava motivo de briga.

Nessa época, um colega meu do curso noturno — morávamos perto e sempre nos falávamos — também andava cansado de trabalhar para os outros. Um dia, ele me propôs abrir um negócio com ele. Eu também achava que ser empregado dos outros não dava dinheiro e era perda de tempo, então aceitei na hora. Depois de muita conversa, decidimos ir até o Vietnã para sondar o terreno. Pensávamos que a economia da China já tinha decolado, que era difícil entrar no mercado e não havia mais ideia que alguém não tivesse pensado ou tentado antes. Já o Vietnã estava uma década atrás da China e vinha copiando o modelo chinês de reforma e abertura econômica. Imaginamos que, com a nossa mentalidade de uma década na frente, ia ser fácil achar boas oportunidades por lá. Então nós dois pedimos demissão e entramos em contato pela internet com uma moça de Liuzhou que estava estudando em Hanói para ser nossa intérprete.

Fomos a Hanói duas vezes. Primeiro, pegamos um trem até Nanning, depois, um trem daqueles de carroceria verde até Pingxiang e cruzamos a fronteira em Youyiguan. A intérprete tinha acabado de se formar e ainda morava no alojamento da Universidade Nacional de Hanói, então ficamos num hotel perto da universidade. Dizem que Hanói não é tão desenvolvida quanto Ho Chi Minh, mas como não fomos para o sul do Vietnã, não tínhamos como comparar. Hanói era bem atrasada mesmo, tinha poucos prédios altos no centro, as lojas pareciam as da China nos anos 1980. Os prédios antigos da época da colonização francesa tinham perdido o glamour, muitos tinham sido reformados para outros usos e estavam uma bagunça. A intérprete contou que no refeitório da universidade eles não lavavam os pratos, só passavam um pano. Os estudantes chineses levavam a própria marmita. Quando estávamos comendo numa barraquinha de rua, ela disse que os limões que punham na mesa não serviam para temperar a comida, mas para desinfetar os pratos e talheres. Não sei se ela estava brincando, mas por via das dúvidas peguei o limão e esfreguei bem em tudo. As coisas eram baratas em Hanói. Um pão francês com ovo frito no café da manhã custava 3,50 yuans, dava para enganar a fome. Lá o pão francês é como nosso *youtiao*, vendem em todo lugar. Visitamos uma igreja francesa. Do lado, tinha uma lojinha que vendia para turistas uns brincos de concha malfeitos e pertences de soldados americanos: isqueiros, cantis, plaquetas de identificação. O dono dizia que tinha desenterrado tudo num campo de batalha. Não sei se era verdade, já tinham se passado mais de trinta anos da Guerra do Vietnã.

Não tínhamos muito capital, então importar e exportar estava fora de cogitação. A ideia era ver se havia alguma oportunidade no varejo, mas, depois de andar bastante por Hanói e conversar com alguns estudantes chineses, não conseguimos pensar em nada. Embora Hanói realmente estivesse mais de uma década atrasada em relação à China, fazer negócios lá não era tão simples quanto "voltar no tempo e conquistar um império", como imaginávamos. Primeiro, a mercadoria era taxada quando cruzava a fronteira, o que aumentava o custo. Segundo, sem saber o idioma, dependíamos de intérprete para tudo, o que além de aumentar as despesas, reduzia nossa eficiência. Terceiro, não sabíamos nada das leis nem dos costumes, e isso nos custaria um preço alto no começo, era algo que não podíamos bancar. No fim, desistimos e voltamos para Nanning. Esse era nosso plano B.

Nanning era bem mais fácil de entender do que Hanói. Logo encontramos um shopping. Era especializado em roupas femininas; originalmente tinha cinco andares, mais tarde foi construído um sexto. Do primeiro ao quinto andar, as lojas já estavam bem estabelecidas, cada qual com sua clientela. Mas o sexto andar era novo, pouca gente sabia que existia e não tinha uma identidade definida — tinha tanto loja de roupa para senhorinhas quanto loja de roupa para adolescentes. Os clientes eram raros e ninguém se interessava por nada. Para piorar, o aluguel era caro e muitas lojas estavam fechando. Com tanta loja vazia, ninguém queria subir lá, era um círculo vicioso. Chegamos bem na época em que as primeiras lojas estavam fechando. A administração do shopping, desesperada, pedia para os proprietários baixarem o aluguel, dizendo que primeiro era preciso atrair clientes, e depois o aluguel subiria naturalmente, senão era matar a galinha para pegar os ovos. O sexto andar tinha uns 170 boxes. A incorporadora e a administradora eram a mesma empresa. Quando vendiam os boxes, obrigavam o comprador a assinar um contrato de dez anos com a administradora, para eles cuidarem da operação e do gerenciamento do shopping. Nesse esquema, não pagamos luvas e conseguimos um aluguel barato. Esse foi meu décimo primeiro emprego. Finalmente, eu estava trabalhando para mim mesmo, como dizem por aí. Como eu não tinha dinheiro guardado, peguei 20 mil yuans emprestados com meus pais. Meu sócio entrou com mais 20 mil, então tínhamos 40 mil yuans para começar, metade para cada um. Naquela época, Nanning ainda era uma cidade menos desenvolvida. Lembro que, no térreo do shopping, uma tigela de macarrão de arroz com caramujos em molho picante custava 3,50 yuans, um macarrão ensopado agripicante, 4 yuans, e uma porção de arroz glutinoso com feijão verde, 0,50 yuan.

Nos primeiros meses, o sexto andar não tinha uma clientela definida, a maioria que aparecia por lá estava só olhando, sem muita intenção de comprar. A mulher do meu sócio era quem escolhia as roupas para a loja, e a seleção seguia o gosto pessoal dela: peças largas e confortáveis. Mas esse tipo de roupa já tinha de sobra nos andares de baixo. Nosso andar era mais alto, com menos movimento, não tínhamos como competir vendendo roupas desse mesmo estilo. Quanto mais alto o andar, mais nichado deve ser o estilo. Afinal, roupa comum todo mundo vende e só faz sentido em grandes quantidades, e lá em cima não tinha movimento. Mas vender roupa com estilos diferentes também não é fácil — quanto mais nichado o estilo, mais importantes são as particularidades. E como não usávamos aquele tipo de roupa, era difícil conhecer todos os detalhes. Mas isso tudo só percebemos depois; na época não tínhamos experiência e nem entendíamos dessas coisas. O sexto andar era um deserto, quase ninguém estava ganhando dinheiro. Não sabíamos se o problema éramos nós ou o andar. Achávamos que era só esperar o movimento aumentar e a prosperidade viria para todos. Depois de alguns meses, começamos a aprender umas lições: a maioria das lojas que abriram junto com a nossa no sexto andar era de gente jovem, alguns ainda estudantes. Os clientes que eles traziam, amigos e conhecidos, também eram jovens, e as roupas que vendiam eram para essa faixa etária. Aos poucos, o movimento no sexto andar foi aumentando, porém começamos a notar que, para as garotas de 16 a 24 anos que iam lá, as roupas que vendíamos tinham cara "de velha".

Foi nessa época que a loja ao lado da nossa estourou, quase da noite para o dia. A dona era uma estudante de artes no último ano da faculdade. O namorado dela tinha bancado a loja. Ela trouxe a prima do interior para ajudar e ia comprar mercadoria em Cantão todo fim de semana. O segredo do sucesso dela foi uma revista japonesa de moda chamada ViVi. O público-alvo da revista era exatamente aquele: garotas de 16 a 24 anos. O estilo era delicado, meigo e moderno. Tinha uma modelo, a Lena Fujii, que era bem famosa na China. A estudante de arte vivia procurando imitações das roupas que a modelo usava, até que encontrou um fornecedor. Ela tinha um grupo de amigas que também gostavam da mesma revista e, quando começou a vender as imitações, elas viraram clientes assíduas. Para nós, era fácil copiar o estilo, bastava olhar as fotos. Sabíamos quem era o fornecedor porque a mulher do meu sócio ia com ela para Cantão. Nessa época, meu sócio e eu já tínhamos definido o papel de cada um: eu ficava em Nanning cuidando da loja, ele ia a Cantão comprar e enviar as mercadorias. Assim, não precisávamos ficar viajando toda semana, como os outros lojistas, perdendo um dia e duas noites para ir e voltar. Quando começamos a vender as mesmas roupas, a estudante veio tirar satisfação; ela fez um escândalo, nos chamou de sem-vergonha, disse que estávamos copiando seus produtos. Descontou tudo em mim porque meu sócio estava em Cantão, fora do alcance dela. Tentando acalmá-la, eu repetia um monte de coisas sem sentido, mas, em termos de negócio, não podíamos recuar só porque ela estava reclamando. O mundo dos negócios é assim mesmo; de vez em quando, bem feio. Já tínhamos comprado a briga, não dava para sair de mãos vazias. Depois de mais alguns meses, a loja do outro lado também encontrou um fornecedor e as três lojas, lado a lado, passaram a vender as mesmas roupas da revista.

Lojas pequenas como a nossa não trabalhavam com marcas famosas, garimpávamos as peças no mercado. Se um modelo vendia bem, todo mundo corria atrás do fornecedor para vender também. Por isso, ninguém contava para os outros quais peças tinham mais saída, com medo de que copiassem. Na hora de negociar o preço com o cliente, digitávamos no visor da calculadora, nunca falávamos em voz alta para a loja do lado não ouvir. O mundo dos negócios é cheio de intrigas e jogadas. É um ambiente de muita desconfiança, mas, ao mesmo tempo, todo mundo depende um do outro. Por exemplo, na hora de ir almoçar ou ir ao banheiro, um ficava olhando a loja do outro, ajudávamos com o troco, essas coisas. Além disso, passávamos mais de doze horas por dia no shopping, tínhamos de conversar, fazer alguma coisa para passar o tempo. Então, mesmo que não gostasse de alguém, a gente evitava criar conflito e ainda dava um sorriso forçado ao se encontrar. Era difícil não ser falso naquele lugar. O shopping vivia cheio, era muita gente desocupada, e com tantos interesses envolvidos, era difícil evitar que as fofocas se espalhassem. Tinha lojista que adorava fazer intriga, e eu detestava isso. Sempre me importei com o que os outros pensam de mim, me sentia mal com essas coisas. Quando ouvia alguém falando mal de mim pelas costas, principalmente quando era mentira, me sentia péssimo, ficava deprimido. Eu tinha uma vontade enorme de me justificar, de provar que não era bem assim. Aquele ambiente era uma tortura para mim.

Ainda bem que nossa loja recuperou o investimento em menos de um ano. Não tive coragem de guardar esse dinheiro porque a concorrência estava de olho, se eu parasse por um minuto corria o risco de ser engolido. Então primeiro contratei uma moça para cuidar da loja e fui procurar um novo ponto. Minha funcionária ganhava o maior salário do sexto andar, principalmente por causa da comissão sobre as vendas. Dei a ela mais que o dobro da comissão das outras lojas, com direito a bônus por metas. No melhor mês, ela ganhou mais de 2.300 yuans, enquanto a maioria das outras vendedoras ganhava só uns 700 ou 800. Logo achei um novo ponto, também no sexto andar, mas num lugar melhor que o primeiro, bem ao lado da escada rolante principal, no meio do andar. Como as duas lojas ficavam no mesmo piso, não podíamos vender roupas do mesmo estilo, senão uma prejudicaria a outra. Nessa época, o movimento no sexto andar já tinha crescido bastante, nem se comparava ao do ano anterior. Decidimos vender na loja nova umas roupas de moda internacional, estilo estudante e de boa qualidade, como imitações das marcas coreanas E-LAND e Teenie Weenie. Apesar de falsificadas, algumas tinham uma qualidade realmente muito boa, eram quase idênticas às originais, mas custavam três ou quatro vezes menos. Como tínhamos gente em Cantão e Nanning, era fácil repor o estoque, então vendíamos barato para ganhar pelo volume. A maioria das outras lojas mandava buscar mercadorias só uma vez por semana, ou a cada duas ou três semanas, por isso não conseguia reagir tão rápido quanto nós. Por exemplo, quando chegava uma remessa nova, sempre tinha umas peças que faziam sucesso e esgotavam logo. Aí completávamos o estoque na hora, enquanto a concorrência tinha de esperar até a próxima viagem. Por isso não podiam baixar muito o preço. Já nós, como conseguíamos repor o estoque rápido e em grande quantidade, quando aparecia um modelo campeão de vendas, baixávamos o preço e vendíamos uma montanha. As outras lojas nem tentavam copiar, porque vendíamos muito barato. Na hora de liquidar as peças encalhadas, dávamos uns descontos que as outras lojas nem acreditavam, porque, se a roupa encalhada não sai, só vai acumulando. E quanto mais tempo parada, mais difícil fica vender. No fim das contas, em vez de ganhar dinheiro, você acaba com um monte de roupa que ninguém quer. Nos dedicávamos de corpo e alma a esse negócio. Ao contrário de alguns lojistas que trabalham só de vez em quando, estávamos dispostos a nos esforçar para sermos mais rápidos que os outros e nos manter no topo. É como nos filmes de kung fu: a velocidade é imbatível. Deixei a moça tomando conta da loja antiga e fiquei cuidando da nova. No começo, as vendas foram ótimas, o que me deixou bem mais tranquilo.

Não acredito em carma, nem nada parecido. Algumas coisas até parecem carma, mas acontecem por uma lógica própria. Bem quando nossa nova loja estava bombando, o perigo já começava a criar raízes.

Logo depois da inauguração do novo ponto, a loja em frente à nossa, de cara para a escada rolante principal, mudou de dono. Os novos proprietários eram de Hubei: um casal com um filho de uns 20 e poucos anos que ainda trazia a namorada para ajudar todo dia. Uma família inteira tocando uma lojinha era algo inédito no sexto andar. Segundo contaram, o casal trabalhava com atacado de roupas, mas o mercado deu uma esfriada e eles se aposentaram mais cedo. Alugaram aquela loja para ensinar o filho a tocar um negócio. As primeiras roupas que colocaram à venda não tinham nada a ver com o estilo do sexto andar; eu via que eles mal conseguiam vender uma peça por dia. Além disso, pegaram o ponto e não fizeram reforma nenhuma, só trocaram a placa. Nós tínhamos investido um bom dinheiro na decoração da nossa loja. Naquela época, eu nem imaginava que eles se tornariam concorrentes tão problemáticos. Sobre uma coisa eles não mentiram: o casal realmente tinha trabalhado com roupas, só não sei se era com atacado. Eles logo perceberam que minha loja estava sempre cheia e adotaram a tática que tínhamos usado com a moça da escola de artes: copiaram nossos modelos. Com quatro pessoas para tocar uma loja só, considerando o custo da mão de obra, eles certamente estavam no prejuízo. Então talvez o casal realmente estivesse ensinando o filho a empreender. O pai, de uns 50 e poucos anos, ia e voltava de Cantão para buscar mercadoria, enquanto a mãe, o filho e a futura nora se revezavam no atendimento. Como eles não se importavam com os custos, nossa vantagem foi por água abaixo. Para piorar, a mãe tinha uma língua afiada. Enquanto vendia, espalhava boatos e falava mal da minha loja, dizendo que vendíamos falsificações e que as roupas deles eram originais. Eu não conseguia fingir que estava bem com aquilo, então logo entrei em conflito aberto com eles. Ela passou a espalhar fofocas com a maior desfaçatez e isso me deixou angustiado.

·

Aconteceu muita coisa nesse período. Meu sócio vinha todo mês a Nanning para observar o movimento no shopping. Numa dessas vindas, ele acabou se desentendendo com o dono de uma loja do sexto andar que sempre foi nosso rival. Depois da briga, o sujeito ficou inconformado e chamou três capangas com facas escondidas na roupa para tirar meu sócio do shopping à força. A segurança já tinha acionado a polícia. Os policiais chegaram rápido e os capangas fugiram, mas os dois brigões foram levados à delegacia. Lá receberam uma bela advertência e tiveram de assinar um termo de compromisso. Os policiais alertaram que qualquer retaliação resultaria em penalidades muito mais graves. Assim que eles foram levados, tratei de fazer as pazes com a namorada do outro lojista. Naquela noite, eu, meu sócio, o outro lojista e a namorada dele jantamos juntos uma tilápia assada na rua Longsheng. Um jantar de reconciliação. Como a polícia já estava de olho, era improvável que houvesse mais confusão, mas eles eram locais e eu já tinha ouvido falar que os pais da moça lideravam uma quadrilha de roubo de celular. Todo mundo sabia, mas ninguém parecia se importar. Ninguém os criticava, nem pelas costas. Era como se ter uma loja de roupas femininas e roubar celulares fossem apenas escolhas profissionais diferentes. Por precaução, levei uma faca para o jantar de reconciliação. Enrolei em jornal, coloquei na cintura por dentro da calça e cobri com a camisa. Enquanto nossas lojas fossem concorrentes, a rivalidade persistiria. A tal reconciliação era só fachada. Havia tantas brigas por causa de negócios no shopping! Quase todo dia, embora raramente chegassem às autoridades.

Outro acontecimento marcante foi o término do meu namoro. A mãe dela vinha insistindo para que ela fosse morar no exterior, mas ela estava dividida entre continuar comigo e seguir essa oportunidade. Por conta da indecisão, eu acabei absorvendo muitas das suas frustrações, já que ela me cobrava por não corresponder às suas expectativas. Na verdade, eu já tinha dado a entender que respeitaria qualquer decisão dela, ou seja, eu a apoiaria de qualquer forma. Mas eu não tinha coragem de terminar, porque, se fizesse isso, ela me acusaria de ser covarde, acomodado, irresponsável e muito mais. Talvez muita gente achasse que ela tinha razão. Muitas coisas que aconteceram entre nós naquele período me abalaram profundamente. Nos piores momentos, cheguei a pensar que estava entrando em depressão. Por isso, quando ela enfim decidiu ir embora, meu sentimento verdadeiro não foi de tristeza, mas de alívio. Eu sabia que não era capaz de satisfazer suas aspirações. Hoje ela já se estabeleceu no exterior e leva uma vida ativa, otimista e plena. Sinal de que fez a escolha certa. Mantemos um relacionamento amigável, em vez de nos tornarmos inimigos mortais, mas, na época, além do alívio, senti uma espécie de vazio, uma sensação de apatia. Ela tinha sido minha grande motivação para trabalhar tanto e me dedicar aos negócios. Quando fiquei sem essa "responsabilidade" nos ombros, fiquei também sem energia.

No total, permaneci em Nanning por mais de dois anos. Depois que os negócios se estabilizaram, foram quase dois anos de rotina inflexível: ia para o shopping assim que acordava e só retornava para casa depois das 22 horas. Não tinha nenhum dia de folga, exceto durante o Ano-Novo chinês. Depois que saí de Nanning, percebi que não conhecia praticamente nada da cidade. Nem sequer tinha ouvido falar da maioria dos lugares. Naquela época, minha mente estava completamente absorvida pelo shopping e pelos negócios, não sabia nem me importava com o que acontecia no mundo exterior. Nem mesmo notei que as Olimpíadas estavam acontecendo em Pequim. Acredito que só o terremoto de Wenchuan conseguiu chamar minha atenção por um instante. O shopping tremeu, o prédio inteiro balançou algumas vezes e a administração evacuou todo mundo às pressas. Todos os lojistas tiveram de deixar o edifício. Esse foi o único acontecimento "noticioso" fora do shopping que me marcou durante aqueles dois anos.

No Ano-Novo chinês de 2009, o shopping fechou por alguns dias. Na tarde da véspera, muitos lojistas foram para casa mais cedo, e a vendedora que eu havia contratado já tinha partido no dia anterior. Fui o último a sair. Como meu trem só partiria à noite, fiquei com algum tempo livre. Garoava, o chão estava úmido e as ruas, normalmente movimentadas, estavam desertas. Todas as lojas estavam fechadas e ouviam-se fogos de artifício ao longe. Jantei no McDonald's, o único estabelecimento com as luzes acesas, e depois segui para a estação. Enquanto caminhava pelas ruas vazias, fui tomado por uma profunda melancolia. Hoje, não teria uma reação tão intensa e emotiva. Nasci em tempos de paz, nunca enfrentei dificuldades reais, então falar em desolação seria exagero. Mas lembro-me nitidamente daquela tarde — ou talvez ela esteja gravada na minha memória justamente pela intensidade do que senti: percebi que vir a este mundo não é necessariamente uma bênção.

Não tínhamos assinado um contrato de aluguel com a proprietária da nossa nova loja, mas sim um contrato de sublocação com a antiga lojista, porque não estávamos totalmente confiantes. Como as duas lojas ficavam no mesmo andar do shopping e não podíamos vender os mesmos modelos, precisávamos encontrar um novo estilo. Nesse aspecto, nosso receio era repetir os erros da primeira loja. Se quiséssemos assinar o contrato diretamente com a proprietária, teríamos de pagar uma taxa de transferência à antiga lojista. Descobrimos que a antiga lojista era irmã da proprietária. Os outros comerciantes diziam que a irmã era festeira e não levava o negócio a sério. A proprietária tinha passado a loja na tentativa de fazer com que ela se comportasse, mas então a irmã engravidou e quis repassar o ponto. Conversei com meu sócio e concluímos que, em vez de pagar a taxa de transferência e assinar o contrato com a proprietária, era preferível pagar um aluguel um pouco mais alto e sublocar a loja diretamente da irmã. A vantagem da sublocação era economizar o valor da taxa de transferência, o que nos dava mais margem para experimentar. A desvantagem era que, sem um contrato direto com a proprietária, corríamos o risco de a antiga lojista querer retomar a loja ou de enfrentarmos problemas se o contrato entre ela e a proprietária tivesse algum imprevisto. Mas como eram irmãs, achamos que o contrato de aluguel seria estável, sem grandes chances de alterações. Agora que ela teria o bebê, provavelmente dedicaria mais tempo à família e, como nunca tinha levado o negócio muito a sério, as chances de querer voltar eram mínimas. Então negociei a sublocação com a irmã e fechamos o acordo. No entanto, como diz o ditado, às vezes o azar é tanto que a gente se engasga até com água. Um ano depois, a irmã me contatou dizendo que queria a loja de volta. Fiquei sem entender qual era a intenção dela. Segundo várias fontes, ela nunca tinha sido ambiciosa e desaparecia por vários dias quando tinha a loja. Além disso, o bebê ainda não tinha nem 1 ano. Por que ela iria querer voltar a vender roupas? Se quisesse aumentar o aluguel, bastava falar, não precisava inventar essa história. Suspeitei que alguém a tivesse instigado, talvez o lojista com quem meu sócio tinha brigado. Tive de reunir forças para negociar com ela, mas só consegui três meses adicionais. Nessa época, eu já apresentava alguns sintomas de fobia social. Por exemplo, quando via um cliente entrando na loja, em vez de ficar animado, sentia irritação e medo. Às vezes evitava conversar com as pessoas, a menos que fossem conhecidos de confiança. Se alguém que eu não conhecia sorrisse para mim, eu interpretava como maldade. Quando discutia com alguém sem estar com raiva, eu começava a tremer incontrolavelmente. Não sei se é a isso que as pessoas se referem quando dizem "tremer de raiva", porque eu nunca tinha experimentado essa sensação antes.

Depois que a segunda loja foi retomada, conversei com meu sócio sobre a minha saída. Disse a ele que não queria mais trabalhar com comércio. Nos separamos amigavelmente, sem nenhum desentendimento financeiro. Depois que deixei Nanning, ele encontrou outro sócio, um parente da esposa. Chegaram a ter quatro lojas no auge, mas mudaram de ramo e não trabalham mais com roupas femininas. Voltei para casa e não procurei emprego imediatamente. Na verdade, eu já não conseguiria um trabalho minimamente decente, mas esse não era o motivo da minha inércia. Durante os mais de dois anos em Nanning, fiquei confinado num ambiente fechado e sem luz natural, cercado por concorrentes traiçoeiros e uma infinidade de fofocas e calúnias. Eu nunca falava mal de ninguém pelas costas, mas, nos negócios, tinha de tirar vantagem dos outros e encontrar formas de superar a concorrência. Afinal, o número de clientes que entravam no shopping diariamente era limitado. Se comprassem de um, não comprariam do outro. Às vezes eu sentia culpa e pena, como no caso da estudante de artes. Na maioria das vezes, porém, sentia raiva e ressentimento. Quando saí daquele negócio e retornei ao mundo exterior, tive uma reação estranha ao sol; eu tinha passado muito tempo sem ver a luz do dia. Em Nanning, só tomava sol pela manhã durante os quinze minutos de caminhada até o shopping. Fiquei arredio, desconfiado e com a impressão de que as pessoas me olhavam torto, mas, quando chegava em casa e me olhava no espelho, não via nada de diferente na minha aparência. Às vezes encarava de volta quem me olhava e notava que as pessoas pareciam tranquilas, algumas nem estavam olhando para mim. Parei de atender ligações de desconhecidos e até de conhecidos. Deixei de participar das conversas no grupo de colegas da escola e não comparecia mais aos encontros. Um antigo colega me ligou várias vezes, mas não atendi. Depois disso, fiquei anos sem contato com meus colegas, exceto o meu ex-sócio. (Além do meu estado emocional, evitava meus antigos colegas porque me sentia inferior a eles. Levei anos para superar essa insegurança exagerada.) Se algum amigo me mandasse uma mensagem no QQ (na época, ainda não existia o WeChat), eu demorava muito para responder. Ficava preocupado em não usar as palavras certas e ruminava cada frase, mesmo que fosse uma mensagem trivial. E, quanto mais eu gostava da pessoa, mais inseguro eu ficava. Com conhecidos menos próximos, eu me sentia muito mais à vontade.

3. O ofício da escrita

Minha vida, em todas as esferas — trabalho, negócios, relacionamentos afetivos —, estava cheia de frustrações e sofrimento. Busquei afirmação num sistema de valores ao qual não me adaptava, e daí vieram as decepções, os fracassos consecutivos. Evidente que não posso jogar toda a culpa no ambiente externo, mas também não preciso buscar a aprovação alheia. Preciso fazer o que gosto e o que sei fazer bem, que é escrever.

Um dia, eu ia andando na rua quando um mototáxi ilegal furou o sinal, fez uma conversão proibida e veio na minha direção na contramão. Só parou depois de me atingir de raspão. Não me machuquei, mas levei um tremendo susto. Fiquei revoltado, xinguei o cara e dei um soco no ombro dele. Nessa hora, juntou um monte de gente em volta me criticando, dizendo que eu não devia pegar no pé do mototáxi. A lógica deles era que mototaxistas são pessoas humildes, que trabalham o dia inteiro debaixo de sol e chuva para ganhar a vida, e que é preciso ter paciência com eles. Até que fazia sentido, mas e se ele tivesse acertado uma grávida em vez de mim? Ninguém respondeu. Pelo contrário, vendo que eu não cedia, um moço se meteu e disse: "É briga que você quer? Então vem que eu te dou uma." Mas logo os idosos que estavam ali o puxaram de volta. Queriam apaziguar as coisas, que ninguém cobrasse nada de ninguém, que cada um fosse para o seu lado. Mas cobrar algo não era a minha intenção, eu só estava botando para fora toda a raiva que sentia. E, no fim das contas, o mototáxi podia até estar ganhando mais dinheiro do que eu, o trabalho dele talvez nem fosse tão extenuante quanto os que eu já tinha feito. Essa foi a única vez na vida que eu me indispus com alguém em público, que enfrentei diretamente a reprovação de todo mundo ao meu redor. Esse episódio registrou meu estado mental da época: um estresse latente, uma sobrecarga emocional a ponto de explodir. Não foi só por causa disso, mas foi mais ou menos a partir daí que comecei a me trancar no quarto e sair raramente. Depois de encerrar a sociedade da loja de roupas, devolvi os 20 mil yuans aos meus pais e fiquei com algumas dezenas de milhares. Meus pais não sabiam o que eu tinha passado (e até hoje não sabem). Ao me ver sem trabalhar, sem sair e sem ver ninguém, eles começaram a ficar preocupados e a imaginar coisas, não sabendo como agir. São pessoas tranquilas, racionais, só não entendem que este mundo às vezes não é racional. Mas eu não ficava à toa no quarto o tempo todo. Comecei a tentar escrever. Era outubro de 2009.

Ter um negócio próprio realmente consome muito do nosso tempo. Mas, na loja de roupas, o movimento só começava a aumentar mesmo depois das 14 ou 15 horas, de manhã quase não entrava ninguém. Então às vezes eu lia na loja para passar o tempo. Li alguns livros de entretenimento e algumas obras literárias — até então eu tinha lido bem pouca literatura. Fiquei bastante tocado com *O apanhador no campo de centeio*. Gostei muito de *Nove histórias* e dos contos sobre a família Glass, de Salinger. Na minha opinião, toda a obra dele fala da inocência, de como ela não se encaixa no mundo e acaba sendo destruída por ele. Meus primeiros textos foram imitações claras de Salinger. Depois, li Raymond Carver. O jeito que ele descreve o desmoronamento da vida cotidiana me tocou profundamente. E Richard Yates, tão terno, tão melancólico… Naquela época, essa melancolia me fascinava muito mais do que hoje. E Truman Capote, alguns dos seus contos com toques autobiográficos sobre a infância são especialmente tocantes, melhores que *Bonequinha de luxo*. Eu me interessava tanto por esses escritores realistas americanos porque sentia uma identificação com a vida e as emoções que eles retratam. Talvez seja o resultado de uma sociedade onde reina o consumismo: as experiências de vida ficam meio padronizadas. Quanto mais eu lia literatura, mais eu me sentia apartado da realidade. Minha vida, em todas as esferas — trabalho, negócios, relacionamentos afetivos —, estava cheia de frustrações e sofrimento. Busquei afirmação num sistema de valores ao qual não me adaptava, e daí vieram as decepções, os fracassos consecutivos. Evidente que não posso jogar toda a culpa no ambiente externo, mas também não preciso buscar a aprovação alheia. Preciso fazer o que gosto e o que sei fazer bem, que é escrever. Naquela época, quanto mais árido parecia o mundo real, mais fértil ficava meu mundo interior.

Depois, descobri Ernest Hemingway. Os temas das obras dele eram bem distantes da minha realidade, e ele era uma pessoa muito diferente de mim, oposta em certos aspectos. Mas Hemingway tinha uma "teoria do iceberg": ele achava que o iceberg é imponente porque só um oitavo dele está acima da água, e os outros sete oitavos, submersos, ficam por conta da nossa imaginação. Numa obra literária, o oitavo visível são as palavras e as imagens, e os sete oitavos submersos são os pensamentos e as emoções. O primeiro é onde o autor pousa a pena, o segundo está implícito no primeiro. Para mim, que estava começando a escrever, esse foi sem dúvida um lembrete valioso. A parte não escrita deveria ser mais vasta e profunda do que a parte escrita. A arte do romance está em conter infinitos pensamentos e emoções em palavras e imagens limitadas. Meus primeiros textos foram uma tentativa de pôr isso em prática. Eu estudava meios de usar os "espaços em branco", sempre pensando no que não escrever, em vez de no que escrever. Mas, com o tempo, conforme fui lendo mais e ampliando meu repertório, percebi que a "teoria do iceberg" não era a única verdade — a arte não tem princípios invioláveis —, mas sim um punhal muito afiado. Naquela época, escrevi alguns contos baseados em experiências reais, com personagens e enredos quase sempre inspirados em pessoas e eventos da minha vida, e publiquei num fórum literário para compartilhar com outros escritores. Logo depois, tive alguns trabalhos publicados em revistas literárias, mas o pagamento era bem baixo. Lembro que recebi menos de 300 yuans por um conto de oito mil caracteres. Foi o pagamento mais baixo que já recebi, por isso me lembro bem. Por um breve período, imaginei que poderia viver de escrita, mas logo abandonei essa ideia.

O que eu conto aqui sobre o meu passado abrange boa parte do material que usei nos contos daquela fase. Talvez seja interessante comparar. Aqueles contos eram sérios, formais, rígidos, cheios de lamentos e ressentimentos. Este texto é bem mais leve — mais leve para quem lê e mais leve para mim, que escrevo. Porque aqui só vou contando as coisas como foram, coisas do trabalho e da vida, sem inventar nada. Na verdade, não sou bom de inventar, principalmente as tramas. Além disso, este texto inclui muita coisa que eu não colocaria nos contos — aqueles sete oitavos submersos, lembra? Aqui explico diretamente para o leitor os meus motivos, as intenções que levaram a cada decisão minha, como me sentia, o contexto em que vivia... não posso dizer que tudo aqui é objetivo, porque não existe escrita objetiva. Até quem viveu a mesma coisa conta a história de jeitos diferentes, porque inevitavelmente trazemos uma perspectiva e uma posição subjetivas quanto ao que observamos e sentimos. Eu só posso tentar ser fiel aos fatos, o mais imparcial possível. Além do mais, por trás de certas coisas que a gente faz, pode haver vários motivos atuando ao mesmo tempo, e alguns até passam despercebidos. Como os eventos que estou narrando aconteceram há muito tempo, só consigo recordar com dificuldade os motivos principais envolvidos em muitas daquelas situações. Voltando ao assunto: esse período de escrita durou mais de dois anos. Obviamente não era um emprego, mas me dediquei a ele mais do que a qualquer trabalho que já tive.

Desde que comecei a escrever, peguei o hábito de anotar ideias e reflexões soltas. Dando uma olhada nos cadernos antigos, quero compartilhar dois trechos. O primeiro é uma reflexão sobre o que absorvi durante meu tempo em Pequim, como um "nômade criativo". Foi uma experiência extremamente importante para mim, fundamental para me tornar quem sou. Claro que fizemos besteira e magoamos algumas pessoas, mas nossa busca constante pela sinceridade e o fato de sermos nossos maiores críticos — mesmo que às vezes isso tenha se transformado em egoísmo, teimosia e grosseria, coisas que pude reconhecer e superar depois — foram o maior aprendizado que já tive, a primeira luz que me iluminou de verdade. O segundo trecho registra as sensações ruins que tive sobre o "trabalho" num certo momento de um dia qualquer. As duas anotações são de anos atrás e hoje podem parecer exageradas e ingênuas, mas mostram como minha cabeça funcionava e explicam, direta ou indiretamente, como minha atitude em relação ao trabalho mudou desde então.

A primeira anotação é sobre rock, o título original é "O rock como arte". Mas hoje eu chamaria de "Não adentre a boa noite sem contestar"*:

(A) *Um traço marcante do rock como arte é que sua forma depende diretamente da personalidade única e do espírito do próprio artista.*

(B) *O que fascina no rock é a perfeita harmonia entre o artista e sua música: a união da alma do artista (conteúdo) com a música (forma).*

(C) *O artista de rock passa a vida buscando o som que combina com sua alma.*

(D) *Por isso, o artista de rock detesta artificialismo, rejeita música bem-feita, bonita e habilidosa, mas sem alma.*

(E) *O rock se opõe à falsidade, à apatia, à mediocridade, à ordem e aos dogmas, mas ele mesmo costuma ser teimoso, bruto,*

* Referência ao poema "Do Not Go Gentle into that Good Night", de Dylan Thomas, cuja mensagem central é a rejeição ao conformismo diante da morte. [*N. do T.*]

radical, confuso e desesperado; a força do rock está em destruir, não em construir.

(F) *O rock costuma se rebelar freneticamente e de forma "doentia" contra um mundo "sadio".*

(G) *O melhor rock nem sempre tem as melodias mais bonitas, os vocais mais doces, o maior virtuosismo; muitas vezes, é o oposto: despreza a técnica, a habilidade, a perfeição, prefere o simples, o espontâneo, o cru.*

(H) *O "viés" costuma ser mais criativo, mais expressivo. A arte não rejeita o "viés", porque a arte não se importa com opiniões ou ideologias. Ela só quer saber se o "viés" é original, se é profundo. O rock também.*

(I) *Afinal, não existe visão completa, só visões parciais.*

(J) *Compor é criar, tocar também, tocar é arte em forma de ação.*

(K) *Como o rock também é performance, ele aceita a interpretação, mas não a interpretação falsa — tentar mostrar perspectivas, sentimentos e atitudes que não se tem é trair o espírito do rock.*

(L) *O cerne do espírito do rock é a sinceridade.*

(M) *A alma de uma banda de rock costuma ser quem tem a personalidade mais forte.*

(N) *Dizem que o rock não é um gênero musical, é um espírito. Quer dizer que o rock é, antes de tudo, uma forma de transformar a vida e a pessoa em arte, não uma busca pela forma musical em si. Por isso criticam o rock, dizem que é "música bruta".*

(O) *Por isso, o artista de rock se concentra em explorar a natureza humana, em refinar as sensações, em questionar a própria alma... Ele precisa se aprofundar, se enriquecer, se moldar.*

Aprimorar a si mesmo é a maior, e talvez a única, garantia de sucesso artístico.

(P) *Esse aprimoramento se manifesta na obra, nas ações, e se une à busca pela forma musical, mas uma coisa vem antes da outra, uma é a principal, a outra, a subordinada.*

(Q) *Por isso, mesmo que o artista de rock já tenha uma personalidade diferente do comum desde o início, ele fica ainda mais sensível, mais radical com o próprio aprimoramento, devido ao seu instinto de manter sua arte viva e consolidar a originalidade. Busca uma forma única e mais expressiva até para os menores detalhes de si. E no fim, o amor e o ódio ficam tão grandes que ele não aguenta, e entra em colapso mental, ou quase. Não é uma escolha consciente, é algo que acontece espontaneamente na alma.*

(R) *O rock ama e precisa de heróis autodestrutivos.*

(S) *É um caminho sem volta: quando o artista para, por vontade própria ou por obrigação, sua arte morre. O artista de rock "morto" ainda pode compor e tocar, mas é outra coisa.*

(T) *Por isso, o rock exige mais dedicação do que outras artes, algo completamente involuntário, muitos artistas de rock vivos já estão "mortos".*

(U) *Mas os medíocres não percebem a armadilha de exagerar na interpretação de si mesmos, os verdadeiros artistas de rock são gênios, e sabem disso.*

(V) *Ou seja, o rock é a arte dos gênios.*

(W) *Como Fausto, o roqueiro faz um pacto com o diabo: junto com o talento, vêm a solidão, as contradições, a dor, o cansaço. O verdadeiro rock, mesmo que pareça alegre, vibrante, é, na sua essência, o lamento do artista que cai no abismo.*

A segunda anotação é sobre trabalho, não tem título:

Trabalhar só para sobreviver é tão triste quanto estar preso, por isso pouca gente admite que trabalha só por dinheiro. O que se costuma dizer é: gosto do que eu faço, gosto dos meus colegas, o trabalho me realiza etc. Ainda que seja verdade, é só parte da história — a gente pode fazer o que gosta, encontrar quem a gente gosta e ter uma vida plena sem precisar trabalhar. Os mais velhos eram mais diretos, perguntavam logo: "E como você vai se sustentar sem trabalhar?" Para eles, não era triste se prender ao trabalho, abrir mão da liberdade. Pelo contrário, eles se orgulhavam de trabalhar sem parar. E era verdade, naquela época não tinha artista, nem filósofo, só vagabundo não trabalhava. Como escreveu Somerset Maugham, nem todo mundo sabe o que fazer quando não precisa mais se preocupar com a sobrevivência. Foram tempos difíceis e cruéis que nos deixaram assim, tristemente monótonos e limitados, mas o mundo mudou. O consumismo virou a nova ideologia, a prisão continua lá, só que agora parece que somos mais livres. Mas, em vez de te impedir de fazer o que quer, o método mais eficaz e duradouro para promover a estabilidade social é, sem dúvida, incutir nas pessoas o que elas supostamente precisam e fornecer os meios para alcançá-lo. E isso continua sendo escravidão. Nas regras desse jogo, o trabalho ainda é o principal meio de "realização pessoal". Por isso damos tanta importância ao nosso trabalho e ao dos outros também. O trabalho virou o nosso principal rótulo. Quando reencontramos velhos amigos e colegas de escola, a primeira pergunta é sobre o trabalho. Numa viagem, antes de falar de hobbies, já queremos saber o que o outro faz. Algumas pessoas nasceram para esse sistema, para terem sucesso e serem felizes trabalhando — aqui me refiro ao trabalho reconhecido, ao que dá dinheiro —, mas não todo mundo. Deveríamos trabalhar para viver, e não viver para trabalhar. Mas a sociedade evoluiu, não somos mais como nossos ancestrais primitivos que, mesmo trabalhando sem parar, ainda corriam o risco de morrer de frio ou de fome. Hoje em dia, não precisamos mais passar cinco dias e cinco noites sem dormir correndo atrás de um mamute, derrubar a presa antes de desabarmos de exaustão, depois arrastar a carcaça ensanguentada por dezenas de quilômetros até nossa caverna fria para alimentar a família cabeluda. Pois é, se a gente acordasse um dia nessa situação, provavelmente se mataria. Ainda bem que inventamos regras sociais e métodos de produção complexos, que tornam o trabalho eficiente, digno, diferente da caçada primitiva e sangrenta — embora, no fundo, ainda seja a mesma coisa.

4. O décimo segundo emprego

Naquele ano, passei tempo demais on-line, atendia à loja virtual, lia textos e respondia a eles no fórum literário. Queria estar mais perto da natureza, ou talvez mais longe da sociedade.

Depois de quase dois anos em casa, comecei a sentir vontade de sair novamente. Além disso, tinha chegado a um impasse no que se refere à escrita. Morando com meus pais, eu gastava pouco, mas como comprava livros sem parar, meu dinheiro já tinha diminuído pela metade. Ainda não me sentia em condições de trabalhar: tinha receio de lidar com estranhos cara a cara. Justamente nessa época, reencontrei um antigo colega, o outro diagramador da revista sobre animes e mangás em que trabalhei. Ele era muito tranquilo, bem-humorado, nos dávamos bem. Depois, ele também tinha decidido empreender, e com mais sucesso que eu. Começou com uma loja num shopping em Shangxiajiu, em Cantão, e na época já tinha seis. Retomamos contato, marcamos de nos encontrar e conversamos o dia todo. Ele me disse que o comércio físico ficaria cada vez mais difícil e que o futuro estava no comércio on-line. Isso foi em meados de 2011. Ele tinha acabado de alugar um galpão de 600 metros quadrados com o plano de investir sério no e-commerce e ir fechando as lojas físicas. Ele sabia que eu tinha trabalhado com moda feminina em Nanning e que estava sem trabalho no momento, então me incentivou a abrir uma loja virtual também. Como eu não tinha condições de alugar um galpão grande, ele sugeriu alugar um espaço perto do mercado atacadista, colocar alguns modelos na loja virtual, mas sem fazer estoque.

A ideia era comprar no atacado só depois de vender on-line, assim eu não precisaria de muito capital inicial para começar o negócio. Segui o conselho dele à risca — e esse foi meu décimo segundo trabalho.

Meu negócio on-line não ia muito bem, mas, como os custos eram realmente muito baixos, eu conseguia manter o equilíbrio entre receitas e despesas. Ainda continuava lendo e escrevendo, por isso não me dedicava 100% à loja virtual. Achei que daria para conciliar as duas coisas, mas na verdade não fiz bem nenhuma delas. O Taobao naquela época estava longe de ser tão competitivo como se tornou depois. Anos mais tarde, muitos vendedores on-line se recordam daqueles anos como a era de ouro do Taobao, quando dava para ganhar dinheiro fazendo qualquer coisa de qualquer jeito — e eu fazia exatamente assim, de qualquer jeito, mas não lucrava nada, o que mostra o quanto eu era ruim em ganhar dinheiro. Em contrapartida, embora eu passasse a maior parte do tempo escondido no quarto alugado, ainda precisava sair para pegar e enviar mercadorias, então tinha de lidar com atacadistas e entregadores todos os dias. Minha interação com eles era um desastre. Como eu não reabastecia muito, pegava só algumas peças de cada vez em cada banca, sempre me sentia diminuído, às vezes nem tinha coragem de olhar direto nos olhos dos vendedores. E não era nada demais, muita gente pegava só algumas peças de cada vez, mas eu simplesmente não conseguia superar a baixa autoestima e a insegurança. Eu até tinha um pequeno estoque. Para não fazer feio, eu comprava mais daquilo que vendia bem e assim ia menos vezes ao atacadista para evitar o constrangimento de encontrar os vendedores.

Eu queria ser transparente, não ter presença física, para poder passar despercebido, mas as coisas não saíram como eu queria. Acho que eu era bem diferente dos outros compradores. Tinha uma vendedora que devia se lembrar bem de mim, porque eu era educado e reservado, dizia bom dia e obrigado, nunca falava mais que o necessário, nem fazia exigências. Eu comprava um modelo de camiseta dela havia muito tempo e, como no atacado quase não se negocia o preço, nunca discutia valores. Um dia, quando fui buscar mais camisetas, ela me avisou que o preço tinha baixado 2 yuans. Nisso me dei conta de que, nas últimas vezes, ela tinha ficado com uma expressão de quem queria dizer algo, mas hesitava. Era óbvio que o preço já tinha baixado, mas, se eu não perguntasse, ela devia achar estranho tomar a iniciativa de me avisar — se eu estava satisfeito com o preço antigo, por que ela abriria mão do lucro? Lembrei a época da loja de roupas. Eu sempre ficava na loja em Nanjing, nunca ia buscar as peças pessoalmente, mas sabia o preço de custo de tudo. Algumas peças recém-lançadas custavam mais caro, mas, conforme os fabricantes aumentavam a produção, o custo diminuía, e com outros comerciantes copiando os modelos, os preços mudavam com frequência. Quem tinha experiência normalmente confirmava o preço com o vendedor a cada vez. No meu caso, como eu já não tinha experiência, não queria conversar com ninguém e ainda me sentia constrangido por levar pouco, não perguntei mais sobre os preços depois da primeira vez que comprei dela. No instante em que entendi tudo isso, eu quis sumir de tanta vergonha. Nunca mais voltei à loja dela. Eu me senti um idiota e não queria que ela me visse de novo.

Tenho algumas histórias interessantes com os entregadores também. Na época, a Yuantong era a melhor das grandes empresas de entrega, depois vinha a ZTO. A pior era a Huitong (que hoje se chama Best). Já que eu enviava poucos pacotes, escolhi a Huitong, que oferecia preços melhores para pequenos clientes. O entregador da minha região era bem novo, tinha uns 18 ou 19 anos. Achei difícil lidar com ele; não parecia profissional, era uma criança. Combinar horário não adiantava, ele nunca era pontual. Perguntar quando ele podia vir era inútil, ele nunca sabia dizer. E ele nunca subia para pegar os pacotes, sempre me ligava antes, mandava eu descer e esperar na rua, às vezes por um bom tempo. Até aí tudo bem, eu entendia e não reclamava. O que eu não suportava era ele me avisar, já no fim do dia, que não ia conseguir vir porque estava muito ocupado. Aí eu era obrigado a atrasar alguns envios por um dia.

Naquela época, muita gente ainda não estava acostumada com compras on-line e os clientes novos eram os mais ansiosos, ficavam mandando mensagem para cobrar a entrega poucas horas depois de pagar. Então eu ficava esperando o telefonema do entregador, com medo de me distrair e perder a ligação, mas sem coragem de ligar para ele. Quanto mais ele demorava, mais ansioso eu ficava — comecei a ter dor de estômago por causa disso. Um dia, o fulaninho tirou licença e veio um entregador mais velho no lugar dele. Esse, sim, subiu para pegar os pacotes em vez de me fazer esperar lá embaixo. Quando fui pagar o frete, ele me perguntou com a testa franzida: "É esse valor que você paga para ele?" O garoto me cobrava 8 yuans por pacote. Eu disse que sim. O entregador mais velho xingou: "Mas que sacana esse moleque!" A ficha caiu na hora: o pirralho me cobrava 8 yuans e repassava menos para a empresa. Eu já trabalhava com ele havia seis meses. Se tivesse falado com o supervisor dele antes, ou negociado melhor o preço, não teria jogado dinheiro fora. Fiquei frustrado, me sentindo um idiota por ter sido enganado por uma criança. Não queria mais ver a cara dele, então, no dia seguinte, comecei a enviar pela ZTO. A dona da franquia da Huitong — que eu nunca tinha visto — me ligou. Ela não perguntou por que eu tinha mudado de empresa porque já entendia bem o motivo. Só quis saber, de forma indireta, quanto eu estava pagando na ZTO. Também eram 8 yuans por pacote, mas não contei a ela.

Na escrita, eu achava cada vez mais que meus contos realistas eram cafonas, ultrapassados. Parecia que eu estava numa "fase de transição" e tinha vergonha de tudo que havia escrito antes. As discussões no fórum literário só pioravam essa insegurança, apesar de eu ter aprendido bastante por lá também. Os autores que eu admirava dois anos antes, agora já não me cativavam tanto. Eu tinha lido e relido os livros deles, alguns até mais de dez vezes, era natural que estivesse saturado. Comecei a me aventurar no "modernismo" — uma escolha estética utilitária, que eu não percebia na época —, então troquei Salinger por Kafka como minha principal referência. Cheguei a escrever num comentário que não gostava mais de Carver, porque ele era popular demais, fácil demais, e que seu estilo já havia sido reduzido a uma fórmula. Eu me inspirava em outra fonte: James Joyce, mas só *Dublinenses*, o *Ulisses* eu ainda não tinha lido. Ninguém parecia perceber que eu o imitava, então não falei nada sobre ele.

Aos poucos, percebi que às vezes eu tinha uma ponta de maldade com os outros. Por exemplo, como moderador convidado do fórum, eu lia os textos enviados para a seção de contos e tentava comentar em todos. E, em alguns casos, fiz comentários inadequados, principalmente negativos, sobre trabalhos que eu não conseguia apreciar. Na época, eu não via maldade nenhuma nisso. Achava que estava sendo honesto, falando o que pensava, e o fórum era conhecido por ser um lugar de debates diretos, sem rodeios. Seus participantes valorizavam a sinceridade, por mais dura que fosse, e abominavam falsidade, panelinhas e bajulação. Com certeza magoei alguns porque não soube ficar calado quando não tinha nada de útil a dizer. Na verdade, minha agressividade era uma defesa, em razão de minha própria insegurança. Quando me dei conta disso, fiquei frustrado. Comecei a duvidar de mim, da minha escrita. Queria me afastar da internet por um tempo. Naquele ano, passei tempo demais on-line, atendia à loja virtual, lia textos e respondia a eles no fórum literário. Queria estar mais perto da natureza, ou talvez mais longe da sociedade. Esses foram alguns dos motivos que pesaram na decisão de me mudar para Yunnan, uma província montanhosa vizinha ao Tibete.

Por outro lado, o dinheiro na minha conta praticamente não aumentava. Isso significa que a renda da loja virtual mal dava para cobrir o aluguel e a alimentação, e eu era extremamente econômico nesses dois aspectos. Mantive a loja on-line por pouco mais de um ano. Nesse período cheguei a me mudar uma vez, porque troquei de mercado atacadista. Eu estava cada vez menos interessado em gerenciar o negócio, especialmente em lidar com os atacadistas, os entregadores e o proprietário. Minha escrita também estava num beco sem saída: eu queria romper com meu estilo anterior, mas Kafka não era tão fácil de imitar, ainda mais considerando minha dedicação parcial. Até que, um dia, percebi que não dava mais para continuar daquele jeito: o negócio não ia para a frente, eu vivia no aperto, estava sendo antipático on-line, meu estado mental não era saudável, minha perspectiva estava ficando distorcida. Concluí que era hora de mudar de ares. Não digo mudar de bairro, mas ir para um lugar completamente diferente. Nessa época, retomei contato com um amigo de Pequim. Ele estava trabalhando como ilustrador freelancer de livros infantis, então podia morar em qualquer lugar. Conversamos e acabamos escolhendo a província de Yunnan. Outro amigo nos recomendou a cidade de Dali, em Yunnan, dizendo que ele próprio tinha vontade de se mudar para lá, então nós dois decidimos ir primeiro. Mas, no fim das contas, esse amigo que falava tão bem de Dali acabou não indo.

5. O décimo terceiro e o décimo quarto empregos

Dessa vez, fiquei em Daguanyi por mais de um ano. Como não trabalhava, todos os dias eram agradáveis. Não me sentia improdutivo, não estava perdendo tempo. Para mim, todo dia vivido com intensidade tem seu valor. Se Alexandre, o Grande, me perguntasse o que eu queria, eu diria: "Sai da minha frente, está tapando o sol."

Em setembro de 2012, meu amigo e eu finalmente nos estabelecemos em Xiaguan, um distrito de Dali. Alugamos apartamentos separados. Ele continuou ilustrando, e eu comecei a procurar emprego. Meu apartamento tinha dois quartos, um banheiro e um corredor, sem sala de estar, e o aluguel era de 1.000 yuans por trimestre. Não instalei internet, queria ficar menos tempo on-line. Estava decepcionado comigo mesmo. Eu tinha dado um tempo na escrita e sentia que não tinha muito a compartilhar, mas continuei fazendo anotações. O texto "O rock como arte", que mencionei antes, é desse período. Também comecei a usar um smartphone, um Huawei de segunda mão que comprei antes de ir para Yunnan. O Android era bem simples na época, e a resolução da tela era de apenas 320x240. Foi a partir daí que passei a escrever no celular. Só voltei a escrever no computador em 2020.

O emprego que encontrei em Xiaguan, meu décimo terceiro, foi como segurança de shopping center. Era um shopping pequeno, éramos responsáveis apenas pela segurança do primeiro ao terceiro andar. Do quarto andar para cima havia um supermercado, uma loja de móveis e apartamentos, que não eram da nossa alçada. Éramos divididos em quatro equipes de quatro pessoas, trabalhando 24 horas em três turnos. Esse esquema de turnos era igual ao do posto de gasolina onde trabalhei anos antes. A diferença era que agora eu ganhava 1.500 yuans, enquanto no posto eu recebia 1.800. Ou seja, doze anos depois, num trabalho igualmente intenso, meu salário tinha diminuído 300 yuans, sinal de que Xiaguan ainda era menos desenvolvida. Mas era justamente isso que me atraía. No supermercado do quarto andar do nosso shopping, uma refeição rápida custava 4 yuans, na rua, um prato de macarrão com carne desfiada custava 5, e meu aluguel mensal era de 330. Então, 1.500 yuans eram suficientes. Xiaguan fica no extremo sul do lago Erhai, no ponto onde deságua o rio Er. A cidade se estende pela margem do lago, com os Montes Cangshan a oeste. A paisagem é deslumbrante. Os colegas sempre me diziam "Xiaguan é o melhor lugar para se viver!" com um orgulho enorme, como se tivessem algum mérito nisso. Meu novo emprego era tranquilo. Eu imaginava que só pessoas mais velhas fariam esse tipo de trabalho, e eu até preferia lidar com pessoas mais experientes, mas vários colegas tinham mais ou menos a minha idade, e havia até um rapaz de pouco mais de 20 anos. Eu sabia que aquele emprego não tinha futuro, mas não queria pensar no futuro, só em viver bem o presente. Acreditava que minha mediocridade como escritor era resultado da vida medíocre que eu levava. Eu queria ver a vida com novos olhos, redescobri-la.

Tínhamos uma salinha de segurança, feita de painéis de alumínio e vidro, escondida atrás do shopping, bem ao lado do bicicletário. Um de nós sempre ficava de plantão ali porque também éramos responsáveis por vigiar as bicicletas, motos e scooters. Patrulhar o shopping era um tédio. Mesmo no meu ritmo mais lento, eu percorria os três andares em menos de meia hora, e não era o único fazendo a ronda. O shopping ficava vazio na maior parte do tempo, então, quando eu passava, as vendedoras me acompanhavam com o olhar. Alguns colegas gostavam de puxar conversa com elas, mas eu nunca fazia isso. O estacionamento na frente do shopping era terceirizado, não tínhamos de nos preocupar com ele. Às vezes eu ia até lá e fingia inspecionar os veículos, só para sair um pouco e tomar um ar. Quando trabalhávamos durante o dia, nos revezávamos na sala de segurança. Lá também era chato, mas pelo menos tinha jornal e revistas para ler. Eu preferia o turno da noite, quando podíamos dormir em rodízio. A gerência fazia vista grossa porque Xiaguan era um lugar pacato demais — parecia que os bandidos dali tinham se mudado para regiões mais desenvolvidas para poder subir na vida. Até fizemos um churrasco na sala de segurança uma noite. Pelo jeito, não era a primeira vez. Eu fazia o que os outros faziam, mesmo sabendo que não era certo, e estava tranquilo com isso. O que me surpreendeu um pouco foi assarem a carne num aquecedor elétrico. O aparelho parecia uma daquelas luminárias mata-mosquito, só que bem maior, e com tubos de aquecimento infravermelho no lugar das lâmpadas ultravioleta. Tinha uma grade de metal na parte da frente para proteger quem usava. Deitaram o aquecedor e colocaram a comida direto nessa grade. Não era tão rápido quanto assar na brasa, mas servia para passar o tempo. Normalmente esse aquecedor ficava no chão, já coberto de poeira, mas ninguém se importava, nem eu. Cada um deu 20 yuans, e um colega foi de scooter comprar espetinhos já temperados numa barraca de churrasco. Ele também trouxe uma garrafa de *baijiu*.* Por algum motivo, acharam que eu não beberia, já que estávamos trabalhando. Talvez me vissem como alguém certinho. Mas eu não estava nem aí! Se eles bebiam, eu também bebia. Quando me viram bebendo, levantaram o polegar em sinal de positivo.

Eu me sentia muito à vontade em Xiaguan. Apesar do salário baixo, eu trabalhava oito horas por dia e nunca fazia hora extra. Minhas habilidades eram mais que suficientes para o trabalho, então me sentia tranquilo. Meus colegas eram muito amigáveis comigo, talvez por eu ser o único de fora da província. Às vezes me tratavam com a mesma cortesia que se dedica a um estrangeiro. Com eles, eu não sentia nenhuma barreira

* Aguardente de cereais. [*N. do T.*]

social. Eles não conheciam meu passado, eu não conhecia o deles, e não perguntávamos uns aos outros. Era evidente que tinham um coração puro e pensamentos simples, provavelmente porque, com um salário de 1.500 yuans, não adiantava ser muito ambicioso. Ninguém se metia em intrigas ou esquemas, talvez os mais espertos tivessem ido buscar oportunidades em outros lugares. Eu também gostava muito do clima de Xiaguan: invernos amenos, verões frescos, sol abundante, muita chuva e vento forte. Parecia que a natureza ali era mais generosa e oferecia cada elemento em dobro. Depois de dois meses de trabalho, eu me sentia bem física e mentalmente, muito melhor do que antes.

Um dia, a gerente de RH me chamou à sua sala. Ela me disse que a padaria do quarto andar estava à procura de um aprendiz. O salário era o mesmo, 1.500 yuans, mas o trabalho era melhor do que na segurança. Argumentou que, como segurança, eu não aprenderia nenhuma habilidade. Apesar de gostar dos meus colegas, aceitei a oferta sem hesitar — ainda que fosse apenas para não desapontá-la. A dona da padaria era filha do dono do shopping, e o gerenciamento de pessoal era compartilhado. Meus colegas aprovaram a transferência, disseram que eu estava desperdiçando meu potencial como segurança. E ainda recomendaram: "Não esquece de trazer uns doces para nós!" Era uma brincadeira, mas eu levei a sério.

A área de produção da padaria era dividida em duas seções: panificação e confeitaria. Cada seção tinha sua própria sala de preparo (chamada de "sala de modelagem") e forno. A seção de pães também tinha uma sala de fermentação, uma sala de mistura e uma pequena área de trabalho para croissants e folhados. Além disso, havia uma despensa compartilhada. Fui designado para a panificação. Na época, havia apenas um confeiteiro na loja. O padeiro tinha acabado de sair, e a dona levou mais de um mês para contratar outro. Na seção de panificação, havia dois supervisores de equipe (um deles recém-contratado) e seis aprendizes.

Logo percebi que eu era o segundo mais velho da equipe, os dois supervisores eram mais jovens do que eu. Dos oito, três eram da etnia bai, dois hui, dois han e um dai.* Como novo aprendiz, eu fazia todo tipo de tarefa: dividir a massa, sovar, preparar e distribuir os ingredientes, rechear. Também ajudava com produtos mais simples, como pastéis de nata, biscoitos amanteigados e cookies, mas raramente me deixavam modelar os pães, porque cada um que eu fazia saía com um formato diferente. Um dos supervisores era responsável por sovar e modelar a massa, e o outro cuidava dos folhados, croissants, baguetes, pães de forma etc. Quando a demanda era alta, a divisão de tarefas ficava menos rígida, e eu também modelava pães — e ninguém reclamava do formato. Fiquei pouco mais de um mês na sala de modelagem, até que chegou um novo padeiro. Ele era de Chongqing e tinha mudado de carreira e se tornado vendedor. Veio à padaria vender farinha e acabou sendo contratado como padeiro. Pelo visto, era difícil encontrar um padeiro experiente em Xiaguan. O novo padeiro reorganizou nosso trabalho, e eu fui transferido para o forno, responsável por assar os pães.

Antes e depois de assar, as massas já fermentadas geralmente ainda precisam passar por alguns processos: antes, são modeladas novamente, pinceladas com óleo ou gema de ovo, polvilhadas com temperos etc., depois, podem ser recheadas com creme, cobertas com açúcar de confeiteiro, decoradas com frutas etc. Além do forno comercial de três esteiras, havia ainda um forno de convecção para assar tortinhas, biscoitos e cookies, uma fritadeira elétrica para donuts e uma câmara de fermentação automática, mais prática do que a sala de fermentação, com temporizador e função de refrigeração, que só ligava o aquecimento e a umidificação no horário programado. Colocávamos os produtos da sala de modelagem na câmara antes de sair e, na manhã seguinte, eles estavam prontos para assar.

---

* Além da etnia han, que compõe mais de 90% da população, a China tem outras 55 etnias com línguas e culturas próprias. A província de Yunnan, em especial, tem uma grande diversidade étnica. [*N. do T.*]

O horário da equipe dos fornos começava uma hora mais cedo do que o da equipe de modelagem, e duas horas antes da abertura da loja. Então nós dois da equipe dos fornos éramos sempre os primeiros a chegar. Se não me engano, começávamos às 7 horas. Por causa da localização geográfica, o horário de Xiaguan devia ser uma hora mais cedo do que Pequim. No entanto, como toda a China segue o horário da capital, o sol em Xiaguan acaba nascendo uma hora mais tarde. Pelo menos no inverno, quando eu chegava para trabalhar, ainda estava escuro.

Nossos produtos não refrigerados só ficavam à venda por um dia, então precisávamos descartar diariamente o que sobrava. Assim que chegávamos de manhã, a primeira coisa que fazíamos era consumir os produtos amanhecidos para economizar no café da manhã. Nessa hora, eu às vezes via ratos saindo do monte de pães. Isso porque, ao fechar a loja à noite, os pães que deveriam ser descartados eram retirados das prateleiras e deixados sem proteção sobre a bancada. Mas ninguém parecia se importar muito: antes de comer, bastava conferir se não tinham sido roídos. É impossível se livrar completamente dos ratos, quem já trabalhou com alimentação em shopping sabe disso. Com o tempo, as pessoas acabam se acostumando. Nossa padaria ficava no mesmo pavimento do supermercado e seu depósito, ou seja, todo esse andar era um paraíso cheio de esconderijos e comida. Adotávamos várias medidas para combater os ratos — a mais eficaz era a armadilha adesiva, que capturava roedores quase todas as noites, mas não importa quantos fossem pegos, sempre apareciam outros para substituí-los. Era desanimador ver que, afinal, mais do que a inteligência ou a agilidade, a maior vantagem de uma espécie é a capacidade de reprodução. A dona da padaria provavelmente sabia que comíamos os pães vencidos, mas fazia vista grossa e nunca mencionava o assunto. Para ela, "fornecer" o café da manhã para nós saía mais em conta do que aumentar nossos salários. Enquanto ela ignorasse, qualquer problema de saúde seria nossa responsabilidade, já que tecnicamente estávamos "furtando" produtos.

Como aprendiz na padaria, naturalmente esperava aprender algumas habilidades, mas sabia que ninguém tinha obrigação de me ensinar, afinal de contas, a padaria não era exatamente uma escola. O confeiteiro contou que, quando começou a trabalhar com isso aos 17 anos, passou três anos só assando bolos, sem aprender muito mais. Ele queria que entendêssemos que devíamos seguir as instruções, e não ficar obcecados por aprender tudo de uma vez, já que o aprendizado leva tempo. Na prática, o confeiteiro estava mais focado em desenvolver novos produtos, comprar materiais, organizar o trabalho e controlar a qualidade, então quase nunca estava por perto para nos orientar diretamente. Quem trabalhava conosco no dia a dia eram os dois líderes de equipe, que acabavam sendo nossos verdadeiros mestres, mas eles não tinham muita disposição para ensinar e esclarecer dúvidas. Primeiro, porque viviam ocupados, e, segundo, por medo de que "ensinar tudo ao aprendiz deixasse o mestre sem trabalho". As relações entre as pessoas nunca são simples quando há interesses envolvidos. Eles ficavam na defensiva com as perguntas dos aprendizes e respondiam com frases vagas, dizendo apenas o essencial. Quando eu trabalhava na seção de segurança, por exemplo, se perguntasse aos colegas como ligar ou desligar as escadas rolantes, eles me explicavam em detalhe, porque não era uma habilidade valiosa que pudesse ameaçar seus empregos. Mas fazer pão é uma habilidade valiosa, algo que custaria milhares de yuans para aprender num curso básico. Os líderes de equipe também enfrentaram dificuldades para aprender essas técnicas, então, quando eu pedia ajuda, raramente recebia respostas completas e imediatas. De repente, eles pareciam perder parte da capacidade de se expressar, aflitos, franziam a testa, coçavam a cabeça e as orelhas, como se estivessem tentando organizar as frases, mas passavam um tempo sem conseguir dizer uma única palavra. Muitas vezes acabavam respondendo: "Pergunte a fulano (outro aprendiz), já ensinei a ele." Então eu ia falar com o fulano, que havia chegado poucos dias antes de mim. Tão aprendiz quanto eu, também na base da pirâmide hierárquica. Em tese, seríamos aliados, unidos por uma profunda solidariedade de classe, mas mesmo dos aprendizes era difícil obter uma resposta séria. Eles brincavam comigo, perguntando como eu não sabia algo tão básico, e evitavam responder diretamente. Às vezes me pediam para adivinhar ou davam respostas absurdas só para fazer piada. Se eu insistisse, tinha de gastar um tempo conversando e eu não tinha paciência para isso. Se não queriam me ensinar, deixava o trabalho para eles mesmos fazerem. Eu não tinha vindo com a ideia de aprender um ofício, mas eles claramente, sim — tiravam foto das receitas e dos modos de preparo com o celular. Eu estava ali só para trabalhar mesmo, e nem tinha procurado aquele emprego, foi a moça do RH que me indicou. Quando notei que eles não estavam muito a fim de ensinar, parei de fazer perguntas. Não queria ver ninguém sem jeito nem tentando fingir que não sabia a resposta. Ser generoso é bom, mas talvez não seja algo que todo mundo considere essencial. Eu também não queria me meter em relações complicadas no trabalho — nunca fui muito bom nisso. Preferia manter tudo o mais simples possível com todos. De qualquer jeito, não fiquei chateado nem magoado com a situação. Afinal, eu era o mais velho e o mais experiente, devia ser capaz de entender melhor as coisas. Fora essa questão do ensino, eu me dava bem com eles. Trabalhávamos sem problemas e muitas vezes saíamos juntos depois do expediente para jantar ou fazer outras coisas, como ir ao centro esportivo ou ao parque Tuanshan.

Durante os mais de seis meses que fiquei em Xiaguan, meu estado mental melhorou significativamente. O amigo que foi comigo ficou só três meses. Em 2013, por razões pessoais, me mudei para Xangai, onde trabalhei por mais de um ano. Essa experiência está detalhada no texto "Os empregos de Xangai"; foi o meu décimo quarto emprego. Antes disso, nunca havia estado naquela cidade. Minha mãe nasceu em Xangai e saiu de lá com meus avós quando tinha 6 anos. Meu avô era de Changzhou e minha avó, de Suzhou, e ensinaram a mim e à minha irmã a falar o dialeto de Xangai desde pequenos. No entanto, ambos tinham sotaque, e minha mãe, por ter saído muito nova e vivido fora por muitos anos, também não falava perfeitamente. Assim, quando cheguei a Xangai, preferi usar o mandarim em vez do dialeto local. Uma vez, um colega me ouviu conversando com minha mãe em xangainês pelo telefone e comentou que meu sotaque parecia de um "novo xangainês". Não entendi bem o que ele queria dizer com isso.

Em 2014, deixei meu emprego em Xangai e voltei para Xiaguan. Na minha estadia anterior, morei na viela Ninghe, uma travessa da rua Longxi, mas desta vez me instalei na vila Daguanyi, na margem norte do lago Erhai. Meu plano inicial era abrir um pequeno negócio em Xiaguan. Eu tinha umas economias e o editor-chefe com quem havia colaborado por pouco tempo numa revista na cidade D queria ser meu sócio. Nosso plano era abrir uma loja de guloseimas importadas. O editor mandaria os produtos de Cantão e eu cuidaria das vendas. Antes de ir para Xangai, não havia nenhuma loja desse tipo em Xiaguan, mas quando voltei, encontrei várias já abertas, embora não estivessem indo muito bem. Não consegui encontrar um local adequado para o negócio e acabei desistindo da ideia.

Depois disso, montei uma barraca de rua perto do campus da Universidade de Dali em Xiaguan. Não saía de graça: eu precisava pagar 150 yuans por mês aos fiscais da prefeitura, que me davam um recibo que na verdade era uma multa. Encontrei fornecedores no Taobao e comecei a vender artigos de papelaria fofinhos, com preços que iam de poucos yuans a mais de 20. Em um dia de trabalho, conseguia ganhar só uns 40 ou 50 yuans, e se chovesse, não tinha renda nenhuma. Além disso, os fiscais sempre apareciam para atrapalhar. Diziam, por exemplo, que ia ter uma visita oficial e que eu devia ficar uma semana sem montar a barraca. Como eu não tinha coragem de desafiar as ordens, só podia trabalhar de forma intermitente. É claro que eles não devolviam o dinheiro pago, e não havia como reclamar, já que era uma multa, e não um aluguel, mas o valor também não era tão alto. Eu costumava trabalhar por duas horas por volta do almoço e por três a quatro horas à noite.

Nesse período, voltei a escrever. Estava lendo mais e minha visão das coisas tinha se expandido. Larguei aquela ideia imatura de imitar Kafka. O que eu escrevia agora era mais curto, provavelmente porque estava usando o celular para criar. Comecei a explorar ficção com temáticas não realistas. Além disso, retomei o violão. Comprei um instrumento barato no Taobao, já que fazia dez anos que não tocava a sério, desde que saí de Pequim. Quando deixei Xangai, um colega me deu um par de tênis ASICS, e outro me deu um relógio Bryton. Assim, de volta a Xiaguan, mantive o hábito de correr que adquiri em Xangai. Eu corria na praça da fonte do Centro de Fitness e cheguei a fazer 245 quilômetros em um mês. A dona da casa que eu alugava era uma senhora da etnia bai que não falava mandarim, mas adorava conversar comigo. Sempre que me via, me segurava para uma conversa antes de me deixar ir. Durante o ano que morei lá, nunca entendi uma palavra do que ela dizia. Eu só ficava sorrindo, sorrindo sem parar. Enquanto ela falava, eu sorria até ela começar a sorrir também. Dessa vez, fiquei em Daguanyi por mais de um ano. Como não trabalhava, todos os dias eram agradáveis. Não me sentia improdutivo, não estava perdendo tempo. Para mim, todo dia vivido com intensidade tem seu valor. Se Alexandre, o Grande, me perguntasse o que eu queria, eu diria: "Sai da minha frente, está tapando o sol."

Nesse meio-tempo, eu também refletia bastante sobre coisas negativas. Tenho certeza de que meu problema não é depressão, só não gosto muito de socializar. Este texto fala das minhas experiências de trabalho, mas acaba tocando em outros aspectos da minha vida, que são difíceis de separar. Contar só uma parte pode deixar o leitor confuso, mas tem coisas que quero compartilhar e outras não, então talvez ainda fique um pouco confuso mesmo. Uma pessoa pode ser muito otimista e muito pessimista ao mesmo tempo, e isso não é contraditório. A mente é complexa, às vezes até polifônica, como se várias melodias tocassem juntas. Não quero analisar o que influenciou meu estado mental naquele momento, e talvez nem consiga. Encontrei uma anotação que fiz na época, que mostra um pouco como eu estava me sentindo. O título é "Depois que o sol se põe":

> *Parece que é à noite que a alegria se condensa. Mesmo que a temperatura caia muito depois do pôr do sol, bastam um agasalho e um gorro para não sentir frio lá fora. Na praça à beira d'água, as crianças soltam fogos de artifício. Correm e brincam sob o céu cintilante. A felicidade é tanta que todas as coisas ruins, todos os problemas, parecem distantes e incapazes de tocar essa alegria. É uma sensação que se intensifica quando volto para casa e tomo um gole.*
>
> *Mas soltar fogos e beber são coisas da noite. O dia é para encarar a realidade. A realidade é como um brutamontes que diz coisas sem sentido, mas, no final, prova estar certo. Quem ousa desafiar a realidade acaba sofrendo. Os que dizem aceitá-la, na verdade, estão tentando ser aceitos por ela. Os que não aceitam, provavelmente acabaram de ser rejeitados. Não dá para se iludir achando que vencemos a realidade. Diante dela, a vitória é impensável. É difícil falar da realidade sem ser criticado, sem parecer ingênuo, autoiludido. Por isso, dela é melhor falar quase nada ou, simplesmente, guardar silêncio.*
>
> *Se tropeço numa pedra, me levanto e tropeço de novo, o que tenho a fazer é sacudir a poeira e seguir em frente. Assim, a pedra é que fica parecendo tola. Nos próximos milênios, ela ficará ali sozinha, refletindo sobre a dor desnecessária e insignificante que causou. Um dia, alcançará a iluminação e saberá tratar o mundo com benevolência.*
>
> *Os artistas vivem em busca da pureza de espírito — querem dar plena vazão à sua essência, às vezes ao nível do impensado, do que confunde, do que assusta. Mas se o espírito do artista*

> *não atingir esse grau de pureza, o mundo não cintilará aos seus olhos, e ele não saberá criar. Isso talvez confirme, por outro ângulo, o que disse Gombrich: "Na verdade, não existe a arte. Existem os artistas."*

Enquanto trabalhava na barraca, continuei saindo com meus ex-colegas da padaria. Eles haviam se mudado para uma fábrica de biscoitos recheados de pétalas que vendia seus produtos on-line. A oficina ficava na vila de Xiaoguanyi, bem perto de Daguanyi, onde eu morava. Um dia, um dos meus antigos supervisores de equipe, agora "gerente de fábrica", me contou que ia se casar, pedir demissão e se mudar para a cidade de sua esposa para abrir uma padaria. Ele me perguntou se eu tinha interesse em uma parceria. Ele era de Eryuan, e a família de sua esposa era de Binchuan. Então, fomos juntos a Binchuan duas vezes para avaliar a situação. Nosso destino, na verdade, era a aldeia de Binju, 20 quilômetros adiante. Como sua esposa havia sido transferida para ser professora de uma escola perto dali, eles decidiram se estabelecer no local. No mapa, Xiaguan e Binju parecem próximas, mas estão separadas por uma serra e não há estrada direta. Tínhamos de dar uma grande volta: pegar uma van de Xiaguan para Binchuan e depois um ônibus local para Binju.

Na primeira viagem a Binchuan, anotei no celular o que acontecia dentro da van e como me sentia. Acho que serve como um retrato vívido e preciso do meu estado de espírito naquele momento, mais do que qualquer resumo que eu faça agora. Por isso transcrevo diretamente aqui. Esta anotação não tem título:

> *Dizem que não é preciso se mudar para o campo, que o verdadeiro eremita consegue viver na cidade, que a serenidade vem de dentro. Mas lá estava eu, numa lotação rumo à zona rural, me preparando para a mudança. Tinha chovido depois de muitos dias de sol, e a previsão era de mais sol nos dias seguintes. A*

chuva, como um pãozinho sem recheio no meio de uma cesta de suculentos quitutes recheados, veio equilibrar nosso paladar mimado e reaguçar a sensibilidade aos sabores.

Os passageiros estavam animados com a chegada do Ano-Novo, ansiosos para rever a família após tanto tempo e se empanturrar nas festas. A van chacoalhava animada pelas curvas da montanha. Contagiados por esse clima de alegria, meu amigo e eu começamos a discutir se o mundo, que nos recebia tão calorosamente, era governado por um acaso inevitável ou por uma inevitabilidade casual. No final, ninguém convenceu ninguém, e cada um ficou feliz com sua própria opinião.

Minha atenção foi atraída por alguns trabalhadores rurais sentados na frente. Desde que embarcaram, não paravam de conversar alto e comer sementes de girassol. Cuspiam as cascas pelo chão, como se não vissem a lixeira ao lado. Antes de partir, o motorista limitou-se a olhar feio para eles, sem dizer uma palavra. Parecia já estar tão insensível a essas pessoas habituadas a agir sem consideração que não queria gastar nem um pingo de energia tentando corrigi-las.

Por alguns trechos de conversa, entendi que não tinham recebido o pagamento completo. Trabalharam na cidade o ano todo, receberam apenas um pequeno valor para sobreviver, e o restante do salário, prometido após o término da obra, nunca veio. Era fácil imaginar o constrangimento que enfrentariam em casa, praticamente sem dinheiro durante o Ano-Novo. Mas não demonstravam tristeza ou raiva, os olhos brilhavam, falavam com firmeza. Discutiam com entusiasmo sobre a distribuição justa de recursos, comparando, de forma calorosa e simplória, as vantagens e desvantagens do reformismo e da revolução para o progresso social. Olhavam para o futuro com esperança, queriam que o feriado acabasse logo para poderem voltar ao tão desejado canteiro de obras e construir mais um pouco o alicerce da felicidade que acreditavam estar próxima.

Vendo toda essa positividade, penso que, para a maioria das pessoas, é melhor saber menos. Mas conheço pessoas extraordinárias que, mesmo sabendo muito, não se prendem às teorias. Entendem os princípios como um marinheiro experiente conhece os recifes submersos; dominam as leis para evitar que as rochas surjam de repente e bloqueiem seu caminho, impedindo-as de alcançar as alegrias simples da vida. Graças a essas pessoas, a soma total de felicidade no mundo conheceu um aumento considerável. Temos a sorte de viver na melhor época da história, e nossa missão é aproveitar essa bonança. Nada de viver às voltas com a miséria e a ignorância, nem de lutar com intermináveis sofrimentos e tristezas, como nossos antepassados. Pode-se dizer que, hoje em dia, ser infeliz é uma vergonha, uma irresponsabilidade. Se não estivesse na van, eu cantaria em homenagem à vida, ao mundo e a esta era maravilhosa!

Na verdade, esses textos nada mais eram que exercícios de escrita. Apesar dos exageros, da ficção e da evidente ironia ali presentes, o otimismo, a alegria e o desapego eram um reflexo fiel do meu estado de espírito naquele momento.

6. O décimo quinto emprego

Meu cardápio era para ser consumido como petisco, não como prato principal, mas as pessoas de lá não pareciam muito interessadas em beliscar. Talvez petiscos sejam um luxo de sociedades mais ricas, ou uma forma de aliviar o estresse.

Meu ex-supervisor e eu começamos nosso planejamento antes do Ano-Novo chinês de 2015. Depois de meses de negociações e visitas, finalmente fechamos o negócio: ele alugou uma loja em Binju para abrir uma padaria e sublocou uma pequena parte para mim, onde eu venderia pratos prontos. Dividimos o aluguel, assim a pressão seria menor para nós dois e ainda poderíamos ajudar um ao outro. Encomendamos o letreiro e a decoração da loja em Binchuan. No mercado de Xinqiao, em Xiaguan, comprei uma bancada e prateleiras de aço inox, um balcão refrigerado para os pratos e uma seladora de copos para as bebidas. Depois, comprei um freezer horizontal de 228 litros e dois fogões de indução pelo JD.com. Na hora de solicitar o alvará de funcionamento, descobri que minha carteira de identidade estava vencida e para renovar eu deveria voltar para minha cidade natal. Como não queria fazer essa viagem, não tirei o alvará. Já que nossas lojas eram interligadas, o alvará do meu ex-supervisor bastava. Além disso, havia um incentivo naqueles anos: isenção de impostos para empreendedor individual com receita mensal inferior a 100 mil yuans. Assim, tecnicamente, eu não estava sonegando. O maior desafio era a moradia. Não havia pessoas de fora em Binju e, consequentemente, não havia casas para alugar. Depois de algum esforço, encontrei uma família disposta a alugar um quarto em frente ao posto de saúde por 1.200 yuans ao ano. Finalmente, inauguramos as lojas em abril de 2015. Esse foi meu décimo quinto emprego — não considero a época em que tive uma barraca de rua em Xiaguan como um emprego formal.

O negócio ficava na rua principal, no centro da vila. O "centro" consistia em duas ruas atravessadas por uma terceira, dava para ver tudo de uma ponta à outra. Um supermercado de dois andares empregava várias moças de uns 20 anos que provavelmente vinham de alguma aldeia próxima. Poucos dias depois da inauguração, algumas delas apareceram na loja para bater papo. Davam risadinhas. Umas vinham em grupo, conversando animadamente, outras apareciam sozinhas, meio encabuladas. Nenhuma delas parecia querer comprar meus produtos. Primeiro fiquei intrigado, sem entender o que queriam. Logo depois me caiu a ficha: estavam na idade de casar, ainda sem pretendente, e vieram me conhecer por ser um rosto novo. Se eu tivesse interesse nesse sentido, poderia puxar conversa. Como meu ex-supervisor já era casado, elas não foram à padaria dele. Esse método de procurar parceiros era novidade para mim, nunca o tinha visto na cidade grande. Parecia uma cena de Jane Austen — só que eu não era nobre nem rico. Elas vieram apenas uma vez e, como não demonstrei interesse, entenderam o recado. Depois disso, quando as encontrava no supermercado, elas me tratavam como qualquer outro cliente.

Binju ficava longe de tudo, tinha uma população pequena e espalhada, a principal atividade era a agricultura e havia pouquíssimos forasteiros. Uma feira semanal atraía gente das aldeias vizinhas, mas mesmo assim as oportunidades de negócio eram limitadas. O lugar claramente não tinha potencial de crescimento, mas eu já não me importava com isso. Nasci em Cantão, trabalhei em Xangai e tive um negócio em Nanning, capital de Guangxi — cidades com grande potencial, onde dei duro por muito tempo, mas sem sucesso, sinal de que eu não sou predestinado a prosperar. Nunca tinha morado em vilarejos rurais, tudo era novo e interessante para mim, e eu queria experimentar essa vida. Quem sabe meus problemas anteriores surgiram por ter nascido no lugar errado. Além disso, as paisagens naturais de Binju me encantavam. O meu plano era contratar um ajudante assim que a loja começasse a dar lucro, aí poderia dedicar metade do meu tempo à escrita e ficaria morando lá por um longo período. Achei que não seria difícil, mas estava enganado.

Minha loja vendia principalmente dois produtos: *luwei** e bebidas. Os *luwei* que eu preparava levavam principalmente pato e legumes e, às vezes, pé de galinha com molho de pimenta e amendoim. Mas eu não encontrava os ingredientes para o guisado de pato em Binju. Também era difícil achar raiz de lótus. A solução foi comprar uma moto elétrica de segunda mão e ir fazer compras na cidade uma ou duas vezes por semana. Os ingredientes para as bebidas eu comprava pela internet. Para beber, eu tinha *bubble tea* e sucos de vários sabores, preparados com sachês ou concentrados. Também fazia sobremesas como sagu com leite de coco e feijão-azuki, e sopas doces de ameixa com jasmim-do-imperador, semente de lótus com *goji berry* e cogumelo orelha-de-prata, ou alga marinha com feijão-mungo. Antes disso, a única sobremesa que existia em Binju era o *liangxia*, feito com bolinhas de massa de arroz em calda de açúcar mascavo, vendida a 1,5 yuan a tigela.

Eu achava que meus produtos preencheriam uma lacuna em Binju, mas por algum motivo as vendas não decolavam. Meu cardápio era para ser consumido como petisco, não como prato principal, mas o pessoal de lá não parecia muito interessado em beliscar. Talvez petiscos sejam um luxo de sociedades mais ricas, ou uma forma de aliviar o estresse. Mas o povo dali não parecia nem rico, nem estressado. Já tinha uma loja de comida pronta no mercado da cidade. Se eu mudasse para o mesmo tipo de produto, a localização da minha loja seria um problema, porque pouca gente daria a volta para comprar comida, e eu teria dificuldade em

* Espécie de guisado em que os ingredientes são previamente marinados num molho de shoyu com especiarias. [*N. do T.*]

continuar com as bebidas. Na verdade, eu vendia quase o mesmo tanto de bebidas que de *luwei*, e as bebidas davam bem menos trabalho. Mas também não dava para virar uma loja só de bebidas, já que tinha duas outras perto, maiores e com mesas, cadeiras e tira-gostos de cortesia, onde os clientes podiam sentar, bater papo e jogar baralho. Minha loja media poucos metros quadrados, era meu espaço de trabalho, não tinha onde acomodar cliente nenhum, os produtos eram só para viagem. Meu diferencial era o preço mais em conta, mas, se eu vendesse somente bebidas, não teria clientes suficientes na cidade.

Registrei numa rede social todas as minhas atividades do dia 6 de junho de 2015, desde a hora em que acordei até a hora em que fui dormir. Se não fosse por essa postagem, eu com certeza não me lembraria do que fazia diariamente, porque eram tarefas triviais. A postagem dizia o seguinte:

> *8 horas: Acordei, retirei as partes de pato e os legumes que estavam de molho na salmoura desde a noite passada, fervi a salmoura, pus o pato e os legumes de volta para cozinhar por vinte minutos, desliguei o fogo e deixei de molho na salmoura. Lavei, escaldei e cortei as tripas de pato descongeladas à noite e pus na salmoura depois de desligar o fogo (as tripas não eram cozidas na salmoura, apenas marinadas).*
>
> *9h30: Fui à cidade de moto elétrica para comprar carne de pato: 10 quilos de coxa, 12 quilos de pescoço, 4 quilos de tripas, 1 quilo de pé; comprei também 5 quilos de raiz de lótus e outras miudezas.*
>
> *11 horas: Voltei para a loja. Retirei os pedaços de pato e os legumes da salmoura e arrumei no balcão. Abri a loja. Cozinhei as pérolas de tapioca para o* bubble tea*, preparei a limonada. Preparei as sobremesas.*

13 horas: Descongelei as partes de pato cruas. Preparei os outros itens: fatias de raiz de lótus, ovos cozidos descascados, algas marinhas em nó, nata de tofu seca.

15 horas: Lavei e escaldei as partes de pato cruas e descongeladas e deixei de molho na salmoura em temperatura ambiente, junto com os legumes.

16 horas: A sopa doce de ameixa com jasmim-do-imperador acabou, então preparei outra panela.

17 horas: Retirei as partes de pato e os legumes da salmoura, fervi a salmoura, pus os ingredientes de volta para cozinhar por vinte minutos, desliguei o fogo e deixei marinando.

18h30: Retirei o pato e os legumes da salmoura, resfriei com um ventilador e arrumei no balcão.

20h30: Descongelei os pedaços de pato cru. Preparei os legumes.

22 horas: Lavei e escaldei a carne de pato descongelada e deixei de molho na salmoura em temperatura ambiente, junto com os legumes.

23 horas: Fechei a loja. Guardei os ingredientes no refrigerador. Fiz gelo. Limpei a loja e os utensílios. Limpei o banheiro e levei o lixo para fora.

0h15: Voltei para casa para tomar banho e lavar roupa.

1h15: Voltei para a loja.

1h45: Fui dormir.

Subestimei a quantidade de gelo de que precisaria, já que preparava os chás e sucos na hora, usando uma proporção de uma parte de água para três de gelo em cada copo. Depois de misturar bem, a proporção de líquido para gelo ficava em torno de três para um. Como não tinha comprado uma máquina de gelo, colocava várias fôrmas no freezer. Para ter espaço, não podia estocar muito pato cru. Por isso, fazia compras em pequenas quantidades e ia à cidade uma ou duas vezes por semana. O dia que descrevi era um dia de compras, senão normalmente abria a loja por volta das 9h30. Preparava duas panelas de *luwei* por dia: uma de manhã e outra à tarde. Como a comida no balcão ia secando e perdendo a qualidade, não me arriscava a fazer só uma panela por dia.

Eu dormia num colchonete no chão da loja porque o quarto que aluguei era feito de lajes de concreto pré-moldadas, com um telhado fino e sem isolamento térmico. No verão, depois de um dia inteiro de sol, o quarto virava um forno e era impossível dormir lá. Outro problema no verão eram os insetos. Atrás da nossa fileira de lojas, havia uma ruazinha de 3 metros de largura beirando uma plantação. As lojas da fileira em frente à nossa estavam na mesma situação: atrás delas havia mais plantações. Lembro que quando abri o negócio, os campos estavam com soja. Depois da colheita, plantaram milho. A soja era vendida no mercado da vila por 0,8 yuan o meio quilo, e não me lembro do preço do milho, só sei que era barato também. Então, o rendimento dessas terras era baixo. À noite, muitos insetos saíam dessas plantações. Espécies como serra-pau, besouro-veado e rola-bosta, que eu nunca tinha visto na cidade grande e poucas vezes em Xiaguan, agora invadiam a minha loja todo dia. Tinha também vários tipos de gafanhoto; se eu reparasse bem, dava pra contar dezenas de espécies. Mas o pior eram as formigas aladas, que chegavam aos milhares e se metiam em todo canto. Como eu estava trabalhando, não podia deixar a luz apagada. Lembro que, nas noites de pior infestação, éramos obrigados a fechar mais cedo porque ficávamos cobertos dessas formigas e não havia meio de se livrar delas. Se eu abrisse a portinha de vidro do balcão, um enxame invadia os pratos prontos. Não dava para trabalhar.

Apesar dos pesares, o verão me ajudou bastante com a venda de bebidas geladas. Com a chegada do outono e a queda da temperatura, foi ficando cada vez mais difícil de vender bebidas e sobremesas. As vendas de *luwei* sofreram menos, mas também caíram. Foi quando o editor-chefe que havia me convidado para abrir uma loja de importados voltou a me contatar. Queria me convencer a voltar para Cantão e abrir um negócio on-line com ele. Dessa vez ele estava muito empolgado, me ligava todo dia, insistia na proposta, listava os prós e os contras e previa um mar de rosas. Meu negócio realmente não ia bem. O espaço minúsculo da loja limitava minhas opções de produtos e estratégias de venda, e eu não tinha um plano para o inverno que estava chegando, a situação era meio complicada. O mais importante era que Binju não era um lugar que mudava rápido. A população era pequena e não se esperava que crescesse muito no futuro. De um lado, eu tinha pouca margem de manobra; de outro, as condições externas também não pareciam que iriam mudar. Então os problemas de hoje provavelmente seriam os mesmos de amanhã. Eu trabalhava quinze, dezesseis horas por dia, nem tempo para ler eu tinha. Se as vendas continuassem minguadas, sem luz no fim do túnel, aquilo não ia durar. Pensei muito e decidi ir embora. Acertei as contas com meu ex-supervisor, com quem dividia o aluguel, e voltei pra Cantão no final de 2015.

7. Do décimo sexto ao décimo nono empregos

Eu sabia que ele me via como um colega e amigo de longa data, uma pessoa de confiança. Por mais diferentes que fossem nossos valores, ele sabia que podia confiar em mim, que não precisava ficar com pé-atrás. Na verdade, eram justamente as pessoas que compartilhavam seus valores que ele deveria ver com desconfiança.

Meu ex-editor-chefe tinha saído do ramo da mídia para se tornar sócio minoritário de uma fábrica de câmeras de ré para automóveis. A fábrica ia mal por causa dos altos custos de mão de obra e do aumento da concorrência. Ele e outro sócio minoritário estavam procurando algo novo. Para o negócio on-line, além de mim, ele chamou também uma pessoa que tinha sido nossa colega. Estavam juntos agora, mas só me contaram isso depois de eu voltar para Cantão. Agora ele era o sócio majoritário e nós, os minoritários. Viemos trabalhar juntos de novo depois de mais de dez anos. Esse foi meu décimo sexto emprego. A parceria durou um ano e meio. Para ser franco, em menos de um ano eu já queria sair, mas, por respeito à amizade, acabei perdendo mais tempo à toa. No final, eu estava ali apenas de corpo presente.

No início, fiquei no alojamento dos funcionários da fábrica do editor-chefe. Éramos apenas dois num quarto para oito pessoas. Às vezes, quando a fábrica estava sobrecarregada, também ajudávamos na linha de produção. Naquela época, meu sócio era fã de um podcast muito popular sobre empreendedorismo chamado “Pensamento Lógico”, o apresentador era um tal de Luo Zhenyu. Ele me recomendou fortemente o apresentador e o programa. Ouvi um pouco, mas não só não gostei, como fiquei um pouco incomodado. Meu sócio disse que Luo Zhenyu trabalhava com cultura e que eu, como aspirante a escritor, deveria segui-lo. Eu contestei, dizendo que Luo fazia marketing, não cultura, e que ele era, na verdade, um empresário. Mas meu sócio insistia em que Luo também vendia livros e era uma referência cultural. Ele me explicou a estratégia de vendas: sem revelar o título, Luo cobrava o valor integral e o comprador só descobria o que havia comprado quando recebia o livro. Dessa forma, ele conseguia vender uns 20 ou 30 mil exemplares de livros de história desconhecidos, sem dar desconto. Fiquei chocado, mas não impressionado. Suspeitei que a maioria nem chegaria a ler de verdade. As motivações dos compradores me pareciam questionáveis. Mas meu ex-editor idolatrava Luo Zhenyu, e seu modo de falar comigo também foi ficando cada vez mais parecido com o do influenciador. Quando eu estava em Yunnan, não fazia ideia de quem era Luo Zhenyu, então não percebi essas mudanças no meu sócio. Pensei que ele realmente tivesse encontrado uma boa oportunidade, por isso estava tão entusiasmado e confiante.

Ele também me recomendou alguns best-sellers sobre negócios e empreendedorismo que havia comprado. Li alguns com atenção. Os livros de autores estrangeiros eram um pouco melhores, já os de autores nacionais eram detestáveis. Mas meu sócio acreditava que esses livros também me ajudariam na escrita, pois todos os assuntos se conectam. Ele comentou que já havia algum tempo eu vinha escrevendo sem sucesso e que era hora de repensar — nisso ele tinha razão, mas eu entendia o que ele queria dizer com "sucesso" e, para mim, as questões que eu precisava repensar eram outras. Um dia, durante uma conversa, ele comentou que eu era muito emotivo. Discordei, disse que eu era muito racional, mais até do que a maioria das pessoas. Ele não pareceu convencido, olhava para mim com um sorriso, deixando claro que achava que eu estava falando bobagem. Naquele instante, percebi que ele confundia racionalidade com pragmatismo (sem conotação negativa) — para ele, quem não agia de acordo com a lógica do lucro era irracional. Lembro que, mais de dez anos antes, aos 20 e poucos anos, não tínhamos diferenças e divergências tão grandes. De qualquer forma, ele era muito gentil e generoso comigo. Apesar de sua situação financeira não ser boa, ele me ajudava bastante. Eu sabia que ele me via como um colega e amigo de longa data, uma pessoa de confiança. Por mais diferentes que fossem nossos valores, ele sabia que podia confiar em mim, que não precisava ficar com pé-atrás. Na verdade, eram justamente as pessoas que compartilhavam seus valores que ele deveria ver com desconfiança.

Meu sócio foi direto ao ponto: o que ele queria era mais do que uma loja on-line, era uma marca cultural. A loja seria só o começo. Como ele já tinha dito que Luo Zhenyu também trabalhava com cultura, não levei muito a sério. Primeiro, registramos uma empresa, e com ela abrimos uma loja empresarial no Taobao. Hoje percebo que não havia diferença significativa entre uma loja empresarial e uma loja individual. Mas, na época, o Tmall tinha suspendido o cadastro para o tipo de produto que queríamos vender. Além disso, abrir uma loja no Tmall exigia um investimento inicial alto, então planejamos começar de baixo, com cautela, e ir acumulando experiência aos poucos. Nosso principal produto era aromatizante automotivo. No início, comprávamos no atacado, depois passamos a encomendar de um fabricante com nossa marca, e o objetivo final era projetar e produzir nossos próprios produtos. Meu sócio já tinha planejado tudo isso. Com ou sem a minha participação, ele seguiria esse caminho.

Em 2016, o tráfego do Taobao já havia atingido o seu limite, era difícil aumentar o número de usuários ativos. A tendência da plataforma era aumentar o valor médio das compras focando consumidores de maior poder aquisitivo. Nesse cenário, vendedores menores como nós tinham cada vez menos acesso a tráfego orgânico dentro da plataforma. Tínhamos de atrair tráfego de fora, ou pagar por ele. Na época, com nossa estrutura, o ideal seria o Pinduoduo, mas nenhum de nós usava. Tínhamos preconceito, achávamos que era só para produtos baratos. Meu sócio queria focar produtos de médio a alto padrão, mirando em ter uma loja no Tmall no futuro, e achava que devíamos ficar no ecossistema Alibaba para ganhar experiência. Gastávamos toda nossa energia tentando entender como conseguir tráfego orgânico, mas era só perda de tempo. Não entendíamos a tendência do mercado, acreditávamos que o problema com o tráfego orgânico era a otimização da loja, que a gente tinha de melhorar. Meu sócio nunca havia tido loja on-line, não sabia nada de operação, mas aprendia rápido e se dedicava muito mais que eu. A gente procurava tutoriais de operação de lojas on-line, assistia a um monte de cursos, tentava achar nossos erros, lia artigos sobre o assunto no paidai.com. Esses artigos de internautas, na sua maioria, eram pura ostentação, desviavam das manhas de gestão que realmente interessavam, falavam de coisas secundárias como se fossem o principal, para parecer que detinham um conhecimento que ninguém mais tinha. Na realidade, a maioria dos produtos populares primeiro criava dados artificiais para depois começar a vender bem, e não o contrário. Ter loja no Taobao, como empresa ou pessoa física, parece de graça, mas você gasta em cada passo. Se não gastar, ninguém clica na sua loja. Afinal, o Alibaba não está ali para fazer filantropia. Sem investir, você tem menos dados para analisar, os fatores aleatórios pesam mais e assim fica difícil tomar decisões acertadas. Resumindo: não existe almoço grátis.

Mas investir também é uma arte. O mais importante é encontrar o caminho certo, caso contrário, é jogar dinheiro fora. Nem vale a pena falar de links patrocinados. Na época, era comum inflar as vendas assim: criávamos cupons ocultos para o produto principal e fazíamos parcerias com influenciadores para divulgar em grupos de desconto. O preço baixo atraía compradores e os influenciadores ganhavam comissão por pedido. Esse método de construir volume de vendas era mais seguro e eficiente do que falsificar pedidos. Pagar por pedidos falsos era arriscado, e em plataformas que prometiam segurança, custava mais de 10 yuans por pedido. As vendas geradas em grupos de desconto eram reais pelo menos, apesar de demandar um bom dinheiro. Se ia dar lucro, dependia dos dados de pós-venda. Testamos com alguns produtos, mas tivemos muitos problemas no pós-venda. Com os dados ruins, a visibilidade da loja caía rapidamente, a gente nem recuperava o investimento. Depois de viver tanto tempo no aperto, fiquei mão de vaca e desenvolvi aversão a gastar dinheiro. Quando meu saldo no banco ficava abaixo de 10 mil yuans, eu entrava em pânico, era meu limite de segurança psicológica. Então quando precisava investir, eu não sabia como — em termos de negócios, eu era muito cauteloso, pé no chão. Não pensava em crescer, só em não falir, e a solução era investir o mínimo possível. Meus sócios devem ter me achado conservador demais e começaram a dar muitos palpites. Nominalmente, eu era o responsável pela operação da loja, mas a maioria das decisões era tomada em conjunto. Só que ninguém ali entendia de operação. O editor-chefe se esforçava, mas no início, por falta de experiência, não conseguia identificar as prioridades. Isso nos fez perder muito tempo com coisas irrelevantes e tomar decisões equivocadas. Deveríamos ter nos concentrado mais na seleção de produtos, mas eu evitava lidar com fornecedores no atacado. Assim, não cumpri meu papel de dar sugestões adequadas. E, como o plano era criar nossa marca, o editor-chefe queria desenvolver relações e firmar parceria com fornecedores fixos. Acabei usando isso como desculpa para não procurar outros fornecedores e novos produtos.

Mesmo tendo os produtos certos, ainda era necessário investir nas operações. O Taobao usava o feedback dos clientes para decidir as oportunidades de exibição dos produtos. Produtos novos naturalmente tinham menos visibilidade, seus dados de feedback eram muito variáveis, e a concorrência fazia manutenção de seus dados ("manutenção" aqui é um eufemismo para "manipulação"). Se não fizéssemos o mesmo, era difícil vender qualquer produto. Com as vendas acontecendo, aumentavam as avaliações. Da mesma forma, se não fizéssemos nenhuma manutenção dos dados, as vendas parariam de crescer. Se os números fossem bons, o Taobao direcionava mais tráfego para você. No Tmall, as avaliações eram apenas de cinco estrelas. Nas lojas individuais e empresariais, além das cinco estrelas, havia também classificações de "bom", "médio" e "ruim", o que certamente aumentava nosso custo de manutenção dos dados. Controlar as avaliações era um inferno. No início, para economizar, em vez de terceirizar essa parte, eu mesmo respondia às avaliações negativas e neutras, ligava para os clientes, acabava o dia com dor de estômago. No final de 2016, vi que não dava para mim, eu não estava feliz, então pedi para sair. Meu sócio falou de responsabilidade, de esperança, dos planos dele, fez de tudo para eu ficar. Só consegui sair em maio de 2017.

Saí da loja on-line e precisei correr atrás do prejuízo, estava quase sem dinheiro. Em poucos dias, achei um emprego pelo 58.com. Essa experiência, relatada no texto "Um ano trocando o dia pela noite", foi o meu décimo sétimo emprego. Na empresa D, eu trabalhava no expediente noturno e trocava o dia pela noite. Trabalhava muito e morava num lugar tão parado que não tinha onde gastar, assim até dava para juntar dinheiro. Era duro, verdade seja dita: doze horas de trabalho por noite, carregando caixas o tempo todo, quase dez horas sem comer. Mas, em contrapartida, era minha "zona de conforto". Quando o cansaço batia (na verdade, era mais o sono que ia me vencendo), eu ficava me relembrando de Daguanyi, em Yunnan. Essas recordações me aqueciam por dentro e me davam força para continuar.

Em março de 2018, por motivos pessoais, saí da empresa D e fui para Pequim. Lá, trabalhei seis meses como entregador na empresa S, e depois mais quatorze meses na Pinjun. Em dezembro de 2019, a Pinjun encerrou as atividades e eu fui demitido com todos os colegas. Foram meus décimo oitavo e décimo nono empregos. Relato tudo isso no texto "Faço entregas em Pequim".

EPÍLOGO

Lembro que, quando morava em Xangai, me encontrei certa vez com dois amigos do fórum literário. No restaurante, cada um leu em voz alta uma obra de sua preferência. Enquanto escrevia sobre Xangai, de repente me lembrei disso. Recordei os detalhes daquele dia: nos encontramos na praça do Povo, visitamos uma livraria de dois andares onde comprei uma edição das *Memórias de um caçador*, de Turguêniev… E, mais importante, lembrei da obra que li naquele dia. Logo percebi que ela serviria perfeitamente como conclusão para este meu texto.

Naquele dia, li um ensaio curto de Virginia Woolf, incluído em *O leitor comum*. Descobri que Woolf era uma ávida leitora de biografias. Ela leu inúmeras, e algumas não eram de pessoas famosas, mas de gente comum. O texto que li em voz alta era a resenha de Woolf sobre *Memórias da senhora Pilkington*.

Não consegui encontrar na internet em chinês nenhuma informação em chinês sobre o livro que Virginia Woolf resenhou, provavelmente porque a autora é pouco conhecida. A sra. Pilkington — ou melhor, "Lady Laetitia", já que foi abandonada pelo sr. Pilkington — era uma nobre decadente na Inglaterra do século XVIII, que viveu cerca de meio século antes de Jane Austen. Embora fosse educada, não herdou fortuna alguma. Após ser abandonada pelo marido, criou dois filhos sozinha. Ganhava a vida principalmente escrevendo — razão pela qual deixou um livro de memórias —, mas os textos que a sustentavam eram, em sua maioria, histórias vulgares e de baixo nível, que faziam insinuações sobre celebridades da época. Ela própria admitia estar disposta a escrever qualquer coisa por dinheiro, então não é difícil imaginar que suas obras estavam longe de serem clássicos. Se não fosse pelo fato de Woolf ter lido suas memórias e escrito uma resenha, eu jamais teria ouvido falar dela. Bisneta de um conde, Lady Laetitia acabou vivendo entre servos humildes e chegou a ser presa por não conseguir pagar o aluguel. Com tudo isso, Woolf escreveu:

> *"Quer nos dias sem rumo — que eram seu pão de cada dia —, quer nos tempos de desalento, um desalento que era grandioso..."**

Lady Laetitia rezou (mas, por descuido, ficou trancada na igreja), mendigou (e foi humilhada, ou pelo menos assim acreditava) e pensou seriamente em se matar. Ainda assim, amava a vida com uma intensidade inquebrantável, obstinada tanto no amor quanto no ódio. Era capaz de lançar maldições venenosas sobre quem a magoava, aproveitando-se das histórias vulgares que escrevia para ridicularizá-los (não sem exagero), mas, ao mesmo tempo, era capaz de sentir ternura por um pato e até mesmo pelos insetos que perturbavam seu descanso. À primeira vista, Lady Laetitia parecia volúvel e insensível. Sua sensibilidade inata tinha um toque teatral, e sua escrita, guiada pelo instinto de agradar, transformava os sofrimentos que vivia em algo não tão cruel a ponto de destruí-la, mas sim em situações cômicas, dignas de um palco. Sua aparente insensibilidade era uma espécie de escudo que a ajudava a se recuperar dos infortúnios e a voltar, revigorada, à vida — a vida que ela preenchia com amor e ódio extraordinariamente contagiantes. Lady Laetitia era, ao mesmo tempo, refinada e vulgar, altruísta e rancorosa. Quando li esse texto pela primeira vez, chorei de emoção. Woolf conclui assim:

---

* Essa redação traduz a versão chinesa de Xu Dejin, citada pelo autor. O texto original de Woolf diz: *In all her wanderings, which were many, and in her failings, which were great.* (Em todos os seus desvios, que foram muitos, e em seus fracassos, que foram grandiosos.) [*N. do T.*]

> (...) *Mesmo diante das muitas vicissitudes de sua vida, ela preservou um espírito otimista, manteve a elegância e a coragem próprias de uma dama. Esse espírito, essa educação e essa bravura permitiram-lhe, nos derradeiros e breves dias de sua existência, conversar descontraída, gostar do seu pato e até dos insetos no travesseiro, mesmo com o coração à beira da morte. Além desses momentos, sua vida transcorreu em meio a dores e lutas incessantes.* *

"Gostar do seu pato e até dos insetos no travesseiro, mesmo com o coração à beira da morte" — o amor em meio à total desesperança é a luz que ilumina a vida. Apesar do declínio, ela soube manter a alma nobre e pura. Deixo aqui minha homenagem a Lady Laetitia, que um dia me comoveu, me confortou e dissipou minhas dúvidas, e um tributo ao seu "grandioso desalento".

18 de novembro de 2021

* Essa redação traduz a versão chinesa de Xu Dejin, citada pelo autor. O texto original de Woolf diz: *All had been bitterness and struggle, [...] and kept through all the shifts and shades of an adventurous career a gay spirit, something of a lady's breeding, and the gallantry which, at the end of her short life, led her to crack her joke and enjoy her duck with death at her heart and duns at her pillow.* (Tudo havia sido luta e amargura, mas... ao longo das vicissitudes de uma vida de aventuras, preservou o espírito alegre, algo do refinamento de uma dama e a galhardia que, ao final de sua breve existência, lhe permitia lançar um gracejo e saborear um pato, mesmo com a morte no coração e os credores na cabeceira.) [*N. do T.*]

POSFÁCIO

A outra parte da vida

Nos meus últimos dias na Pinjun, eu geralmente terminava as entregas por volta de uma ou duas da tarde. Depois, passava o tempo no shopping JT Roosevelt, aproveitando o ar-condicionado. Gostava de ficar sentado na área de refeições dos funcionários, atrás da praça de alimentação no subsolo. Era o ponto de espera e descanso dos entregadores também. O shopping empilhava ali mesas e cadeiras excedentes. Os clientes não iam até lá: era um canto sem saída e mal iluminado, uma penumbra cortada por um feixe de luz do sol que entrava pela parede de vidro ao sul. Em comparação com a área comercial bem iluminada do outro lado, aquele espaço lembrava os bastidores de um teatro. Para mim, aqueles eram momentos preciosos e inesquecíveis. Sempre vou me lembrar daquele lugar, e de como me senti naqueles tempos. Fora do horário de pico, muitos entregadores vinham conversar, cochilar, jogar ou assistir a vídeos no celular… Eu ficava ao lado, com fones de ouvido, ouvindo música e observando, já que não tinha nada para fazer. Tentava imaginar suas vidas — assim como eu, a maioria não se fixaria em Pequim. A condição de migrante era temporária, não representava a totalidade de suas existências. O que mais compunha suas vidas, então? Em Pequim, dedicavam todo seu tempo a ganhar dinheiro, e é fácil imaginar as dificuldades que enfrentavam. O que os atraía no outro lado da vida e que os levava a aceitar esse sacrifício? Essa pergunta tem respostas diferentes para cada pessoa. Se o trabalho é algo que fazemos por necessidade, abrindo mão de nossa vontade, então a outra parte da vida, por contraste, é aquilo que fazemos e buscamos por escolha própria — seja lá o que for. Por enquanto, vou chamar de liberdade.

Quando eu estava trabalhando, raramente pensava em liberdade. Talvez por achar que liberdade fosse a ausência de trabalho, e o trabalho, o oposto: você precisa atender a exigências, sejam do empregador, do cliente ou — quando eu tinha meu próprio negócio — da análise do mercado, e então realizar um esforço efetivo para obter retorno. Claro, podem existir exceções, como alguém que goste do seu trabalho e sinta que está fazendo o que quer. Ou, ao contrário, alguém que faça o que gosta do jeito que gosta e, por acaso, atenda às exigências do empregador, do cliente ou dos mecanismos externos, alcançando assim certa liberdade. Mas essa feliz coincidência parece ser algo que não se pode buscar intencionalmente.

Conheço gente com empregos tranquilos, às vezes descritos como "livres" (com uma ponta de inveja). Se essas pessoas realmente se sentem livres, só elas sabem. O trabalho do meu pai, por exemplo, era muito "livre": na repartição, ele passava o dia tomando chá e lendo jornal. Sua principal função era comprar, guardar e distribuir material de escritório, além de ocasionalmente escrever textos de propaganda que ninguém lia. Ele está aposentado há anos e, após várias reformas, sua antiga empresa não tem mais esse tipo de cargo ocioso. Conhecendo meu pai como eu conheço, posso afirmar que ele não tem o conceito de liberdade em mente. Se discutíssemos liberdade, ouviria dele coisas absurdas e sem sentido.

Isso me faz pensar que o que chamamos de liberdade tem mais a ver com o que você consegue perceber, e menos com o que você tem de fato. Um agricultor com pouca instrução formal não se sente de forma alguma privado de liberdade, mesmo sendo obrigado a obedecer às condições climáticas de cada estação do ano. Na entressafra, joga baralho com parentes e amigos; durante a colheita, após um dia duro de trabalho, volta para casa à noite, toma um trago e se sente satisfeito e realizado, como se tudo o que fizesse fosse por escolha própria. No entanto, quanto mais se desenvolvem o conhecimento, o pensamento e a consciência, mais difícil é sentir-se livre no trabalho.

Na verdade, a liberdade a que me refiro é uma busca pessoal e um senso de realização baseados numa autoconsciência altamente desenvolvida — o conjunto de características internas que verdadeiramente distingue uma pessoa da outra. Acredito que, se mais gente aspirasse a esse tipo de liberdade, o mundo se tornaria mais diverso, plural, igualitário e tolerante, mais rico e colorido. É o anseio por liberdade que leva as pessoas a terem objetivos diferentes, em vez de sempre competirem numa estreita ponte. Assim como a adaptabilidade dos genes ao ambiente se baseia em sua diversidade, a felicidade geral da sociedade se fundamenta na diversidade de pensamentos e aspirações dos indivíduos. Além disso, concordo com Lessing: a busca pela verdade é mais valiosa que sua posse. O mesmo se aplica à liberdade. Talvez seja desejável, mas inalcançável; talvez eu nunca a alcance em toda a minha vida, mas isso não importa. Sua busca é mais preciosa que sua conquista, e isso é valioso para todo mundo e para o mundo todo — é como um ideal ou uma crença, é um pilar da nossa existência, mas não seu conteúdo.

Voltei para Pequim após o Ano-Novo chinês de 2020. Com a repentina pandemia de covid-19, as ruas ficaram desertas por um longo período. Muitas lojas que eu frequentava fecharam as portas, algumas definitivamente. Era como se o feriado de Ano-Novo não tivesse acabado e ninguém conseguisse retomar sua rotina. Alguns ex-colegas já tinham arrumado novos empregos, outros ainda estavam em sua terra natal, esperando para ver no que ia dar. A Pinjun nos pagou uma indenização: recebi o equivalente a dois meses e meio de salário, além do último mês trabalhado e a devolução de 5 mil yuans de caução. No total, deu uns 30 mil yuans. Não era muito, mas me trouxe algum alívio, principalmente naquele momento de incerteza. Foi nessa época que comecei a escrever e publicar na internet. Um dos textos, sobre minha experiência no turno da noite na empresa D, chamou mais atenção do que eu esperava. Por causa dele, Feng Junhua e Peng Jianbin, editores da Fubenzhizuo, entraram em contato comigo. Quando souberam dos meus empregos do passado, me sugeriram escrever sobre minha experiência como entregador em Pequim. Depois disso, escrevi sobre meu trabalho na loja de bicicletas em Xangai — algo que tinha acontecido antes, mas que só mais tarde coloquei no papel.

Quanto a minhas experiências fora dos empregos formais, não sou novato na escrita; de 2009 a 2011, passei quase três anos sem trabalhar, apenas lendo e escrevendo em casa diariamente. Enfrentei nesse ofício dificuldades complexas, que envolvem fatores pessoais e externos. Não sou um escritor talentoso; se hoje tenho alguma noção, conceito ou prática que valha a pena mencionar, é porque realmente investi nisso muito tempo e energia. No início, publiquei alguns textos em revistas, mas os pagamentos eram tão baixos que nem de longe davam para me sustentar. Apesar de tudo, não poder viver da escrita acabou sendo uma sorte — o significado do escrever se tornou mais pessoal, importante, especial e puro. Embora não escreva muito, para mim, a escrita é a outra face da minha vida, a parte que pertence à liberdade.

Desde então, tenho alternado entre trabalhar e escrever: quando estou empregado, não consigo escrever. O próprio trabalho consome muito do meu tempo e esgota minhas emoções. Nas horas vagas, só quero relaxar e espairecer, não sobra energia para pensar em outras coisas. Claro que a causa disso está em mim: na vida e no trabalho, não me sinto motivado pela maioria das coisas que motivam os outros; mas, no sentido oposto, muitas vezes encontro barreiras psicológicas em situações que não constituem obstáculos para ninguém. Quando quero escrever, deixo o emprego e me concentro na escrita em casa. Essa alternância entre trabalho e escrita tem sido meu estilo de vida na última década. Talvez isso possa ser considerado uma espécie de meio-termo da liberdade? Ou seja, em metade do tempo, não trabalho e sou livre, e na outra metade, trabalho e não sou livre.

Quanto ao trabalho em si, é importante encontrar nele autoafirmação e satisfação. Se você não reconhece o valor do que faz e encara seu trabalho apenas como meio de subsistência, acaba criando um cenário mental sombrio. Talvez por isso, para mim, quanto mais simples a tarefa, mais fácil é sentir motivação, porque vejo diretamente o impacto do meu esforço. Nos meus últimos dias como entregador, por exemplo, vendo a satisfação ou até o entusiasmo dos clientes ao receberem suas encomendas, eu me sentia feliz. Uma palavra de agradecimento me fazia sentir útil, como se meu trabalho fizesse diferença. É claro que essa satisfação não era a única motivação, e eu também ficava contente quando recebia meu salário.

Na verdade, através da escrita, superei de certa forma a dicotomia entre trabalho e liberdade. Dentro das opções limitadas e uma realidade restrita, percebo cada vez mais que os momentos simples e memoráveis da vida são mais decisivos para o sentido da existência do que os problemas cotidianos. Agradeço ao editor Pu Zhao, da Purui Culture, que me sugeriu e incentivou a reescrever minhas três experiências profissionais de forma mais abrangente e a incluir o texto "Outras ocupações", para contar as demais experiências profissionais. Além das minhas vivências, acrescentei descrições sobre meus métodos e processos de trabalho, o ambiente profissional e a localidade em que estava. Esse contexto é fundamental para entender minha situação e as decisões que tomei naquele momento. Sei que, como protagonista e não observador, minha narrativa inevitavelmente carrega julgamentos subjetivos, mas, se eu os omitisse, o leitor não compreenderia algumas das minhas ações e reações. Em certos detalhes, não tenho certeza se fui influenciado por emoções ou se desviei da objetividade. Tentei ao máximo me colocar no lugar dos outros, entender o que me desagradou e as razões por trás disso, busquei reproduzir os fatos sem vieses, minimizando julgamentos. Hoje, olho para todas as minhas experiências profissionais com gratidão e nostalgia, sem ressentimentos. Admito que já os tive, mas superei. Com o tempo, percebi que não vale a pena viver ressentido.

Original: 1 de agosto de 2021
Revisão: 20 de junho de 2022

(Agradecimentos: Editoras Fubenzhizuo e Cizhi)

Este livro foi composto na tipografia Minion Pro,
em corpo 11,5/16, e impresso em
papel off-white no Sistema Cameron da
Divisão Gráfica da Distribuidora Record.